REALIDADES
HISPANAS

QUE IMPACTAN A AMÉRICA
Implicaciones para la
evangelización y misiones

Daniel R. Sánchez, Ph.D.

Prefacio de **Jesse Miranda, Ph. D.**

Diseño de la cubierta por **Daniel E. Sánchez,**
daniel@moonlight-studios.com

Cadena de sembrar iglesias
www/churchstarting.net

REALIDADES HISPANAS QUE IMPACTAN A AMÉRICA
Implicaciones para la evangelización y misiones

FIN 26 07 06

Library of Congress Catálogo-in Publication Data

Sánchez, Daniel R. 1936

REALIDADES HISPANAS QUE IMPACTAN A AMÉRICA
Implicaciones para la evangelización y misiones/ Daniel R. Sánchez, con los autores contribuyentes Jesse Miranda, Bobby Sena, y Diana Barrera

ISBN 978-0-9825079-6-4

Dedicación

Deseamos dedicar este libro a todos los hispanoamericanos que nos han precedido y quienes tenazmente mantuvieron una visión de un futuro más brillante y prometedor. Esto incluye a los trabajadores religiosos, los educadores, los profesionales médicos tanto como los oficinistas, los agricultores, los braceros y los obreros que trabajaron tesoneramente para abrir nuevos senderos y establecer modelos inspiradores de esfuerzo. Hoy descansamos en sus hombros al movilizarnos a nuevos horizontes y responder a las nuevas oportunidades. Jamás olvidaremos el sacrificio y el noble espíritu de nuestros amados abuelitos y padres que hicieron tanto con muy poco y que no se dieron por vencidos. También deseamos honrar a los pioneros anglos en el ministerio con los hispanos que captaron la visión y comprometieron sus vidas a la gloriosa tarea de conducir a los hispanos a una experiencia personal de salvación en Jesucristo. Las vidas de los millones de hipanos renacidos permanecen hoy como epístolas vivientes de su amor y dedicación (2 Corintios 3:2-3).

Reconocimientos

Este libro obtuvo información sólida de varios estudios y encuestas dirigidas por organizaciones tan prestigiosas como: Brookings Instituto, el Centro Hispano del Pew Charitable Trust, Harvard University Kennedy School of Government, Urban Institute, USC Annenburg School of Communication, U.S. Department Bureau of the Census, y de libros y artículos cuidadosamente seleccionados de los cuáles se da referencia en las notas al final de cada sección para hacer posible que los lectores consigan información adicional de estos recursos. Las observaciones, conclusiones y aplicaciones hechas en este libro reflejan las ideas y experiencias de los autores y de numerosos trabajadores religiosos al ser entrevistados. Se comparte esta información en la esperanza que los que buscan impactar a los hispanoamericanos con el evangelio de Jesucristo tengan un vistazo fresco del sorprendente crecimiento de la población hispana y busquen orientación de Dios y desarrollen estrategias innovadoras y atrevidas para responder al desafío.

Los autores

El doctor Daniel R. Sánchez ha servido como Profesor de Misiones y Director del Scarborough Institute of Church Planting and Growth del Southwestern Baptist Theological Seminary por los últimos veintitres años. Su experiencia previa incluye la siembra de dos iglesias hispanas en Texas, servicio como misionero en las repúblicas de

Guatemala y Panamá, servicio como Director Asociado en la División de Misiones de la Junta de Misiones Domésticas, servicio como Director de Misiones de la Convención Bautista de Nueva York y conferencista y predicador en más de cincuenta países. Entre los libros que ha escrito están: *Siembra de Congregaciones que se Reproducen: Una Guía para el Desarrollo Contextual de la Nueva Iglesia, Compartiendo las Buenas Nuevas con Nuestros Amigos Católicos, El Evangelio en el Rosario, Movimientos de Siembra de Iglesias en Norteamérica, Cómo Sembrar Iglesias en el siglo XXI y Cómo Testificar a Sus Amigos Católicos.* Todos estos están disponibles por medio de www.churchstarting.net.

El doctor Jesse Miranda es el Director del Center for Urban Studies and Hispanic Leadership de Vanguard University en Costa Mesa California. Antes de servir en esta posición estratégica, el doctor Miranda ha servido como pastor, como el Director del Latin American Bible Institute, y como el Superintendente del Southern Pacific Latin American District Council de las Iglesias Asambleas de Dios. Al presente sirve como el Presbítero Ejecutivo de los Distritos Hispanos con las Asambleas de Dios. Adicionalmente de ser el fundador y presidente de AMEN, un compañerismo interdenominacional de los pastores hispanos el doctor Miranda ha servido en comisiones establecidas por los presidentes de los Estados Unidos.

El doctor Bobby Sena sirve como North American Mission Board Church Planting Group Field Partner para el Occidente de los Estados Unidos y Puerto Rico y como Lder del Hispanic Service Team. Antes de servir en esta capacidad, sirvió como pastor de varias iglesias, como estratega en la siembra de iglesias, y como consultor de evangelización

v

---

para la Junta de Misiones Norteamericanas. La pasión del doctor Sena es buscar, reclutar, entrenar y enviar líderes en la Convención Bautista del Sur.

Diana Barrera es la Directora Director of COMHINA que quiere decir Cooperación Misionera de Hispanos de Norte América. Bajo su extraordinario liderazgo esta organización misionera se ha enfocado en el despertamiento de corazones de miles de hispanos que han estado intercediendo, dando, yendo y enviando misioneros a grupos de gente no alcanzados a través de todo el mundo. La vida y el ministerio de Diana son una inspiración para muchos cristianos en este país y a través del mundo.

CONTENIDO

PREFACIO

Dr. Jesse Miranda

El libro de los Hechos es un cuadro de iglesia inicial como un organismo de aprendizaje revolucionario y organización creciente. Lucas registra varios desafíos que amenazan su corporal supervivencia. Es la historia de un cuerpo de creyentes lidiando con las diferencias culturales de judíos y gentiles en su desarrollo para ser la comunidad global que Dios quería que fuese. Un recordatorio clave fue que la misión de la iglesia no era la iglesia sino el mundo.

En los 70 y los 80 la iglesia en Norteamérica empezó a alistarse en la llamada globalización. Durante estas décadas, empezaron a tener lugar grandes cambios demográficos. Gente de las naciones alrededor del mundo entraron al vecindario. Al empezar el aumento de los grupos étnicos, hispanoamericanos en particular, a los pueblos y ciudades de todo el país, aumentó la necesidad de hacer cambios en el diseño, procedimiento y metas en el ministerio.

Muchas congregaciones y ministerios vieron que era más fácil relocalizarse que reinventarse al contexto, dejando atrás los edificios de la iglesia como monumentos vacíos de una era pasada. Afortunadamente, algunas congregaciones aceptaron el desafío e hicieron cambios. Se han quedado para encarar el desafío de la diversidad étnica y han mantenido esa dirección. Estas congregaciones continúan testificando fielmente en medio de los cambios caóticos, pero constantemente necesitan refuerzo, algunos hasta el extremos de repasar la visión.

Este libro se ha escrito para reforzar los esfuerzos valerotos de los líderes de estas congregaciones. Se escribió para todos los ministerios, con base en la iglesia o paraeclesiásticos, llamados a testificar en los asentamientos hispanos tanto antiguos como nuevos. Se escribió para misioneros sembradores de iglesias que visulizan una cosecha abundante y que están dispuestos a edificar lugares donde almacenar esta cosecha.

La tesis de este libro es que las aptitudes bíblicas y culturales son esenciales para recoger la abundante cosecha. Estas aptitudes se interrelacionan para edificar el reino de Dios. Las realidades escuetas que leerá en este libro subrayan la importancia de las relaciones y estrategias interculturales y/o de cruce cultural eficaces para el ministerio en cumplimiento de la gran comisión entre la creciente comunidad hispana en Norteamérica.

En el fondo de estos capítulos yace el hecho que las organizaciones de la iglesia bregan para entender su identidad y propósito tocante al ministerio étnico. Las preguntas abundan. ¿Cómo mantenemos identidades históricas y misión a la vez que se procura abrazar la creciente diversidad para nuestra sobrevivencia? ¿Cómo atendemos los nuevos desafíos de la crecida población hispana en la sociedad? ¿Preocupa la unidad en medio de esta diversidad? Creo que la unidad se desarrolla donde existe la aptitud bíblica y cultural.

El capítulo de Bob Sena titulado "Diversidad entre los hispanos," nos ayuda a entender los factores que contribuyen a la asimilación, los varios niveles de asimilación entre los hispanos, y las implicaciones de la asimilación para la familias hispanas tanto como para las iglesias hispanas. Aclara que haya diversidad significativa entre los varios segmentos de la población hispana. Sena afirma que esta diversidad tiene que ser estudiada.

Pero primero haya que decidir es la diversidad étnica en el cuerpo de la iglesia es un asunto de corrección política o un mandato de la gran comisión. Tenemos que decidir si es un problema para solucionarlo o la clave para el triunfo de nuestro ministerio. ¿Es el considerar esta diversidad étnica un potencial "problema" para la organización, el cual debe evadirse, o una potencial ventaja para el ministerio?¿Es este esfuerzo de considerar la diversidad una novedad o una emergencia de relaciones públicas para ser tratada, o es un recurso para el crecimiento de la iglesia?

Tratar la diversidad étnica es el factor más significativo que afecta a la iglesia evangélica hoy. Es esencial para el triunfo del ministerio en el contexto hispano. Se presenta este libro teniendo en cuenta a los líderes. Procura ayudar a los líderes que han triunfado pero que desean refinar su visión y habilidades. Se le provee a los líderes que desean refinar su ministerio entre los hispanos. Habla a los líderes que se dan cuenta que han laborado con una vieja mentalidad del mundo y de personas a su alrededor. Procura ayudar a los líderes que desean renovarse en la naturaleza del ministerio y de los procesos ministeriales en un contexto hispano. El libro es para líderes que entienden que las prácticas desarrolladas en una cultura no se trasladan fácilmente a otra.

Con estos fines el doctor Daniel Sánchez escribe varios capítulos que contienen reveladoras realidades de la comunidad hispana. Relieva los cambios notables en la población hispana y las implicaciones de estos cambios que resultan en la siembra de iglesias en los enclaves hispanos tales como el suroeste, Chicago y Nueva York. Cuenta la novedad, y bienvenida sorpresa, que congregaciones de habla hispana están floreciendo en lugares tales como Carolina del Norte, Arkansa y Iowa.

Los capítulos de Sánchez lo abrumarán con la realidad virtual o con un forzoso re-encuentro del propósito e identidad de su ministerio. ¿Quiénes somos como iglesia o ministerio? ¿Para qué estamos aquí? ¿Cuál debe ser nuestra relación con esta crecida y diversamente aumentada población? ¿Qué contribución podremos hacer para enfrentar este nuevo desafío? ¿Sabe del movimiento en germinación que tiene lugar en muchas grandes ciudades en todo el país, un urbanismo nuevo con una variación? Estos lugares urbanos, conocidos como el "nuevo urbanismo latino" o "urbanismo hispano", existen en ciudades donde los hispanos rápidamente han venido a ser la mayoría capitalizando en las preferencias culturales latinas de vecindarios compactos, grandes plazas públicas y un sentido de comunidad. "Los latinos se sienten cómodos viviendo cerca de los almacenes y usando buses y trenes" dice Katherine Pérez, Directora de Transporte y Uso Colaborador de la Tierra del Sur de California.[1]

En mi capítulo titulado "Analogía samaritana," intento ayudar a entender las actitudes hispanas y compromisos (o su ausencia) en la vida pública y religiosa al realzar lo que llamo "el complejo samaritano", una identidad que resulta de la historia contextual y consiguiente identidad sicológica.

Lo que es verdad de todos los grupos de gente, la memoria histórica y la experiencia colectiva social de los hispanos fundamenta sus actividades y explica mucho de su conducta. Más específicamente, un legado de conquistas y un estigma social subsiguiente han contribuido a la percepción que muchos hispanos tienen de sí mismos como ser un grupo de minoría devaluado. Como grupo, los hispanos permanecen la mayoría de las veces como una minoría no digerida en la vida de este país.

Como individuos, muchos hispanos se han aculturado y aún otros se han asimilado a la vida en los Estados Unidos. Todos estos hechos indican que la comunidad hispana no es homogénea.

Las necesidades humanas fundamentales se han formado por este trasfondo histórico, social y sicológico singular y han contribuido para que el grupo hispano sea el grupo étnico que más responde al evangelio. Un ejemplo similar se encuentra en la historia de los samaritanos, gente que también vivía marginada. Los samaritanos en su tiempo eran menospreciados social y religiosamente. Hoy, sus historias son símbolo del poder transformador del evangelio. A cause de la naturaleza transformadora del evangelio, describiremos de nuevo el mundo social en que habitamos con la ayuda de la historia bíblica.

En el capítulo de Sánchez titulado "Analogía helénica," propone un paradigma bíblico para los hispanos que han experimentado un significativo grado de asimilación en la sociedad norteamericana y que a la vez retienen mucho del idioma y de la cultura de sus padres. Los que son bilingües y biculturales hallarán en este capítulo afirmación a su identidad y un sentido de propósito al ser la "gente puente." Como el apóstol Pablo, han tenido el privilegio y la oportunidad de comunicar el evangelio de la salvación en una amplia variedad de encuentros culturales. En vez de ser una desventaja, su biculturalismo y bilingüismo han sido de utilidad en el avance del reino de Dios en el cruce de barreras culturales en este país y en todo el mundo.

Así en estos ensayos describimos nuestro mundo social de una manera nueva y fresca (una re-visión) y los relacionamos a la historia bíblica. Los asuntos más críticos y difíciles que encara la iglesia como una organización global, son internos, es decir, una re-visión que resulta en la reconfiguración y redespliegue de sus recursos espirituales y humanos. La revisión no depende únicamente en la aceleración del aprendizaje de las curvas étnicas y de la ampliación de fuentes de información que uno tenga. La revisión tampoco es la re-invención de los procesos organizacionales o del continuo re-equipar de la gente.

Una re-visión de los hispanos resulta de una aptitud bíblica que une un marco de trabajo compartido de las creencias, valores y metas de ministerio y habilidad cultural que permite iniciativas, métodos y estrategias para traducir a la práctica esencial para la creación y mantenimiento de cualquier grupo. Va más allá de una mera creación de consciencia; más allá de lidiar con las diferencias culturales.

Es abrazar la fuente de la diversidad y competentemente convertir la diversidad étnica en una fuerza positiva que mejore la comunicación y la comunidad. Más importante es que vaya más allá de las tácticas mundanas de "culpa y vergüenza" en las cuáles alguien es la víctima y otro el perpetuador. En vez, es el evangelio derivando de cada banco espiritual étnico y del capital cultural para edificar el reino de Dios con la ayuda del contenido bíblico y con la ayuda del Espíritu Santo.

Notas

[1] Katherine Pérez, "New Urbanism Embraces Latinos," USA TODAY, 2/15/2005.

xvi

INTRODUCCIÓN

El crecimiento explosivo y la expansión rápida de la población hispana transforma el panorama social, económico y religioso de los Estados Unidos. Los hispanoamericanos ahora son el grupo minoritario más grande en los Estados Unidos[2] y se proyecta que para el año 2050[3] constituirá un cuarto de la población estadounidense. De acuerdo con el último reporte de la Oficina del Censo, la población hispana en los Estados Unidos pasa los 45 millones y responde por la mitad del crecimiento de la población de los Estados Unidos desde el 2000, indicando que el grupo minoritario más grande aumenta su presencia aún más rápido que en las décadas anteriores.[4]

Con la combinación de una alta proporción de nacimientos y de la continua emigración, los hispanoamericanos experimentan un porcentaje más alto de crecimiento que la generación de postguerra de los 40 y 50 que aproximadamente fue del 2 porciento anual. El incremento de crecimiento por los 12 meses pasados fue del 3.6 por ciento comparado con el resto del crecimiento de la población del 1 por ciento.[5] En referencia a la expansión rápida de la población hispana en todo el país, Harry Pacon, Presidente del Tomas Rivera Policy Institute declara,

Va a tener efectos profundos en los Estados Unidos. Ya no están centrados regionalmente en lugares como California y Nueva York. El condado de Cook, Chicago tiene más hispanos que Arizona, Colorado o Nuevo México... Lo que tiene más singnificado es que es una presencia nacional.[6]

xvii

REALIDADES HISPANAS QUE IMPACTAN A AMÉRICA
Implicaciones para la evangelización & misiones

El sorprendente crecimiento y la rápida expansión de la población hispana en los Estados Unidos impacta no sólo las grandes ciudades reconocidas por su concentración de hispanos tales como Chicago, Houston, Los Ángeles, Miami y Nueva York sino también en lugares tales como Raleigh, Atlanta, Orlando, Las Vegas, Nashville, Portland y Washington, D.C. para mencionar unos pocos. Junto con las áreas urbanas, muchos de los suburbios y áreas rurales experimentan súbito y sustancial crecimiento. Este crecimiento explosivo ha motivado a organizaciones de alto renombre como el Brookings Instituto, el Centro Hispano del Pew Charitable Trust,[7] la Universidad de Harvard,La Escuela de Govierno Kennedy, el Instituto Urban, la USC Annenburg School of Communication y el U.S. Department Bureau del Census, a efectuar extensas encuestas y estudios sobre la población hispana en los Estados Unidos. A raíz de estos y otros estudios tanto como por observación personal he encontrado diez "Realidades hispanas" que transforman la vida social, económica, política y religiosa de los Estados Unidos hoy.[8]

Este libro analiza estas realidades y se exploran sus implicaciones para guiar a hispanos a experimentar la salvación personal en Jesucristo, establecer congregaciones firmemente bíblicas, culturalmente relevantes, que se reproduzcan entre los hispanos, con crecimiento saludable y ministerio significativo en sus comunidades y animarlos a participar en la implementación de la gran comisión al enviar misioneros hispanos a lugares altamente estratégicos del mundo.

"El perfil de los Estados Unidos cambia y cambia rápidamente," dice Gary Cowger, presidente de General Motors North America. "Se ignora la diversidad a riesgo propio..."[9]

Tengamos presente esto al analizar las diez realidades hispanas más significativas en Norteamérica hoy, familiaricémonos con la cultura hispana y diseñemos estrategias profundamente bíblicas y culturalmente contextualizadas para persuadir al mayor número de hispanos a la fe personal en Jesucristo.

Notas

[2] Dallas Morning News, "Report: Hispanic Population Surging," June, 9, 2005, 13A.

[3] Pew Centro Hispanic/Kaiser Family Foundation, 2002 National Survey of Latinos, December 2002, 53.

[4] D'vera Cohn, "Hispanic population keeps gaining numbers," Star Telegram, June 9, 2005, 5A.

[5] D'vera Cohn, "Hispanic population keeps gaining numbers," Star Telegram, June 9, 2005, 5A.

[6] Harry Pacon, cited in D'vera Cohn, "Hispanic population keeps gaining numbers," Ft. Worth Star Telegram, June 9, 2005, 5A.

[7] "Latino Growth in Metropolitan America," The Brookings Institute on Center on Urban & Metropolitan Policy and the Pew Centro Hispano.

[8] Los términos "hispano" y "latino" se usan intercambiablemente en estelibro. Aunque algunos prefieren un término en vez del otro, ambos se usan extensamente y abarcan los grupos de todas las nacionalidades entre los hispanos. Pew Centro Hispano/Kaiser Family Foundation, 2002 National Survey of Latinos, December 2002, 6.

[9] Gary Cowger, Diversity Inc., May 2005, 20.

PRIMERA PARTE:
REALIDADES HISPANAS

CAPÍTULO 1

REALIDAD # 1

El crecimiento de la población hispanoamericana ha excedido las proyecciones más atrevidas de los expertos en demografía.

Entre 1950 y 2008
la población hispana
creció en 41.5 millones
de 4.6 millones a 45.5 millones.[10]

Este crecimiento es igual al de toda la población de Canadá y es mayor que la población total de un gran número de países en todo el mundo. Esto constituye a los hispanos como la minoría más grande en los Estados Unidos hoy.[11]

Dos factores principales han contribuido a este crecimiento sin precedente: la proporción de crecimiento no antes vista entre los hispanos y la inexorable inmigración de los hispanos.

1. La proporción de natalidad entre los hispanos continúa contribuyendo al crecimiento de su población.

En 1995, uno de cada seis nacimientos en los Estados Unidos era hispano. Los demógrafos proyectan que para el año 2050, uno de cada tres nacimientos será hispano. La alta proporción de nacimientos hispanos resulta en el crecimiento numérico que excede a cualquiera de los otros grupos socioculturales en los Estados Unidos hoy.

Tabla 1
Proporción de nacimientos

La tabla 1 revela que, en el año 1995, escasamente sobre el 15 porciento de los nacimiento en los Estados Unidos era

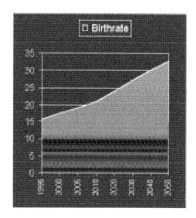

hispano. Para el año 2050, las proyecciones son que el 33 porciento (una tercera parte) de los nacimientos en los Estados Unidos será hispano. Otro hecho sorprendente es el crecimiento de la población hispana debido al aumento de nacimientos en comparación con el aumento de la inmigración. *"Los nacimientos han sobrepasado la inmigración en esta década como la mayor fuente del crecimiento hispano."*[12]

2. **El segundo factor que contribuye al crecimiento explosivo entre los hispanos es la inmigración.**

Al presente cuatro de cada diez inmigrantes en los Estados Unidos son hispanos. La proyección indica que si esta tendencia continúa, en diez años la mitad de todos los inmigrantes a este país será hispana.[13]

4

Tabla 2
La proporción de la inmigración hispana

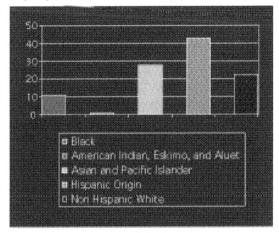

* **4 de cada 10 inmigrantes cada año son hispanos**

* **En 10 años la mitad de todos los inmigrantes serán hispanos**

La tabla 2 indica la proporción de la inmigración de los hispanos comparada con otros grupos culturales. En el año 2000 la proporción de inmigración negra era del 10 porciento, el indio americano, esquimal y alucino fue menor del 1 porciento, el asiático y el isleño del Pacífico fue del 28 por ciento, el de lo blancos no hispanos fue del 21 por ciento, y la proporción de la inmigración hispana fue del *42 porciento.*

Lo que constituye la diferencia en el crecimiento de la población hispana de los anteriores grupos de inmigrantes es que los hispanos **han experimentado sumultáneamente tanto el crecimiento biológico como el inmigratorio.** La mayoría de los grupos inmigrantes (p.ej., irlandeses, alemanes) han venido en una o dos grandes hondas que se ha disminuido a unas gotas. Los hispanoamericanos, sin embargo, entran a los Estados Unidos en grandes hondas migratorias y también por una constante inmigración. Esta inmigración continua, combinada con la alta proporción de nacimientos, ha contribuido al continuo crecimiento sin precedentes. Como veremos más adelante en este documento, la constante corriente de inmigrantes de Latinoamérica sigue reforzando la cultura hispana tanto como el uso del idioma español en este país.

La Oficina del Censo proyecta que 102.6 millones de hispanos vivirán es los Estados Unidos en el 2050.

La población hispana, de acuerdo con los estimados de ganancia neta proyectados, aumentará 67 millones en el período entre el 2000 y el 2050. La proyectada población hispana de 102.6 millones para el año 2050 es casi el triple de la población hispana de 35.3 millones en el 2000.[14]

Los hispanos no sólo han experimentando tan sorprendente porcentaje de crecimiento en los pasados 30 años, sino se proyecta que casi tripliquen su población dentro de los siguientes 45 años.

Para entonces los hispanos constituirán cerca de un cuarto de la población de los Estados Unidos. En junio del 2005 la Oficina del Censo reportó que uno de cada siete individuos en los Estados Unidos es hispano.[15] En otras palabras, los cristianos evangélicos enfrentamos no un simple imperativo para alcanzar el crecimiento explosivo de la población hispana, sino también la imperiosa necesidad de desarrollar estrategias que nos ayudarán a lograr ganancias significativas en guiar a los hispanos a una fe personal en Cristo en las siguientes cuatro décadas y media.

Tabla 3
Proyecciones de la población hispana
(1990 – 2050)

Año	Población Estimado/proyección	Percentaje de la población
1990	22.4 millones	9.0%
1995	27.1	10.3
2000	25.3	12.5
2003	39.9	13.7
2010	47.7	15.5
2020	59.8	17.8
2030	73.1	20.1
2040	87.6	22.3

La tabla 3, muestra el estimado de la población hispana y el porcentaje de la población total que será hispana para el año 2050. La verdad del asunto es que estas proyecciones de población han aumentado en los años recientes e indican que la población hispana ha crecido en los últimos años más rápido que lo que los demógrafos expertos habían proyectado.

Para el año 2050 se proyecta que los hispanos constituirán un cuarto de la población de los Estados Unidos.

7

Evidencia confiable indica que este patrón parece estar bien establecido. *Entre el 2000 y el 2004 los hispanos crecieron de 35.6 millones a 41.3 millones*[16]

Tabla 4.
La población hispana por año

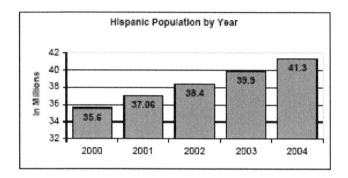

La tabla 4 muestra el aumento estable en la población hispana desde el año 2000 al 2004. El número total de hispanos en los Estados Unidos obviamente ha crecido firme y notablemente de 35.6 a 41.3 millones en justamente cinco años. La proporción de crecimiento de la población hispana ciertamente es una de las realidades del período presente. Este mismo ritmo de crecimiento se ve claramente en la tabla 5.

Tabla 5.
Del 1 de julio del 2003 al 1 de julio del 2004 la pobla-

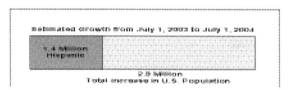

ción hispana creció en 1.4 millones.[17] *"El grupo mino-*
ritario más grande produce casi la mitad de creci-
miento de toda la población de 2.9 millones entre julio
del 2003 y julio del 2004, de acuerdo al reporte de la
Oficina del Censo entregado hoy"[18]

En un artículo del Washington Post titulado "Población hispana sigue aumentando números," D'Vera Cohn afirma: "En julio pasado los hispanos alcanzaron 41.3 millones en la población nacional de 293.7 millones. Logran el más rápido porcentaje de crecimiento entre los grandes grupos raciales y étnicos de la nación. En los 90 contaban con el 40 porciento del aumento de la población del país, del 2000 al 2004, la proporción subió al 49 porciento. De acuerdo al reporte de la Oficina del Censo entregado hoy, los hispanos son responsables por cerca de la mitad del crecimiento de la población de los Estados Unidos desde el 2000, indicando que la minoría más grande aumenta su presencia aún más rápido que en la década anterior."[19] Aunque haya quienes predicen una disminución significante en la proporción de la población hispana, los hechos demuestran que lo opuesto es la verdad. La proporción del crecimiento hispano ha aumentado más rápido que lo anticipado.

Los que desean alcanzar la población de este país
para Cristo sabiamente desarrollarán estrategias
contextualizadas y dedicarán personal y recursos
para alcanzar la población hispana de tan rápido cre-
cimiento en los Estados Unidos hoy.

Notas

9

[10] Pew Centro Hispano, Roberto Suro y Jeffery S. Passel, *The Rise of the Second Generation*, October, 2003, 3. (), 3.

[11] U.S. Census Bureau cited in "Report, Hispanic Population Surging," Dallas Morning News, June 9, 2005, 13A.

[12] D'Vera Cohn, "Hispanic population keeps gaining numbers," Washington Post, cited in Fort Worth Star Telegram, Thursday, June 9, 2005, 5A.

[13] Source: Current Population Survey, March 2000, PGP-5

[14] Source: Current Population Survey, March 2002, PGP-5

[15] U.S. Census Bureau cited in "Report, Hispanic Population Surging," Dallas Morning News, June 9, 2005, 13A.

[16] "Report, Hispanic Population Surging," Dallas Morning News, June 9, 2005, 13A.

[17] Associated Press, "Census: Hispanic population reaches record level." Fort Worth Star Telegram, Thursday, June, 9, 2005, A1.

[18] Ibid

[19] D'Vera Cohn, "Hispanic population keeps gaining numbers," Washington Post, cited in Fort Worth Star Telegram, Thursday, June 9, 2005, 5A.

CAPÍTULO 2
REALIDAD # 2

Los hispanos se han extendido por todo el país más rápido que cualquier previo grupo de inmigrantes. Al observar la expansión rápida de la población hispana surgen varios factores. Los hispanos han aumentado en todo tipo de área metropolitana: Metros de hispanos establecidos; hispanos en nuevos destinos; centros de crecimiento hispano rápido; y pequeños lugares hispanos.[20]

Tabla 6
Tipos de áreas metropolitanas

La tabla 7 presenta el porcentaje de la población hispana y el porcentaje de crecimiento en las dos décadas pasadas tanto como en las áreas en las cuáles este crecimiento ha

Descripciones de tipo urbano	Descripciones de áreas	Localidades de las áreas
Hispanos establecidos Metros (16)	Base grande/ crecimiento lento	New York, Los Angeles, Miami, Chicago, etc. Atlanta, Birmingham,
Nuevos destinos hispanos (51)	Base pequeña/ crecimiento rápido	Charlotte, Ft. Lauderdale, Greenville, etc. Austin, Bakersfield, Dallas, Houston, Phoenix,
Centros de rápido crecimiento hispano (11)	Base pequeña/ crecimiento rápido	Riverside, San Diego, etc. Akron, Buffalo, Detroit, Newark, Philadelphia, etc.
Lugares Hispanos Pequeños (22)	Base pequeña/ crecimiento lento	

11

ocurrido.[21/22]

Tabla 7
Crecimiento urbano hispano
promedio de crecimiento urbano
(todas las áreas) 145%.

Tipo de área	% Población Hispana	% crecimiento 1980-2000
Metros Hispanos establecidos	52%	97%
Nuevos destinos hispanos	19%	303%
Centros de rápido crecimiento hispano	25%	235%
Lugares pequeños hispanos	04%	81%

La tabla 7 también indica el porcentaje de la población hispana que se concentra en cada tipo de comunidad urbana y la proporción del crecimiento de la población hispana entre el año 1980 y el año 2000. En los Metros Hispanos establecidos, los hispanos crecieron el 97% entre los años 1980 y 2000. Las áreas urbanas particulares dentro de éstos Metros de hispanos establecidos mostraron nota-ble crecimiento. Por ejemplo: Albuquerque 55%; Chicago 143%; Denver 142%; El Paso 98%; Fresno 143%; Jersey Ciudad 67%; Los Angeles 105%; McAllen 118%; Miami 123%; Nueva York 60%; Oakland 138%; San Antonio 67%;

San Francisco 75%; San José por 78%; Tucson 122%; y Ventura 122%. Estos Metros de hispanos establecidos crecieron a un total de 14,119,006 o 43% de la población hispana en el año 2000.[23]

En dieciocho nuevos destinos hispanos, los hispanos crecieron el 505% entre los años 1980 y 2000. En particular las áreas urbanas en estas regiones señalan crecimiento singular en la población hispana. Por ejemplo, Raleigh experimentó la mayor proporción de crecimiento con 1180% durante esas dos décadas. Siguió: Atlanta 995%; Greensboro 962%; Charlotte 932%; Orlando 859%; Las Vegas 753%; Nashville 630%; Fort Lauderdale 578%; Sarasota 538%; Portland 437%; Greensville 397%; West Palm Beach 397%; Washington D.C. 346%; Indianapolis 331%; Fort Worth 338%; Providence 325%; y Tulsa 303%.

El 505% de aumento en la población hispana en estos 18 nuevos destinos hispanos durante estas dos décadas alcanzaron un total de hispanos de 2,750,664 para el año 2000.[24] Aunque estos fueron los nuevos destinos hispanos con más del 300% de crecimiento, en realidad hubo otras 33 áreas que encajan bajo esta categoría todas las cuáles experimentaron más del 100% de crecimiento. Estas incluyen Albany, NY, que creció un 185%; Allentown, PA, un 261%; Baltimore un 148%; Bergin Passaic un 162%; Birmingham un 183%; Boston un 181%; Columbus, GA, un 220%; Grand Rapids un 283%; Harrisburg, PA un 226%; Hartford CT un 148%; Jacksonville un 198%; Knoxville un 157%; Little Rock un 200%; Louisville un 193%; Memphis un 214%; Hunterdon un 233%; Milwaukee un 170%; Minneapolis St. Paul un 331%; Monmouth-Ocean NJ un 200%; Nassau-Suffolk un 175%; New Haven un 190%; Norfolk-Virginia Beach-Newport News un 163%; Oklahoma

City un 281%; Omaha un 213%; Providence un 437%; Richmond un 235%; Salt Lake City un 233%; Scranton un 189%; Seattle un 274%; Springfield MO un 203%; Tacoma un 192%; Tampa un 209%; WV PSMA un 346%; Wichita, KA un 280%.

El porcentaje combinado de crecimiento de todos los 51 nuevos destinos hispanos es de 303%. Lo que maravilla es que aún en las áreas menos probables de las áreas metro en términos de previa presencia hispana, los hispanos han crecido en proporciones muy rápidas en las dos últimas décadas.[25]

Aunque mucha gente se acostumbra a las grandes concentraciones de hispanos en las áreas establecidas, nuevos centros crecen tan rápidamente que su impacto tiene que tenerse en cuenta por los estrategas de misiones que deseen alcanzar a los hispanos para Cristo. En orden alfabético, estos centros de rápido crecimiento son: Austin que creció un 211% entre los años 1980 y 2000; Bakersfield un 192%; Dallas un 358%; Houston un 211%; Orange County un 206%; Phoenix un 261%; Riverside-San Bernardino un 324%; Sacramento un 172%; San Diego un 174%; Stockton un 158%; Vallejo un 197%. Estos centros de rápido crecimiento hispano crecieron en una proporción combinada de 235% con un total de 6,818,961 de hispanos para el año 2000.[26]

Una cuarta categoría del crecimiento hispano metropolitano está en los "lugares hispanos pequeños." Estas son ciudades donde había un número pequeño de hispanos en 1980, con todo han experimentado un crecimiento significativo entre ese año y el año 2000. En orden alfabético son: Akron que creció un 44%; Ann Arbor un 54%; Baton Rouge un 74%; Buffalo un 44%; Charleston un 75%; Cincinnati un 154%; Cleveland un 47%; Columbus un 152%; Dayton un 61%; Detroit un 58%; Gary un 50%; Honolulu un 8%; Mobile un 106%; New Orleans un 19%; Newark un 65%; Philadelphia un 59%; Pittsburg un 50%; Rochester un 81%; St Louis un 59%; Syracuse un 56%; Toledo un 49%; y Youngstown un 77%. La proporción de crecimiento combinado para los lugares hispanos pequeños fue un 54%.

Las conclusiones que surgen de esta información son:

1. **La población hispana creció en todas las áreas metropolitanas en una proporción combinada de 145% entre los años 1980 y 2000.** En los metros hispanos establecidos crecieron un 97%; en los nuevos destinos hispanos un 303%; en los centros de rápido crecimiento un 235%; y en pequeños lugares hispanos un 81%. Cada área metropolitana de los Estados Unidos enfrenta el desafío de guiar a más hispanos a una fe personal en Cristo y capacitarlos a sembrar iglesias que ministren a sus comunidades.

2. **Nuevos patrones de crecimiento se han desarrollado.** Los hispanos no están creciendo sólo en las áreas establecidas (p.ej., Los Ángeles, Ciudad de Nueva York, Chicago, Miami), sino que van a nuevos destinos donde no se habían concentrado en grandes números en el pasado. Ciudades tales como Atlanta, Georgia; Charlotte, Las Vegas, Nevada; Nashville, Tennessee; Raleigh-Durham, Carolina del Norte; y Washington D.C. que experimentan crecimiento súbito y explosivo. Este aumento en la población brinda cambios significativos

para los residentes nativos que no habían tenido previo contacto con los hispanos, pero que tienen el compromiso de convencer a los hispanos a una fe personal en Cristo y allí sembrar iglesias.

3. **Muchos hispanos pasan de largo las "ciudades de entrada" (P.ej., Los Ángeles, Nueva York, Chicago y Miami) y van derecho a las áreas de su "nuevo destino." Washington DC y Atlanta entre otras emergen como entradas para los hispanos.**[27] **Una de las implicaciones de esto es que muchos hispanos no son sólo recién llegados a estas áreas sino a este país mismo.** Esto tiene implicaciones significativas en términos de adaptación de los hispanos a la cultura predominante de los Estados Unidos y a una área del país que no tenía experiencia previa de relación con los hispanos.

4. **Los hispanos no solamente experimentan crecimiento signficativo sino que sufren nuevos tipos de crecimiento.** La percepción que la mayoría de los hispanos vivían en áreas rurales se desvaneció hace tres décadas cuando empezaron a concentrarse en las áreas urbanas del país. Hoy descubrimos que ha habido aún otro cambio. Los hispanos ahora se esparcen en los suburbios. Aproximadamente un 54% de todos los hispanos viven en los suburbios.[28] También es interesante notar que los hombres hispanos superan el número de las mujeres en un 17% en las áreas de nuevo destino.[29] Los inmigrantes masculinos llegan primero y les siguen sus familias. Este hecho tiene implicaciones para el ministerio de la iglesia que tiene que relacionarse con los hombres y luego con las familias

cuando llegan.

5. **Residentes de largo plazo en las áreas de nuevo destino enfrentan la doble tarea de ajuste de la intromisión de un grupo cultural al cual no conocían previamente y de procurar relacionarse a la estructura familiar un poco atípica.** Las organizaciones sean sociales o religiosas, que pueden relacionarse con los recién llegados encontrarán que esto les capacita para servir y ministrar a todas las familias en el futuro. Se ha probado que la gente en un estado fluido a menudo son más receptivos a nuevas ideas y relaciones.

El rápido y amplio crecimiento de la población hispana unido a las nuevas formas de crecimiento que surgen y nuevas áreas de residencia presentan un desafío sin precedente para los que desean guiar a los hispanos a una fe personal en Cristo, les da la oportunidad de sembrar iglesias, y les anima a impactar sus comunidades con ministerios vibrantes y compasivos.

De las poblaciones de crecimiento hispano, Harry Pacon declara: "El significado mayor es que se trata de una presencia nacional."[30]

Notas

[20] "Latino Growth in Metropolitan America,"The Brookings Institution Center on Urban & Metropolitan Policy and the Pew Centro Hispano, 3.

[21] Ibid., 4

[22] Ibid.

[23] Ibid., 12.

[24] Ibid., 5.

[25] Ibid., 12,13.

[26] Ibid., 16.

[27] Ibid., 5.

[28] "Latino Growth in Metropolitan America," The Brookings Institute Center on Urban & Metropolitan Policy and the Pew Centro Hispano. 1.

[29] "Latino Growth in Metropolitan America," The Brookings Institution Center on Urban & Metropolitan Policy ane the Pew Centro Hispano. 1.

[30] Harry Pacon, cited in D'vera Cohn, "Hispanic population keeps gaining numbers," Star Telegram, June 9, 2005, 5A

CAPÍTULO 3

REALIDAD #3

La primera generación (los inmigrantes) se ha constituido en el segmento más grande de la población hispana en los Estados Unidos hoy.[31]

Aunque los antepasados de algunos hispanos eran residentes permanentes de lo que ahora es el suroeste de los Estados Unidos cuando este territorio fue anexado, muchos hispanos son descendientes de los que han inmigrado desde el comienzo del siglo veinte. En la mitad del siglo veinte, la tercera generación (los nietos de los inmigrantes) formaba el mayor segmento de la población hispana y tenía su raíces más profundas en la cultura de los Estados Unidos. Esta es la generación que está más asimilada en la sociedad predominante, es bilingüe, o prefiere el inglés.

En 1990, sin embargo, los que son la primera generación de inmigrantes vinieron a ser el segmento mayor de la población hispana.[32] Esta es la generación que es la menos asimilada y que básicamente habla español.

Tabla 8
Población hispana actual por generaciones

La tabla 8 señala la presente población hispana por generaciones y el porcentaje de la población hispana por cada generación. Los demógrafos predicen que hasta el 2020 la primera generación continuará siendo el segmento ma-yor de la población hispana. Del 2020 en adelante, la se-

19

gunda generación será la mayor. Después del 2010, la tercera generación equivaldrá a casi una tercera parte de la

Generación	Porcentaje de población hispana	Total
Primera	14.2 million	40%
Segunda	9.9	28%
Tercera	11.3	32%

población hispana como se observa en la tabla 9.

Tabla 9
Población hispana proyectada
por generaciones

En la tabla 9 se ve proyectado el porcentaje de la población para las tres generaciones de hispanos.

Este cambio generacional entre los hispanos

Generación	2000	2010	2020
Primera	40%	38%	34%
Segunda	28%	32%	36%
Tercera	32%	30%	30%

desafía fuertemente la idea de que todos los hispanos se están asimilando y que los servicios sociales y el ministerio en español y que estrategias especializa-

20

das relacionadas con ellos ya no se necesitan.

Siguiendo los patrones de asimilación de los grupos anteriores, mucha gente concluye que dentro de dos generaciones, la mayoría de la población hispana llegará a ser parte de la sociedad dominante y que los ministerios hispanos tanto como las iglesias de habla hispana ya no se necesitarán. Lo que no han considerado es que los patrones de la inmigración hispana difieren de los de otros grupos que vienen a los Estados Unidos. Su proximidad geográfica a sus países de origen, a diferencia de los alemanes, italianos e irlandeses, para nombrar sólo unos pocos, ha contribuido a la inmigración presente la cual continuamente ha reforzado la cultura y el idioma de los hispanos que ya estaban en los Estados Unidos.

El gran número de inmigrantes en sólo tres décadas ha resultado en que la generación de inmigrantes sea mayor que las dos generaciones previas. Esto, en un sentido muy real resulta en una repetición del proceso de inmigración una y otra vez a medida que los hispanos continúan llegando a los Estados Unidos. *¡La necesidad de ministerios de habla hispana y de iglesias de habla hispana es aún mayor hoy que el de hace tres décadas!*

A la vez, sin embargo, el crecimiento de la segunda generación y el porcentaje consistente de la tercera generación relieva el hecho que el uso del idioma inglés continuará siendo indispensable en la relación con ellos. "Sin importar el país de origen, los hispanos que residen en los Estados Unidos usan el idioma inglés y las maneras norteamericanas en variedad de niveles.[33]

Aunque, por una parte, existe una necesidad urgente de iglesias de habla hispana, existe también una urgente necesidad de congregaciones bilingües y de habla inglesa/de cultura latina tanto como iglesias de habla inglesa/de cultura predominante para alcanzar a los hispanos más asimilados en los Estados Unidos hoy.

La realidad # 4 ilumina adicionalmente estas urgentes necesidades entre los trabajadores hispanos.

Notas

[31]Source: Pew Centro Hiapano, Roberto Suro y Jeffery S. Passel, The *Rise of The Second Generation*, October, 2003, 4.

[32] Source: Pew Centro Hiapano, Roberto Suro y Jeffery S. Passel, The *Rise of The Second Generation*, October, 2003, 4

[33] Pew Centro Hispano/Kaiser Family Foundation, 2002 National Survey of Latinos, December 2002, 6.

CAPÍTULO 4

REALIDAD #4

El uso del idioma español ha aumentado en las dos últimas décadas en los Estados Unidos.[34]

Contrario a la percepción de muchos, el uso del idioma español no declina sino que de hecho aumenta debido a la influencia de la primera generación. Las estadísticas de la tabla 10 lo confirman plenamente.

Tabla 10
El idioma español por generaciones.[35]
Estos hechos relacionados con el uso del idioma español por generaciones nos enfrontan a un doble desafío:

Generación	Porcentaje de Población	Español	Bilingüe	Inglés
Primera	72%	24%	04%	40%
Segunda	07%	47%	46%	28%
Tercera	0%	22%	78%	32%

1. La comunicación con la generación inmigrante primeramente requiere el uso del idioma español. Grandes corporaciones en los Estados Unidos se han dado cuenta de la importancia del uso del español para comunicarse con la generación inmigrante. Esas cor-

23

poraciones que han descuidado el uso del idioma español han sido ineficientes en la relación con la comunidad hispanoamericana. Un ejemplo es el del antiguo K-Mart:

La corporación K-Mart, que se reconstruye de la acción de la bancarrota, manifestó el miércoles que publicará su circular semanal en español por primera vez, en un intento de alcanzar el creciente mercado hispano. El vendedor de descuento dijo que su circular y anuncios comerciales se traducirá al español. La circular estará disponible en 160 almacenes localizados en los mayores centros de población hispana y aparecerá en 10 periódicos hispanos en todos los Estados Unidos, K-Mart expande su esfuerzo para alcanzar este importante grupo.

Más del 55 por ciento de todos los hispanos que vive en los Estados Unidos está a 15 minutos de uno de sus almacenes (cursiva añadida). Como el mercado hispano continúa creciendo a más de $500 billones en los Estados Unidos K-Mart hace el mayor esfuerzo para alcanzar a este codiciado consumidor.[36]

2. La comunicación con la segunda y tercera generación demanda estrategias con el uso bilingüe y del inglés dominante.

En un artículo titulado "Aquí se habla español," un representante de General Motors recalcó su estrategia para comunicarse bilingüemente :

General Motors (GM) espera atraer a más empleados hispanohablante y, como resultado, clientes, a sus sucursales en el área de Chicago por medio de un programa de nuevos trabajos. Con el programa de entrenamiento de empleados vendedores bilin-gües (BEST), GM cooperará con sus agentes en atraer, reclutar y capacitar a 200 en el personal de vendedores bilingües. Los latinos son el 16 porciento de la población de Chicago, 1.8 millones de habitantes, de acuerdo con GM. GM invitará al trabajo a candidatos por medio de la televisión, radio y comerciales impresos y esfuerzos directos del mercadeo. Los candidatos exitosos recibirán capacitación para la carrera y consejería como asociados en ventas. "Se espera que el mercado hispano siga creciendo en los años venideros. GM tiene una gran oportunidad para crecer con el mercado, pero también tenemos la responsabilidad de proveer oportunidades de trabajo para que así la comunidad hispana prospere con nosotros," dijo Dora Ann Sánchez-Mead, GM gerente de capacitación.[37]

Geoffrey Jones enfatiza el hecho que el uso del español aumenta en los Estados Unidos:

La temporada pasada la cadena Univisión en el idioma español captó la atención de más adolescentes en la nación que MTV, más hombres que ESPN, y tres veces más audiencia que CNN... La radio en el idioma español también retumba; están entre las mejores estaciones en Los Ángeles, New York, y Miami. Univisión tiene cerca del 90% de la audiencia miradora en el idioma español.[38]

Importa estar consciente del hecho que los hispanos (tanto como otros grupos culturales) distinguen entre el idioma comercial (que predomina en la sociedad) y su idioma del corazón (la lengua madre).

Un estudio por Daniel Lund de MUND Americas y Sammy Papert de Belden Associates halló que los hispanos prefieren el español cuando buscan un servicio, tal como un proveedor de Internet o una agencia de viajes. Pero cuando compran un producto, como un automóvil o un teléfono celular, prefieren inglés, el idioma que asocian con decisiones racionales. Para expresarlo de otra manera, los latinos usan el español para transacciones emocionales, mientras que el inglés es el idioma del cálculo o elecciones desapasionadas.[39]

Estos hechos sobre el uso del idioma español entre los hispanos tienen implicaciones significativas para los que buscan vender productos a los hispanos en contraste con los que tratan de proveer consejería o de ministrarles espiritualmente. El hecho de que muchos hispanos hayan aprendido a funcionar en inglés en el trabajo no quiere decir que no usan su idioma del corazón en sus relaciones primarias y en sus prácticas religiosas. *Un hecho mitológicos establecido es que la gente responde más rápida y completamente al evangelio cuando se les presenta en su lengua madre.*[40]
Muchas corporaciones aprenden que se necesita más que traducir los materiales al español. Un entendimiento de la cultura es indispensable:

"En la cultura" significa hablar a los hispanos en su idioma nativo o en el idioma en que responde a la mayoría de sus decisiones. El la cultura significa ser perceptible a las sensibilidades étnicas o de nacionalidad y no cometer ofensas culturales. En la cultura significa acercarse a los líderes de organizaciones sociales o cívicas para estar seguro que la campaña de mercadeo o giro editorial no provoca un boicot por las actividades de una comunidad enfadada.[41]

Las iglesias que desean ministrar a los hispanos enfrentan un desafío doble de comunicación con los que son predominantemente hispanohablante y con los que son más proficientes en el inglés que en el español. La encuesta de la Pew Foundation afirma:

El español sigue como el idioma predominante en la población adulta hispana. Sin embargo, el inglés claramente gana terreno aún dentro de los hogares de los inmigrantes. La segunda generación, la generación nacida en los Estados Unidos, los hijos de los inmigrantes, mayormente hablan inglés o son bilingües, y se reporta que generalmente el inglés es el idioma que sus hijos usan cuando platican con sus amigos.[42]

Debido a que los hispanos experimentan inmigración y asimilación simultáneamente, los ministerios entre los hispanos tienen que prestarse a la gente en todos los niveles de este desarrollo continuo.

Notas

[34]Source: Pew Centro Hiapano, Roberto Suro y Jeffery S. Passel, The *Rise of Second Generation*, October, 2003, 7.

[35] Source: Pew Centro Hispano, Roberto Suro y Jeffery S. Passel, *The Rise of Second Generation*, October, 2003, 8.

[36] Fox News, "Kmart Reaches Out to Hispanic Customers, August 28, 2002.

[37] DiversityInc, May 2005, p.20.

27

[38] Goeffrey Jones, "DL's Jones On Boom In Spanish-Language Broadcasting," Invester's Business Daily, October 18, 1999.

[39] Guy García, The New Mainstream, Rayo, an Imprint of Harper Collins Publishers, 2004, 44.

[40] Donald McGavran, Understanding Church Growth, Grand Rapids: William Eerdmans, 1970, 198.

[41] Guy García, The New Mainstream, Rayo, An Imprint of Harper Collins Publishers, 2004, 9,10

[42] Pew Centro Hispano/Kaiser Family Foundation, 2002 National Survey of Latinos, December 2002, 8.

CAPÍTULO 5

REALIDAD #5

La segunda y tercera generaciones hispanas han avanzado a grandes y significativos pasos en los logros educativos, pero la primera generación se ha quedado atrás.[43]

Aunque es verdad que la segunda y tercera generaciones hispanas han dado grandes y significativos pasos en mejorar su educación, a la vez esto no es lo que sucede con la primera generación de hispanos. La tabla 11 enseña que el 54 por ciento de la generación inmigrante alcanza menos que la educación secundaria, el 24 por ciento se han graduado de la secundaria, el 13 por ciento han recibido algo de universidad y el 9 por ciento son graduados de la universidad. Los porcentajes cambian dramáticamente para la segunda y tercera generaciones hispanas con muchos más graduados de la secundaria y los que tienen algo de instrucción universitaria y los que se gradúan de la universidad.

Tabla 11
La educación entre los hispanos

Generación	Menos de secundaria	Secundaria	Algo de universidad	Graduado de universidad
Primera	54%	24%	13%	09%
Segunda	23%	33%	29%	15%
Tercera	25%	35%	27%	13%

(Edades 24-65)[44]

Al estudiar los logros educativos, nos enfrentamos con un doble desafío al capacitar a los hispanos para el ministerio cristiano:

1. Tenemos que animar a la segunda y tercera generaciones a que aprovechen los programas existentes en las universidades y en los seminarios. Como se observa en la tabla 11, el porcentaje de las segunda y tercera generaciones hispanas que ha completado su educación secundaria es apreciadamente más alto que el de la primera generación hispana. Por lo tanto, las generaciones hispanas segunda y tercera son mejores candidatos para los programas de capacitación existente en las universidades y seminarios en los Estados Unidos hoy.

2. Tenemos que proveer un nivel de entrada para capacitar la primera generación hispana que tiene el llamado al ministerio. Ya que este es el grupo que más responde al mensaje del evangelio. Consecuentemente, más iglesias se comienzan entre ellos; con todo, la mayoría de las denominaciones no tienen estrategias para capacitar a personas en el nivel de entrada y proveerles una manera para que continúen sus estudios en el nivel de universidad y seminario.

Las corporaciones reconocen la necesidad de una capacitación contextualizada para los hispanos. Por ejemplo, la administración que provee facilidades de comida Sodexho avanza con la "Sed de saber", un programa de inglés como segundo idioma para sus trabajadores de habla hispana de primera línea. Más de 100 empleados en California, Arizona, Texas, Massachusetts y Washington, D.C., participarán en la primera parte del programa, que eventualmente estará disponible para todos los empleados de habla hispana. Los que han completado el programa de 6 meses reciben un certificado y un bono en efectivo. "Tenemos interés personal en el triunfo de nuestros empleados," dice Richard Macedonia, el Principal Oficial Ejecutivo de Sodexho en los Estados Unidos. "A medida que continúa cambiando la demografía de nuestra fuerza de trabajo, nos concentramos en desarrollar a nuestros empleados... no sólo para mejores trabajos, sino para carreras."[45]

3. Aunque el enfoque de este libro es convencer a los hispanos a una fe personal en Cristo y a capacitar las congregaciones a ministrar a sus comunidades más eficazmente, un factor que no se puede ignorar es, *el porcentaje del retiro de la secundaria que para la juventud hispana es el doble al compararse con el de los anglos.*[46]

En su estudio titulado: "Hispanic Youth Dropping out Of U.S. Schools: Measuring el Challenge," Richard Fry afirma:

La juventud latina en los Estados Unidos es la más probable que se retire de la escuela que otros jóvenes. En el 2000, el 21 por ciento de los hispanos de 16 a 19 años de edad se retiraron, en comparación del 8 por ciento de la juventud anglo, y del 12 porciento de la juventud afroamericana.

Fry comparte tres asuntos de información que son muy valiosos para entender la situación actual de la educación de la juventud hispana:

1. El enfoque en los datos para los hispanos que se

han retirado de las escuelas en los Estados Unidos antes de terminar la secundaria revela el muy grave problema que tiene serias implicaciones a largo plazo para el sistema educacional, las comunidades latinas, y la nación como un todo. Sin embargo, estos números revelan que el problema no es tan perturbador como comúnmente se cree. Sencillamente dicho el porcentaje de retiro del 30 por ciento o más se cita frecuentemente de los hispanos en general. Estas cifras, no obstante, incluyen muchos inmigrantes que nunca iniciaron estudios en una escuela en los Estados Unidos. Contando sólo los latinos que se retiran de la escuela después de haberse matriculado en el sistema educativo de los Estados Unidos, se halla un retiro de sólo cerca del 15 por ciento entre los jóvenes de 16 a 19 años de edad.[47]

2. Entre los hispanos nacidos aquí de 18 a 19 años de edad, los que completaron sus estudios secundarios aumentó de 54.7 por ciento a 60 por ciento entre 1990 al 2000. Entre los hispanos nacidos en el exterior de 18 a 19 años de edad, aumentó los que completaron la secundaria del 32.0 al 38.1 por ciento en la misma década.[48]

3. *La falta del manejo del idioma inglés es la característica primaria del retiro de los latinos.* Casi el 40 porciento no hablan bien el inglés. El 14 por ciento de los jóvenes hispanos de los 16 a los 19 años de edad que tienen poca habilidad en el uso del idioma inglés se retiran en una proporción del 59 por ciento.[49]

El estudio de Fry lleva malas y buenas noticias. Las malas noticias son el alto porcentaje sin proporción de juventud hispana que se retira de la escuela. Las buenas noticias son que haya tendencia hacia el desarrollo. Desde el punto de vista de los que desean ministrar a la comunidad hispana, existen dos áreas de serla inquietud.

Primera, si se incluye como un factor a la juventud que nunca asiste a la escuela después de llegar a este país, haya por lo menos un 30 por ciento en cualquier área dada que no han terminado secundaria. Esto indica la necesidad de tener un tipo de programa como el GED en nuestras iglesias y también proveer facilidades con programas de capacitación en el ministerio de tal manera que se suplan las deficiencias educativas y posibilite a que los hispanos con un llamamiento al ministerio se inicien en un nivel básico y luego entren a los programas educativos existentes en la universidad, maestrías y programas doctorales.

Segunda, como adquirir el inglés es uno de los factores cruciales para obtener la educación secundaria para nuestra juventud hispana tenemos que preguntarnos ¿qué hacen las iglesias para atender a esta necesidad?

Las necesidades educativas de la juventud hispana nos presentan tanto un desafío como una oportunidad a los que ministramos en el contexto hispano. Los ministerios que enseñan inglés como segundo idioma, que animan a los estudiantes que permanezcan en la secundaria, que sirven de tutores a los que tienen necesidades especiales o que proveen el punto de entrada para los que necesitan iniciar su capacitación en niveles básicos no sólo ayudarán a la comunidad hispana social y económicamente sino que establecerá puentes que facilitarán la comunicación del mensaje del evangelio.

Notas

[43] Pew Centro Hispano, Roberto Suro y Jeffery S. Passel, The *Rise of The Second Generation*, October, 2003, 8.

[44] Pew Centro Hispano, Roberto Suro y Jeffery S. Passel, the *Rise of Teh Second Generation*, October, 2003, 8.

[45] DiversityInc, May 2005, 20.

[46] Richard Fry, "Hispanic Youth Dropping Out Of U.S. Schools: Measuring The Challenge," Pew Centro Hispano, 2003, iii.

[47] Ibid., iii.

[48] Ibid., iii.

[49] Ibid., iv.

CAPÍTULO 6

REALIDAD # 6

Los hispanos muestran más receptividad al mensaje del evangelio que nunca antes en la historia de este país.

Evidencias de la receptividad

Nunca en la historia de esta nación han estado los hispanos más receptivos al mensaje evangélico que ahora. Un estudio hecho por el sacerdote/sociólogo Andrew Greeley indica que el 23 por ciento de la población hispana ahora se identifica con las denominaciones no católicas, pricipalmente evangélicas.[50] Este hecho ha sido confirmado por estudios más recientes tales como el Pew Hispanic Center's National Survey of Latinos. Los resultados de este estudio se presentan en la tabla 12.

Tabla 12
Preferencia religosa de los hispanos por origen[51]

Religión	Total	Inmigrantes	Nativos
Católicos	70%	76%	59%
Evangélicos	14%	11%	20%
Otras religiones cristinas	06%	05%	09%
Religiones	02%	01%	03%
No-cristianos	0%	0	01%
Judíos	08%	07%	08%
Sin religión			

La tabla 12 muestra que entre los hispanos el 70 por ciento se identifican como "católicos;" el 20 por ciento como evangélicos o nacidos de nuevo;" el 9 por ciento como "otros cristianos;" el 2 por ciento como "otra religión no cristiana;" y el 8 por ciento como "sin religión."[52]

Tabla 13
Preferencia religiosa hispana por países/regiones[53]

	Católicos	Evangélicos	Protestante no evangélico	Total Evangélico protestante
México	76%	11%	05%	16%
Puerto Rico	55%	21%	08%	29%
Centro America	51%	25%	04%	29%
Sur America	70%	13%	05%	18%
Cuba	64%	15%	05%	20%
República Dominicana	74%	12%	03%	15%
Otros	46%	25%	13%	38%

* "Protestante" incluye a "otra religión cristiana/protestante (no evangélica)."

Al observar las preferencias religiosas de los hispanos nos regocijamos sobre varios hechos:

• Los hispanos responden al mensaje evangélico ahora más que nunca.

• Muchos que vienen de Latinoamérica ya son cristianos evangélicos. Por ejemplo, casi una tercera parte de los inmigrantes de Centroamérica ya son cristianos evangélicos. Muchos de ellos cuando llegan se unen a iglesias existentes o comienzan nuevas iglesias.

• Los hispanos tienen el potencial de influenciar positivamente la sociedad estadounidense.

La percepción de muchos es que "la inmigración transforma la religión en los Estados Unidos." En su artículo "Una nueva espiritualidad: Los hispanoamericanos influyen las tendencias religiosas," Phillip Jenkins indica que la media ha trompeteado la nueva diversidad religiosa en el país. Esto no suena tan espantoso a la luz de la hospitalidad de este país para con los musulmanes, budistas, siquistas y adherentes de otras creencias. Jenkins, sin embargo, penetrantemente declara:

> Aunque la inmigración masiva en verdad tiene un enorme impacto religioso, el principal beneficiario de este proceso indudablemente es el cristianismo. Mucho más de lo que los observadores aprecian, la vasta mayoría de los nuevos inmigrantes son cristianos o se han convertido después de su llegada a estas costas, y es un cristianismo con una poderosa inclinación tradicional... La vasta mayoría de los latinoamericanos vienen de culturas cristianas, sean católicas o protestante. Y aunque no todos son igualmente piadosos, o aún nacionalmente creyentes, se han formado en una matriz cultural que es claramente cristiana.[54]

Debido a las estadísticas citadas en la tabla 12, se sabe que aproximadamente al 20 por ciento de los hispanos se les puede contar como cristianos nacidos de nuevo.[55] Anima saber también que la vasta mayoría de los hispanoamericanos tiene un trasfondo religioso que los predispone favorablemente al mensaje evangélico si se les presenta adecuadamente. Por lo tanto, en vez de ser pesimistas por la diversidad religiosa de nuestra nación, tenemos que reconocer el hecho que la inmigración de Latinoamérica aumenta la posibilidad de que un vasto número de personas se alcancen con el evangelio y transformen a los Estados Unidos de manera positiva.

Desafíos para los cristianos evangélicos

En vista de esta receptividad, Los evangélicos deben aceptar dos desafíos intensos. Los desafíos consisten en:

• Equipar a los hispanos evangélicos a compartir su fe de una manera más positiva y efectiva con las personas de trasfondo católico romano que no han tenido la experiencia de la salvación personal en Jesucristo.

• Desarrollar la siembra de iglesias contextualmente evangelizadoras, y estrategias de crecimiento que acelerarán el alcance a todos los hispanos y los capacitará para sembrar iglesias con ministerios eficaces y compasivos en sus comunidades.

Conclusión

El aumento de respuesta demanda una crecida evangelización. Donald A. McGavran insistía que las prácticas misioneras involucraban ganar a los que pueden ganarse ahora. McGavran estaba convencido de que la necesidad más que la respuesta debería determinar el uso de los recursos misioneros.[56] Siguiendo este principio de acción misionera, los evangélicos hoy deben movilizarse para aprovechar la oportunidad presentada por la actual respuesta hispana al evangelio.

Notas

[50] Andrew Greeley, "Defection Among Hispanics," *America (July 30, 1988).61.*

[51] Pew Centro Hispano/Kaiser Family Foundation, 2002 National Survey of Latinos, December 2002, 53.

[52] Pew Centro Hispano/Kaiser Family Foundation, 2002 National Survey of Latinos, December 2002, 53.

[53] Pew Centro Hispano/Kaiser Family Foundation, 2002 National Survey of Latinos, December 2002, 53.

[54] Philip Jenkins, "A New Spirituality: Hispanic Americans are influencing religious trends in the United States," *Hispanic Trends*, Hispanic Publishing Group/Hispanic Online.com.

[55] George Barna, "The Faith of Hispanics is Shifting,"., 2/26/2003

[56] Donald A. McGavran, *Understanding Church Growth (Grand Rapids: Eerdmans, 1970).*

CAPÍTULO 7

REALIDAD # 7

Típicamente los hispanos son muy conservadores en cuanto a los valores sociales[5]

Una encuesta en el 2003 de los latinos en los Estados Unidos por la Pew Centro Hispano del Kaiser Family Foundation halló que los inmigrantes de Latinoamérica están "sólidamente comprometidos con las fuertes relaciones familiares, creencias religiosas, educación, trabajo duro y que les preocupaba que su venida a los Estados Unidos tuviera un impacto negativo en los valores morales de sus hijos"[58]

Tabla 14
Importancia religiosa para Hispanos/Anglos[59]

	Hispanos	Anglos
Importantísimo	21%	20%
Muy importante	47%	41%
Algo importante	25%	28%
No importante	06%	11%

La encuesta citada anteriormente también demostró la importancia que los hispanos le asignan a la religión en sus vidas. Como la tabla 14 indica el 21 por ciento de los hispanos consideran la religión "importantísima" en comparación del 20 por ciento de su contraparte anglo. Esta tabla también indica que el 47 por ciento de los hispanos consideran la religión "muy importante," en comparación con su contraparte anglo. También es importante notar que de los hispanos sólo el 6 por ciento consideran que la religión "no sea importante," comparado con el 11 por ciento de su contraparte anglo. Al sumar las dos primeras categorías, se encuentra que para el 68 por ciento de los hispanos la religión es "importantísima" o "muy importante" comparado con el 61 por ciento de su contraparte anglo. Es seguro declarar que los hispanos son fuertes cuando tiene que ver con la conservación de la religión como un importante valor social. Para los hispanos la unidad y lealtad familiar son valores importantes. Un fuerte apego a la familia es evidente entre los hispanos que predominantemente hablan inglés y que están remotos de la experiencia de inmigrantes.[60] Este es un ejemplo de la asimilación selectiva en la cual participan muchos hispanos. Aunque desean incorporar muchos de los valores de la sociedad predominante, también escogen retener algunos valores, entre los cuáles está la importancia de la familia. La mayoría de los hispanos mantiene que los hijos que crecen en los Estados Unidos permanecerán cerca de sus familias.[61]

Recientes estudios por el Centro Hispano PEW revela que los hispanos en común ostentan valores sociales más conservadores que los anglos en general. Como se ve en la tabla 15, los hispanos consideran inaceptable el divorcio, la homosexualidad y el aborto.[62]

Tabla 15
Actitudes en cuanto a prácticas sociales
Porcentaje que halla estas prácticas inaceptables:

	Hispanos	Anglos
Divorcio	35%	24%
Homosexualidad	66%	58%
Aborto	69%	52%

En lo relacionado con asuntos sociales consideraron importantes en la última elección presidencial, el 58 por ciento declaró que la educación era vital comparada con el 40 porciento de los anglos; el 39 por ciento dijo que la economía era vital comparada con el 38 por ciento de los anglos; el 23 por ciento dijo que el cuidado de la salud y el cuidado médico eran importantes comparado con el 22 por ciento de los anglos; y el 20 por ciento afirmó que el Seguro Social era vital comparado con el 19 por ciento de los anglos.[63] Como lo demuestra esta encuesta, "en algunos asuntos sociales los hispanos expresan un conservatismo que los separa de su contraparte anglo."[64]

Una encuesta del 2003 de los hispanos de los Estados Unidos por el Pew Centro Hispano del Kaiser Family Foundation reveló que los inmigrantes de Latinoamérica estaban determinadamente comprometidos a fuertes relaciones familiares, creencias religiosas, educación, y trabajo duro y que en realidad se preocupaban que al venir a los Estados Unidos fueran afectados por un impacto negativo en los valores morales de sus hijos.[65]

Un estudio similar conducido por los doctores Gaston Espinoza, Virgilio Elizondo, y Jesse Miranda confirmó que los hallazgos de otros estudios concluían que los hispano-americanos convincentemente apoyaban los valores conservadores. Decían:

> Aunque los latinos tienden a votar en lo político progresivamente, claramente apoyan los valores tradicionalmente conservadores pro-familia, morales, y asuntos sociales tales como la oración en las escuelas, bonos para la escuela, y la elección de la iniciativa

caritativa. A pesar del carácter singular de la comunidad latina, comparte muchas de las mismas metas, aspiraciones y puntos de vista políticos como un grupo representativo de la sociedad estadounidense.[66]

Mientras que los evangélicos guíen tenemos que convencer a los hispanos a una experiencia de salvación personal en Jesucristo, encontrarán aliados dedicados que retienen muchos de los valores conservadores sociales en los Estados Unidos.

Notas

[57] Pew Centro Hispano/Kaiser Family Foundation, 2002 National Survey of Latinos, 47.

[58] Guy García, *The New Mainstream*, Rayo, An Imprint of Harper Collins Publishers, 2004, 130. Simon Romero y Janet Elder, "Hispanics in the U.S. Report Optimism," The New York Times, August 6, 3003.

[59] Pew Centro Hispano/Kaiser Family Foundation, 2002 National Survey of Latinos, December 2002, 53.

[60] Pew Centro Hispano/Kaiser Family Foundation, 2002 National Survey of Latinos, 13.

[61] Pew Centro Hispano/Kaiser Family Foundation, 2002 National Survey of Latinos, 13.

[62] Pew Centro Hispano/Kaiser Family Foundation, 2002 National Survey of Latinos:The Latino Electorate, October 2002, Chart 14.

[63] Pew Centro Hispano/Kaiser Family Foundation, 2002 National Survey of Latinos:The Latino Electorate, October 2002, Chart 17.

[64] Ibid., 1.

[65] Guy García, *The New Mainstream*, Rayo, An Imprint of Harper Collins Publishers, 2004, 130. Simon Romero y Janet Elder, "Hispanics in the U.S. Report Optimism," The New York Times, August 6, 3003.

[66] Gastón Espinoza, Virgilio Elizondo, Jesse Miranda, Hispanic Churches in American Public Life: Summary Findings, Interim Reports, Vol. 2003.2, 2nd Edition, March 2003, 11-24.

CAPÍTULO 8

REALIDAD # 8

La segunda y tercera generaciones de hispanos han dado pasos de avanzada financieramente, pero los hispanos recién llegados típicamente pasan por situaciones díficiles financieramente[67]

1. La primera generación de hispanos que no hablan inglés muy probablemente tendrán ingresos bajos, para rentar vivienda, tendrán dificultades económicas y evitarán abrir una cuenta de banco.

2. La segunda generación hispana y los que hablan inglés (o son bilingües) probablemente tendrán más altos ingresos.

3. Esto tiene implicaciones significativas para las estrategias de la evangelización y la siembra de iglesias tanto como para el desarrollo financiero.

4. Los ministerios tales como la enseñanza de inglés como segundo idioma puede tener el efecto de convencer a la gente a recibir a Cristo tanto como ayudarles a mejorar su condición económica.

Tabla 16

Ingresos de una casa hispana[68]

	Nacidos en US	Inmigrantes
Menos de 30,000	57%	37%
30,000 - 49,000	20%	28%
50,000+	11%	27%
No sé	12%	09%

Tabla 17
Los hispanos por ocupación[69]

	Inmigrantes	Nacidos en US
Profesionales	31%	69%
Obreros	65%	28%
Otro	03%	03%

Aunque es importante encontrar maneras para minitrar a los hispanos que se encuentran en el fondo de la escala socio-económica, también es imperativo desarrollar un fuerte sentido de administración financiera entre los hispanos cuyo poder económico aumenta rápidamente.

Muchas de las corporaciones nacionales más poderosas han empezado a reconocer el potencial económico creciente de los hispanoamericanos y desarrollan estrategias especializadas para ganarse el mercado hispano. Citas como la siguiente ahora aparecen en los periódicos más prestigiosos de la nación:

46

"De acuerdo al Bureau of Economic Análisis de los Estados Unidos, el poder de compra latino, o el total de ingresos después de los impuestos, se elevará de $700 billones a $1 trillón para el año 2010."[70]
"La población hispanas de los Estados Unidos y el poder de compra crecen más rápido que el de la población en general. Y como los hispanos en los Estados Unidos son más jóvenes como grupo que el resto del país los mejores años de ganar salario están por delante."[71]

Las estrategias desarrolladas por algunas de estas corporaciones se basan en encuestas sólidas de las características de la cultura hispanoamericana. Por ejemplo, en su artículo titulado "Banks make push de Latino Customers," Ilene Alshire declara lo siguiente:

> Los bancos en el norte de Texas tratan de ganar acceso a un mercado que les es grandemente desconocido... Por eso han añadido empleados de habla hispana y ofrecen productos para servir mejor a los hispanos y hacer que la gente se sienta más a gusto en cuanto a ahorrar y obtener préstamos de los bancos.[72]

En un artículo subsiguiente titulado "Thinking Biculturally es el Key to Serve," [Pensar culturalmente es la clave para servir] Ilene Alshire cita el estudio de Mintel, firma investigadora del mercado que halló que:

> Sólo la mitad de los hispanos en los Estados Unidos son clientes de los bancos, comparado con el 80 por ciento de la población total. Sólo el 27 por ciento de los hispanos tiene una hipoteca, y menos del 50 por ciento tiene algún tipo de préstamo.[73]

Alshire añade:

Los banqueros y los investigadores citan varias razones para el alto porcentaje de hispanos sin conexiones bancarias: Las barreras del idioma, herramientas y programas de mercadeo equivocados, inmigración de países donde las cuentas bancarias se reservaban para los acomodados o donde la instituciones financieras no eran confiables, y una falta de conocimiento de lo que los bancos ofrecen. Varios bancos se esmeran para satisfacer éstas necesidades. Por ejemplo, Chase, tiene un Banco movible, un vehículo de recreación servido por empleados bilingües y que tiene las herramientas y que explica bien el proceso de las hipotecas, por ejemplo... Chase enfatiza fuertemente la educación financiera, dando a conocer los productos del banco... "Y lo hacemos en español, para que no se sientan avergonzados de no ser capaces de hablar bien el inglés." El banco también ha tratado el correo directo y los comerciales en la estación de radio de habla hispana, y familiarizar a la gente para aumentar su parte del mercado hispano. El Banco América tiene un sitio Web en español diseñado con atractivos especialmente para los clientes que no estén familiarizados con los bancos y que desconfían de los mismos.[74]

El Banco América toma medidas extraordinarias para relacionarse con los hispanos. Reconociendo la necesidad de fortalecer la historia de crédito en la comunidad latina, el Banco América anunció el lanzamiento de la Electiva Visa Platinum, un servicio completo de tarjeta con activos de crédito diseñado para los latinos. La tarjeta ofrece servicios bilingües, incluyendo un paquete de bienvenida y el sitio de redimir premios, materiales del programa, comunicaciones, oferta de cheques y estados de cuentas mensuales.

"Establecer y administrar el crédito es esencial para vivir exitosamente en este país, y esta tarjeta de crédito ayuda a que los hispanos gocen la disponibilidad líquida mientras que fortalecen su crédito," dice José Ruíz, alto vicepresidente del Banco América[75]

Dos lecciones cruciales se aprenden de la manera en que estas instituciones llegan a los hispanos:

Primera, las instituciones financieras hacen un esfuerzo serio de entender las necesidades culturales de la población hispana.

Segunda, estas instituciones están dispuestas a emplear el personal y a diseñar estrategias que faciliten la comunicación y a mejorar la confianza entre las instituciones y la población hispana.

Las acciones de estas instituciones financieras tienen implicaciones significativas para las agencias misioneras en términos de la evangelización, formación de discípulos, sembrar iglesias y desarrollo de mayordomía.

¿Aprenderán los evangélicos de estas corporaciones

o continuarán usando las formas tradicionales aún

cuando ya no son eficaces?

Notas

[67] Pew Centro Hispano/Kaiser Family Foundation, 2002 National Survey of Latinos, 13.

[68] Pew Centro Hispano/Kaiser Family Foundation, 2002 National Survey of Latinos, 12.

[69] Pew Centro Hispano/Kaiser Family Foundation, 2002 National Survey of Latinos, 17.

[70] Ambar Hernández, *Hispanic*, May, 2005, 38.

[71] Guy García, *el New Mainstream*,Rayo, An Imprint of Harper Collins Publishers, 2004,5

[72] Ilene Alshire, "Banks make push for Latino customers, Fort Worth Star Telegram, January 10, 2005, 1

[73] Ilene Alshire, "Banks make push for Latino customers, Fort Worth Star Telegram, January 10, 2005, 1

[74] Ilene Alshire, "Thinking Biculturally is the Key To Service", Fort Worth Star Telegram, January 10, 2005, 1-C

[75] DiversityInc., volume 4 number 4, May 2005, 10

[75] Pew Centro Hispano/Kaiser Family Foundation, 2002 National Survey of Latinos, 13.

[75] Pew Centro Hispano/Kaiser Family Foundation, 2002 National Survey of Latinos, 12.

[75] Pew Centro Hispano/Kaiser Family Foundation, 2002 National Survey of Latinos, 17.

[75] Ambar Hernández, *Hispanic*, May, 2005, 38.

[75] Guy García, *The New Mainstream*, rayo, An Imprint of Harper Collins Publishers, 2004,5

[75] Ilene Alshire, "Banks make push de Latino customers, Fort Worth Star Telegram, January 10, 2005, 1

[75] Ilene Alshire, "Banks make push for Latino customers, Fort Worth Star Telegram, January 10, 2005, 1

[75] Ilene Alshire, "Thinking Biculturally is the Key To Service", Fort Worth Star Telegram, January 10, 2005, 1-C

[75] DiversityInc., volume 4 number 4, May 2005, 10.

CAPÍTULO 9

REALIDAD # 9

Hispanoamericanos son el grupo con el porcentaje más alto de hijos y de jóvenes.[76]

La edad media de los hispanos es de 26.7 años

Como se ve en la tabla 18, la edad media para los hispanos es más baja que la de cualquier otro de los mayores grupos culturales en los Estados Unidos. Hoy para los anglos, la edad media es 39.6 años; para los afroamericanos es 30.5 años; para los asiáticos es 32 años. De los hispanos, 10.4 % son menores de 5, comparado con los anglos de 5.7%.

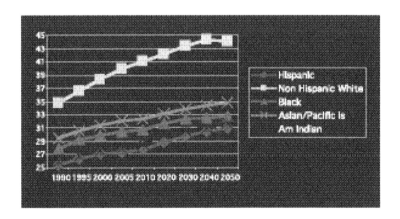

Tabla 18
Los hispanos de edad media

De los hispanos, 5.2% tienen 65 años o más, comparado con los anglos, 15.0%. Por lo tanto, en lo de porcentaje los hispanos tienen más hijos y significativamente menos ancianos que la población anglo.

"Los resultados del nuevo censo indican una población hispana dominada por la juventud: La mitad tiene menos de 27 años de edad. En comparación, la mitad de los anglos tiene más de 40. Esto refleja una diferencia demográfica que podría tener amplias implicaciones, dicen los expertos. Y el veloz crecimiento de la población hispana más allá de ser minoría cultural del pasado establecerá sus intereses más a la luz nacional."[77]

Estas estadísticas producen varias observaciones:

Primera, el hecho de que la mitad de la población hispana tenga menos de 26.7 años de edad tiene implicaciones muy significativas para el personal y los programas con que las iglesias les ministran. Las iglesias que tienen ministros para la juventud y que sirven a la juventud están en mejor posición para satisfacer las necesidades de los niños y de la juventud. La implicación de esto es que tales iglesias tienen programas que se enfocan específicamente en servir a la juventud y a la niñez.

Segunda, los niños hispanos y la juventud típicamente son más receptivos al mensaje evangélico que otros grupos mayores incluyendo a sus padres. Tanto la voluntad como la disponibilidad del tiempo de los niños y de la juventud, para participar en las actividades que tiene contenido espiritual es un factor para que respondan con más entusiasmo al mensaje del evangelio.

Tercera, la juventud hispana que se desliza do la cultura de sus padres y de la sociedad predominante se inclinan a involucrarse en pandillas, que son el intento de formar una tercera cultura. Junto con el desproporcionado porcentaje de la juventud hispana que se retira de los estudios, el deseo de pertenecer hace que muchos de ellos sean susceptibles a los esfuerzos de reclutamiento de las pandillas en sus vecindarios. Al contrario, la juventud hispana que participa de una manera significativa en actividades sociales y religiosas, en las iglesias tendrán un sentido de pertenencia y no tendrán necesidad de unirse a pandillas en sus comunidades.

Cuarta, desesperadamente se necesitan estrategias contextualizadas para alcanzar a los niños y juventud hispanos. Las implicaciones de la necesidad de las estrategias contextualizadas son:

- Primera, de los factores para ser contextualizadas es el uso del idioma que se emplea. "En el 2000, 86 porciento de los hispanos de 16 a 19 años de edad hablaba el inglés por lo menos bien. El otro 14 por ciento tenía muy poco dominio del inglés." [78]

- Segunda, las iglesias que desean ministrar a la juventud hispana necesitarán alcanzarlos en ambos lados del espectro. Las iglesias hispanas de la primera generación necesitarán usar el inglés para ministrar a mucha de su juventud.

- Por otra parte, las iglesias de la segunda y tercera generación necesita usar el español para alcanzar ese segmento de la juventud hispana que básicamente hablan el español.

Quinta, más que nunca las iglesias tienen que unir sus fuerzas con las escuelas en sus comunidades para animar a la juventud hispana para que termine sus estudios secundarios y que vaya más allá si es posible. El 14 por ciento de los hispanos de los 16 a los 19 años tiene poca habilidad lingüística y también un alto porcentaje de retiro de la escuela. Cerca del 60 por ciento de estos jóvenes se han retirado de la escuela secundaria.[79] Entre la juventud latina fluente en inglés, cerca del 15 por ciento se retira de los estudios. Para el primer grupo la enseñanza del inglés como segundo idioma llenará una de las necesidades vitales de la juventud hispana inmigrante.

Sexta, existe una urgente necesidad de ministrar a la niñez hispana. Las estadísticas del gobierno muestran que el "veintisiete por ciento de los niños hispanos viven en pobreza."[80] Las iglesias que sirven las necesidades físicas y emocionales de los niños encontrarán que es muy natural ministrar a sus necesidades espirituales también. Su receptividad se observa en su deseo de participar en tales actividades como la escuela bíblica de vacaciones, clubes bíblicos de patio y en actividades recreativas relacionadas con la iglesia.

Séptima, la presencia de tan gran número de juventud hispana tiene implicaciones significativas para la fuerza de trabajo en los Estados Unidos en el futuro. Lewis Goodman, un experto en relaciones de los Estados Unidos y latinos de la American University declara:

Si no tuviéramos estos elementos, nos desplazaríamos a una situación como en Japón y Europa...

en donde las poblaciones están envejeciendo de manera alarmante creando el peligro de que su productividad y que estén en peligro aún de sus sistemas de seguridad social.[81]

Casi todo el crecimiento en los números de juventud de los Estados Unidos en los siguientes 20 años será hispano.[82]

La Oficina del Censo proyecta que la población escolar aumentará en 5.6 millones de niños para el 2025. De ese incremento los niños latinos aumentarán en 5.2 millones.[83]

¿Qué están haciendo los evangélicos para enfrentar el desafío hoy y en las siguientes dos décadas? ¿Qué cambios en el ministerio se necesitan para aprovechar estas realidades en la población hispana? Los niños y la juventud deben ser la prioridad para los evangélicos al servir entre los hispanos hoy.

Notas

[76] Current Population Survey, March 2002, PGP-5

[77] D'Vera Cohn, "Hispanic population keeps gaining numbers," el Washington Post, cited in Fort Worth Star Telegram, June, 9, 2005, A5.

[78] Richard Fry, "Hispanic Youth Dropping Out Of U.S. Schools: Measuring the Challenge," Pew Centro Hispano, 2003, 8.

[79] Ibid

[80] Ibid., 12.

[81] Lewis W. Goodman, cited in "Report: Hispanic population surging," Dallas Morning News, June 9, 2005, 13A.

[82] Ibid., 12.

[83] Ibid., 12

CAPÍTULO 10
REALIDAD # 10

Los hispanos tienen mucho en común entre sí aunque haya mucha diversidad entre ellos.[84]

Los hispanoamericanos enfrentan el doble desafío de inmigración y asimilación simultáneamente.

Por una parte, los nuevos inmigrantes funcionan casi exclusivamente dentro de su idioma y cultura nativa mientras que por otra parte sus hijos inmediatamente llegan se embarcan en un rápido proceso de asimilación promovidos por la educación pública, los medios masivos y la presión de grupo. Esto presenta un inmenso desafío a las iglesias hispanas.

La tabla 19 muestra el grado de asimilación experimentado por cada generación. La primera generación hispana típicamente tiene muy pocos contactos sociales fuera de su propio grupo y la mayoría de ellos habla español. La segunda generación hispana tiene algunos contactos sociales fuera de su propio grupo y son bilingües tal vez con mayor dominio del español que del idioma inglés. La tercera generación tiene muchos contactos sociales fuera de su propio grupo y son bilingües fluentes en el inglés como predominante. La cuarta generación hispana tiene la mayoría de sus contactos fuera de su grupo y generalmente hablan inglés.

Generación	Contactos sociales externos	Idioma
Primera	Pocos	Español
Segunda	Algunos	Bilingüe domina el español
Tercera	Muchos	Bilingüe domina el inglés
Cuarta	Muchísimos	Sólo inglés

Tabla 19
La asimilación hispana por generaciones

Estos datos dan lugar a observaciones importantes:

1. Los hispanos no son monomios ni un revuelto de grupos de distinto origen nacional.

2. Su cultura común comparte una diversidad de puntos de vista el cual es más evidente en los contrastes entre inmigrantes y nacidos aquí.

3. Comparten una serie de actitudes y experiencias que los distingue de la población no hispana.

4. Se necesitan diferentes tipos de iglesias para los hispanos en las varias etapas de asimilación. Esto se discutirá más ampliamente en el capítulo 12.

Aunque la información de la tabla 19 ayuda en el análisis de los varios segmentos de la población hispana, los obreros cristianos deben recordar que existen numerosas excepciones debido a las variantes en la comunidad hispana. Típicamente la proporción de asimilación es afectada por los factores tales como:

- Patrones de residencia (¿viven en comunidades aisladas?)
- Tiempo de residencia (¿cuánto hace que han estado en los Estados Unidos?)
- Actitudes de la sociedad predominante (¿son receptivos del grupo de inmigrantes?)
- Actitudes del grupo inmigrante (¿hasta qué punto desean asimilarse?)
- Niveles socioeconómicos (¿dónde se encuentran en relación con la sociedad predominante?)
- Valores (¿qué tan parecidos son sus valores comparados con la sociedad predominante?)

Sugerencias generales

Las siguientes sugerencias se hicieron por los investigadores relacionados con el Brookings Institution's Cener for Urban and Metropolitan Policy, el Pew Centro Hispano, y Kaiser Family Foundation en el proyecto de la encuesta titulada "el Rise of the Second Generation," y "Latino Growth in Metropolitan Areas." Aunque originalmente dirigido para el gobierno y los legisladores de la política de la educación, estas sugerencias tienen una aplicación significativa para los estrategas de misiones que procuran responder al desafío presentado por el fenomenal crecimiento, dispersión y diversificación de la población hispana en este país.

- *Los hallazgos en general sugieren la necesidad de nuevas maneras de pensar sobre la población hispana en este país.*[85]

* *Los inmigrantes recién llegados traen mucha energía al idioma español y a las actitudes formadas en Latinoamérica.*[86]

* *Dos procesos, asimilación e inmigración, se suceden uno al lado del otro en las comunidades hispanas, a menudo en una sola familia.*[87]

* *El vasto y amplio crecimiento de la población hispana en los Estados Unidos también señala nuevas formas de crecimiento y nuevas áreas de residencia en todas las áreas metropolitanas de la nación.*[88]

* *Estas tendencias en la población hispana parecen seguir senderos discernibles que se llevarán al futuro.*[89]

* *La necesidad de que los legisladores se adapten rápido al vasto cambio, presenta desafíos especiales en las áreas metropolitanas que empezaron con poblaciones minúsculas de población hispana y que de repente experimentaron sustancial crecimiento.*[90] *Esto también se aplica a los estrategas de misiones.*

* *Los oficiales públicos responsables del planeamiento y determinación de servicios y recursos tienen que ajustar sus decisiones a la variación del crecimiento particular en su área de servicio.*[91] *Esto tiene aplicación especial para los estrategas de misiones.*

* *Debido al crecimiento explosivo de la población hispana, se necesitan esfuerzos de cooperación sin precedentes entre las agencias internacionales de misiones y las agencias nacionales de misiones, organizaciones de misiones del estado, grupos locales de misiones y*

las iglesias hispanas existentes.[92]

–

Conclusión

La diversidad generacional, cultural y socioeconómica entre los hispanoamericanos requiere que se empleen una variedad de estrategias y modelos congregacionales para convencer al mayor número posible a tener una experiencia personal de salvación por la fe en Jesucristo.

Notas

[84] Pew Centro Hispano/Kaiser Family Foundation, 2002 National Survey of Latinos, 6.

[85] Pew Centro Hispano/Kaiser Family Foundation, 2002 National Survey of Latinos, 6.

[86] Pew Centro Hispano/Kaiser Family Foundation, 2002 National Survey of Latinos, 6.

[87] Pew Centro Hispano/Kaiser Family Foundation, 2002 National Survey of Latinos, 7.

[88] *"Latino Growth in Metropolitan America,"* The Brookings Institution Center on Urban & Metropolitan Policy and the Pew Centro Hispano, *10.*

[89] *"Latino Growth in Metropolitan America,"* The Brookings Institution Center on Urban & Metropolitan Policy and the Pew Centro Hispano, *11.*

[90] *"Latino Growth in Metropolitan America,"*The Brookings Institution Center on Urban & Metropolitan Policy and the Pew Centro Hispano, *10.*

[91] *"Latino Growth in Metropolitan America,"* TheBrookings Institution Center on Urban & Metropolitan Policy and the Pew Centro Hispano, *11.*

[92] Esta observación es hecha por los miembros del Comite Hispano

SEGUNDA PARTE: ENTENDIENDO A LOS HISPANOS

CAPÍTULO 11

HISTORIA DE LOS HISPANOAMERICANOS

A fin de entender a los hispanos es esencial familiarizarse con su historia. Saber cómo los grupos hispanos vinieron a ser parte de la escena americana es indispensable para tener un entendimiento de su peregrinaje y para el desarrollo de estrategias contextualizadas para convencerlos a una fe personal en Cristo que resulte en el establecimiento de iglesias culturalmente relevantes entre ellos. Este capítulo provee una breve narración histórica de los españoles americanos, hispanoamericanos, puertorriqueños, cubanos, centroamericana y sudamericanos.

Al proveer esta información, quizá sea Necesaria una advertencia. Mientras que los hechos históricos que se discutirán se han documentado, la descripción de los varios grupos culturales bajo la rúbrica de "hispanoamericanos," haya que dejar lugar para la interpretación. No existe un consenso absoluto entre los hispanos en relación con los términos que se han usado para describir a cada grupo. Algunos aún pueden tener diferencias de opinión en lo que tiene que ver con la relevancia histórica. Como este es un breve vistazo, un número de hechos históricos no se ha incluido. Si esto promueve el diálogo, una de las metas al escribir este libro se ha alcanzado. Con esto en mente, revisemos la historia de los hispanoamericanos.

Españoles americanos

Los hispanos han estado en el suroeste desde el principio de 1600. En 1528 empezaron las exploraciones de lo que ahora es el suroeste de los Estados Unidos (New México, Texas, y California).[93] En 1598 Juan de Oñate (quien se casó con la sobrina de Cortés) estableció la primera colonia en lo que ahora es New México.[94]

Subsecuentemente, se establecieron *villas* en Santa Fe, Santa Cruz (valle Española), y San Felipe de Neri, que ahora es Albuquerque. En California, el famoso misionero franciscano Fray Junípero Serra fundó 21 misiones a lo largo de la costa de California (la misión de San Diego se fundó en 1769 y Monterrey en 1770). Para 1821, cuatro áreas principales de residencia se habían desarrollado. La primera y más poblada fue la de New México que consistía de pueblos, ranchos y haciendas. La siguiente en tamaño fue la de California, que consistía de misiones, comunidades en fuertes militares, pueblos y ranchos. La tercera era la del noreste de Texas con su centro en San Antonio. La más pequeña era la colonia de Arizona establecida en Tucson.

Los descendientes de los españoles americanos aún viven en California, Colorado, Arizona, New México, y Texas. Muchos de ellos ahora se encuentran en centros urbanos tales como Los Ángeles, San Diego, Salt Lake City, Denver, y San Antonio. Los españoles americanos que viven en pueblos pequeños (antes tierras concedidas para villas) "generalmente son más conservadores de sus valores, conservadores de sus valores tradicionales de sus familias extendidas, de su fe católica, del idioma hispano y del hogar y comunidad que otros grupos de habla hispana."[95]

El avance educativo entre los españoles americanos se ha elevado sustancialmente desde el comienzo del siglo 20. Este período también ha testificado el movimiento de los españoles americanos de lo rural a empleos orientados al tipo obreros y profesionales. Parece como si los españoles americanos retuvieran sus características dentro de la población hispana en los Estados Unidos aunque continúan uniéndose a otros grupos hispanos en la búsqueda de mejorar la calidad de vida y el reconocimiento de valores compartidos.[96]

Hispanoamericanos

Hablando cronológicamente, el primer grupo que tiene que enfocarse en términos de su residencia en este país es el grupo español americano. El segundo grupo, que a veces es difícil de aislar totalmente del primero, es el hispanoamericano. Esto se debe a varios factores. Primero, a la variedad de trasfondos representados en las primeras colonias. Estos incluían el *peninsular* (persona nacida en España); el *criollo* (persona nacida en la Nueva España de total ascendencia española; y el *mestizo* (persona de ascendencia española e indígena).[97] Estos tres trasfondos por lo tanto estuvieron representados en las colonias. La segunda razón por la que es difícil diferenciar entre los españoles y los hispanoamericanos es que los territorios del suroeste pertenecieron a España hasta 1821 cuando México ganó su independencia de España y fue el tiempo en que los habitantes de esta área oficialmente vinieron a ser ciudadanos de México.

Después que México ganó su independencia de España, invitó a los angloamericanos a radicarse en sus provincias norteñas, (ahora el suroeste).[98] La gran llegada de colonizadores y su subsecuente desacuerdo con las restricciones impuestas por México llevaron a la revolución tejana que resultó en la formación de la República de Texas en 1845.[99] La lucha entre las dos naciones continuó hasta 1848 cuando el tratado Guadalupe-Hidalgo se firmó y el suroeste se anexó a los Estados Unidos. Fue en este tiempo cuando los habitantes de este territorio técnicamente llegaron a ser "mexicoamericanos." Al presente este grupo representa el 66.9 por ciento de la población hispana en los Estados Unidos.

Puertorriqueños

El tercer grupo, en términos de la longitud de su afiliación con los Estados Unidos es la comunidad puertorriqueña. Puerto Rico se descubrió y se reclamó para España por Colón en 1493. Permaneció como colonia española y se usó como puesto de avanzada hasta 1889.

Los puertorriqueños han tenido un estado de inmigrantes legales al continente de los Estados Unidos desde 1889 cuando Puerto Rico vino a ser posesión de los Estados Unidos. Se les ha considerado ciudadanos de los Estados Unidos desde 1917 y viajan libremente entre la isla y el continente. Aunque han habido algunos refugiados políticos en Nueva York,[100] la primera ola grande de inmigración tuvo lugar en los 20 y 30. Los que vinieron estuvieron motivados por la alta proporción de desempleo en la isla causado por dos huracanes en 1928 y 1932 que devastaron las plantaciones de café que habían sido la principal fuente de ingresos.

Después de la segunda guerra mundial, gran número de puertorriquoños se vinieron al continente como trabajadores en agricultura. Algunos se quedaron y vinieron a ser residentes permanentes en las ciudades más cercanas. Con el precio más bajo de los pasajes, el número de los que viajaban aumentó drásticamente en ambas direcciones. "El movimiento se entiende mejor en términos de una continua migración interna dentro de los Estados Unidos."[101]

La mayor comunidad puertorriqueña se encuentra en la ciudad de Nueva York, y continúa siendo el asiento principal de los puertorriqueños en el continente. Otras concentraciones de puertorriqueños se encuentran en New Jersey, Connecticut, Massachusetts, Florida, Ohio, y California. Existen variaciones socioeconómicas (p.ej., Harlem) entre (p.ej., New York vs. California) en las comunidades puertorriqueñas en términos de educación y niveles socioeconómicos. Aunque los puertorriqueños no se les considera "inmigrantes," cuando llegan al continente sus características culturales e idioma a menudo contribuyen a la experiencia similar a la de los otros inmigrantes hispanos. Como lo explican Fredrickson y Knobel:

> La identidad puertorriqueña en los Estados Unidos es un compuesto de distinción de clase, cultura y raza. Hasta cierto punto el grupo étnico generalmente exhibe las características de los pobres dentro de la ciudad. Pero su cultura hispana los hace verse diferentes de otros elementos de la clase trabajadora. La concentración residencial y aumento continúo de los recién llegados de Puerto Rico refuerza la singularidad cultural en el ambiente urbano.[102]

En adición a los factores lingüísticos y culturales, el ajuste de los puertorriqueños a la vida en el continente se complica por la diferencias en clima, organización social, logros educativos y estado socioeconómico. La migración de una isla tropical a los fríos estados del noreste en sí requiere una cantidad significativa de ajuste. Esta migración es a menudo de lo rural (a menudo agrícola) a centros urbanos industrializados. Excepto por unos pocos selectos, muchos de los que vienen de Puerto Rico no tienen preparación académica que es necesaria para conseguir los puestos de obreros de alta habilidad y profesionales que existen en la industria, en ciudades en el este del continente y las oportunidades de trabajos fáciles rápidamente declinan.

A menos que la generación más joven obtenga un nivel más alto de educación, el ciclo de pobreza continuará afectando sus vidas. Aunque el número de la segunda generación de puertorriqueños de graduados de secundaria y universidad aumenta regularmente, existe la necesidad de continuar el énfasis de que obtengan más altos niveles educativos.

A pesar del hecho de que los puertorriqueños están legalmente en los Estados Unidos desde 1898, muchos continúan batallando como los otros grupos inmigrantes para mejorar su calidad de vida. Su disposición positiva hacia el cristianismo evangélico hace suelo fértil de sus comunidades para la evangelización y la siembra de iglesias. Una de nuestras grandes necesidades es capacitar a los pastores puertorriqueños y a los líderes de las iglesias a alcanzar sus comunidades para Cristo. Los puertorriqueños constituyen el 8.6 porciento de la población hispanoamericana.

Cubanoamericanos

El segundo lugar que Cristóbal Colón visitó durante su primer viaje fue la isla de Cuba, que él reclamó para España. Pensando que estaban en la China, sus hombres exploraron Holguín en busca de la ciudad de Pekin. En vez, encontraron a los nativos fumando cigarros. Esta fue la primera vez que los europeos vieron tabaco. Los españoles empezaron a radicarse en la isla en 1511. Por cerca de 400 años España gobernó a Cuba. En 1898 Cuba obtuvo su independencia de España con la ayuda de los Estados Unidos.

Ya para 1830, habían cubanos que vivían en Key West, Florida. Más tarde en los últimos años del gobierno colonial español, otros refugiados políticos cubanos se radicaron en el área de Tampa. Aún otros cubanos vinieron en los 30 cuando Cuba cayó bajo el control del dictador Fulgencio Batista. En 1959, Fidel Castro y una banda de rebeldes depusieron a Batista.

Cuando fue evidente que Castro intentaba establecer un gobierno comunista, gran número de personas buscaron asilo político en los Estados Unidos. Entre 1959 y 1962 más de 155,000 cubanos emigraron a los Estados Unidos. Como resultado de la crisis de proyectiles los vuelos directos entre Cuba y los Estados Unidos se suspendieron. En 1965, después de firmar un "memorando de entendimiento," se reanudaron los vuelos que trajeron más de 257,000 cubanos a nuestras costas. En 1980, llegaron a los Estados Unidos otros 200,000 cubanos como resultado de las embarcaciones Mariel.

71

La llegada de los cubanos difiere de varias maneras significativas de los otros grupos hispanos. Debido a la antipatía de los estadounidenses por el comunismo y el hecho de la ruptura de las relaciones diplomáticas entre los dos países, se les concedió a los cubanos la categoría de refugiados y se les recibió con los brazos abiertos. Varias denominaciones evangélicas participaron activamente en programas de patrocinio que llevaron a la conversión a muchos cubanos y al establecimiento de numerosas iglesias a lo largo de la costa oriental.

Un segundo factor que distinguió a los cubanos de otros grupos de inmigrantes hispanos es el desproporcionado número de gente de las clases socioeconómicas media y alta en la primera ola de refugiados. Estos sentían la mayor aversión por los puntos de vista políticos de Castro y eran los que tenían los medios para abandonar su tierra nativa. El hecho que muchos de ellos tenían habilidades (profesionales, administrativas, comerciales) contribuyó a facilitar su ajuste y a hallar empleo en este país.

Un tercer factor que distingue a los cubanoamericanos de otros hispanos es que entre ellos existe un desproporcionado gran número de ancianos. Esta situación resultó de la inmigración selectiva practicada por los oficiales cubanos que facilitaron la salida de los ancianos de la isla.

Un cuarto factor es que haya más cubanas de edad casamentera (20-29) que varones (76 varones por cada 100 mujeres).[103] Esta condición surge del hecho que a un gran número de varones de edad de servicio militar no se les permitió abandonar la isla.

Aunque haya algunas características que distingue a los cubanoamericanos de otros grupos hispanos, tiene un número de cosas en común. Primera, muchos de ellos fueron refugiados políticos y económicos. Segunda, aun con pequeñas diferencias lingüísticas inmediatamente fueron capaces de comunicarse con otros grupos hispanohablante. Tercera, muchas de las costumbres y tradiciones eran similares a las de los otros grupos hispanos. Cuarta, junto con otros hispanos, los cubanos enfrentaron el desafío del ajuste a los patrones lingüísticos, sociales, políticos y económicos de la sociedad predominante.

Hoy el 3.6 porciento de la población hispana lo constituyen los cubanoamericanos.[104] Aunque la mayor concentración de cubanoamericanos se encuentra en Miami, existen cantidades significativas de ellos en estados como New York, New Jersey y California.

Centro y sudamericanos

No fue sino hasta su tercer y cuarto viajes que Colón visitó las tierras donde viven los centro y sudamericanos. Las colonias que se establecieron y los países que subsecuentemente se desarrollaron difieren grandemente en términos de geografía, tamaño, historia, idioma y factores sociopolíticos. Los centro y sudamericanos, por lo tanto, representan diferentes estratos sociales, adherencias regionales y trasfondos etnoculturales.[105] A pesar de esta diversidad, estos grupos centro y sudamericanos han sido profundamente afectados por las tradiciones españolas y portuguesas, que trascienden los límites y los orígenes étnicos. Hoy los centro y sudamericanos constituyen el 14.3 por ciento de la población hispana en los Estados Unidos. Constituyen una variedad de grupos nacionales y étnicos que representan 18 diferentes países. La inmigración de Centroamérica empezó en 1830 y continuó despaciosamente. Después de la segunda guerra mundial, el número de inmigrantes de Centroamérica aumentó rápidamente.

En los 80, este número se incrementó a una proporción mayor debido al tumulto político en países tales como Nicaragua, El Salvador, Honduras y Guatemala. Al presente, existen concentraciones de centroamericanos en la ciudad de Nueva York, Los Ángeles, San Francisco, Miami, y Chicago. Interesa notar que los grupos de cierto país se tienden a concentrar en ciertas ciudades de los Estados Unidos. Los guatemaltecos, por ejemplo, gustan de Los Ángeles, los hondureños se concentraron en la costa del golfo, y los panameños tienden a congregarse en la ciudad de Nueva York. También es importante saber que el número de mujeres que viene de Centroamérica es significativamente mayor que el de los hombres. De las ocupaciones de los centroamericanos en este país el 30-40% son profesionales y empresarios y el 15-28% son trabajadores do-mésticos.[106]

En la primera parte del siglo veinte el número de sudamericanos dejaba atrás el de los centroamericanos. Este hecho demográfico significa que muchos de los sudamericanos son estadounidenses de la tercera y cuarta generación. Los sudamericanos han tendido a concentrarse en ciudades tales como New York, Chicago, San Francisco, y Los Angeles. En comparación con los centroamericanos, más sudamericanos han entrado en el rango de profesionales (38%) y pocos en el rango de servicio doméstico (4-5%).[107] El mayor número de sudamericanos en este país es de Colombia, Ecuador, y Argentina.

Aunque numerosas diferencias existen entre los centro y sudamericanos, comparten algunos patrones de inmigración, residencia y características comunes. Un número significativo de sudamericanos exhibe, en gran extensión, las características de la clase media. Esto se debe, en parte, al hecho que números significantes de los que han venido son altamente entrenados y en la categoría de trabajadores capacitados. Muchos trabajan largas horas como unidades familiares (esposo y esposa), viven frugalmente a fin de hacer posible que su familiares se les unan del exterior y para lograr una mayor movilidad social que sus padres pudieron alcanzar.[108]

Otros hispanos

La categoría titulada "Otros hispanos" se usó por la Oficina del Censo para incluir hispanos de otras nacionalidades y regiones de origen que no están representados en números tan grandes que requieran una designación separada. Esta categoría incluye a hispanos que trazan sus orígenes a uno de los siguientes países: España, Alemania, Portugal, Jamaica, Trinidad/islas del Caribe, Italia, u "otros países."[109]

Por lo tanto, esta gente puede venir de una amplia variedad de lugares donde predominan el idioma y la cultura españoles. Este hecho, sin embargo, no dice que sean insignificantes porque juntos constituyen 6.5 por ciento de la población hispana de este país. Como es verdad de otros grupos ya discutidos, el ministerio eficaz entre estos grupos requiere un entendimiento de su historia, cultura y orientación religiosa. El hecho que vengan de áreas hispanohablante significa que tienen cosas en común con otros hispanoamericanos. Sus diferencias, sin embargo, tienen que estudiarse y ser tomadas en cuenta la desarrollar el ministerio entre ellos.

Conclusión

El término hispanoamericanos abarca todos los grupos ya mencionados. Vinieron a ser parte del escenario de este país en diferentes tiempos en la historia y bajo diferentes circunstancias. Como indicaremos en el siguiente capítulo, existe algo de diversidad entre los grupos en términos de país de origen, costumbres y longitud de residencia en los Estados Unidos. Una base cultural (de España) y un idioma común (español) proveen un terreno común para el grupo conocido hoy como "hispanoamericano." A pesar de lo común, ayuda conocer el peregrinaje histórico de cada uno de estos grupos y tener esto en cuenta al procurar ministrar en las comunidades hispanas.

Notas

[93] *World Book Encyclopedia* s.v. "Christopher Columbus" by Samuel Eliot Morison.

[94] *World Book Encyclopedia*, s.v. "Juan de Oñate" by Richard A. Bartlett.

[95] Harvard Encyclopedia, s.v. "Spanish," p. 953.

[96] Ibid., p. 953.

[97] Virgilio Elizondo, *Galilean Journey:The Hispanic American Promise* (Maryknoll, NY: Orbis, 1983), pp. 9-18.

[98] David Nevin, *The Texans*, Chicago: Time-Life Books, 1975, 51-75.

[99] Don C. Locke, Increasing Multicultural Understanding, Newbury Park: SAGE Publications,1992, 128,29.

[100] *Harvard Encyclopedia*, s.v. "Puerto Ricans," pp. 859-60.

[101] Ibid.

[102] *Harvard Encyclopedia*, s.v. "Prejudice y Discrimination History of," by George M. Fredrickson y Dale T. Knobel, p. 839.

[103] *Harvard* op. cit., p. 259.

[104] 1990 U. S. Census, Bureau of Census, Washington D. C., "Commerce News," March 11, 1991, tabla 2.

[105] *Harvard Encyclopedia of American Ethnic Groups*, s.v. "Central and South Americans," by Ann Orlov y Reed Ueda, pp. 210-217.

[106] *Harvard*, op. cit., p. 312.

[107] Ibid.

[108] Ibid, p. 217.

[109] Pew Centro Hispano/Kaiser Family Foundation, 2002 National Survey of Latinos, December 2002, 19.

CAPÍTULO 12

DIVERSIDAD ENTRE LOS HISPANOS
Bobby Sena

Las descripciones de los varios grupos en los capítulos anteriores indican que los grupos hispanos tienen muchas cosas en común. Estos grupos, no obstante, también tienen muchas cosas que son diferentes. Estos puntos comunes y diferencias tienen implicaciones significativas para los que desean ministrar entre los hispanoamericanos.

Factores que contribuyen a la diversidad

Factores significantes contribuyen hacia la diversidad entre los hispanoamericanos:

Primero, cada grupo hispano tiene una historia única relacionada a su residencia en los Estados Unidos. Los hispanos han venido a los Estados Unidos de una amplia variedad de países durante diferentes períodos en la historia de esta nación y, por lo tanto, han experimentado diferentes peregrinajes. Como se presentó en el capítulo 11, algunos vinieron a ser ciudadanos como resultado de la anexación del territorio suroeste, otros vinieron como refugiados políticos, otros pueden colocarse en la categoría de refugiados por la economía, y aún otros han nacido en este país. Estos factores contribuyen a ciertos rasgos de personalidad que distinguen a cada grupo. Algunos grupos, por ejemplo, generalmente son muy extrovertidos mientras que otros son más reservados.
Algunos grupos típicamente usan términos más formales para saludar mientras que otros lo hacen más informalmen-

te. Algunos grupos son más abiertos a la asimilación a la sociedad predominante de este país que otros. Por lo tanto, no se asumirá que todos los hispanos son parecidos. Los diversos grupos siguen diferentes patrones en lo que respecta al establecimiento de relaciones, la manera en que toman decisiones, y la forma en que se organizan, la manera de adorar y la manera en que ejercen el liderazgo. Por tanto, las diferencias entre estos grupos tienen implicaciones significativas para la evangelización, la siembra de iglesias y los esfuerzos misioneros.

Segundo, los hispanos nos son biológicamente un grupo homogéneo. Existe una gran variedad entre los hispanos en general y entre los subgrupos culturales. Por ejemplo, entre los puertorriqueños, cubanos y algunos centroamericanos están los que tienen las características fenotípicas de su descendencia española, otros de su descendencia africana, otros de su descendencia india y otros una combinación de estos. Entre los mexicoamericanos y algunos centro y sudamericanos se encuentran las características fenotípicas de los españoles, los indios y una mezcla de ambos. Técnicamente, por lo tanto, no haya tal cosa como la "raza hispana." Aunque algunos usan el término "*la raza*" con el propósito de autoidentificarse, biológicamente los hispanos no constituyen una raza específica.[110] Otra manera de decir esto es que los hispanos son un grupo con características de una cultura e idioma común (cultura e idioma originados en España) en vez de un grupo racial específico como tal.

Un tercer factor que ha contribuido a la variedad sociocultural entre los hispanos es el hecho de que cada grupo ha tenido un peregrinaje único hacia el establecimiento de residencia en los Estados Unidos. El sociólogo R. A. Schermerhorn anota que los modos de entrada y las orientaciones a metas han influido en la manera en que los grupos minoritarios se relacionan con la sociedad predominante.[111] El modo de entrada se refiere al estado que le fue asignado al grupo minoritario cuando vino a ser parte de la vida en este país. ¿Vino a ser este grupo parte de los Estados Unidos como resultado de *anexación, inmigración política forzada, nacimiento* o alguna otra razón? ¿Cuál es su estado presente: ciudadanos, residencia permanente, refugiados o residentes indocumentados? ¿Cuál era su nivel socioeconómico en el momento de entrada en este país? ¿Estaban en un nivel socioeconómico más alto, medio o bajo? Cada uno de estos factores señala un peregrinaje específico para cada uno de estos subgrupos hispanos. No es difícil ver que los trabajadores en la agricultura estén en el extremo más bajo de la escala socioeconómica y enfrentan los mayores desafíos al procurar vivir y trabajar en el contexto de una clase media a alta media de la sociedad dominante. Tomará una o dos generaciones antes que los trabajadores agrícolas lleguen a ser de clase media. Al contrario inmigrantes de clase media (y en algunos casos profesionales) generalmente se adaptan más rápido a la vida en este país y experimentan progreso económico más rápidamente. El modo de entrada a este país ha tenido que ver con la manera en que estos grupos se ajustan a la situación social, cultural, política económica y religiosa de los Estados Unidos. Esto tiene que tenerse en cuenta al intentar entender el peregrinaje de cada uno de estos grupos.

La orientación a la meta es también un factor que afecta las vidas de los hispanoamericanos. ¿Cuáles son las metas de la sociedad predominante en lo que concierne a los grupos hispanos? ¿Son asimilación forzada, asimilación voluntaria, segregación forzada o un pluralismo cultural?[112] Durante diferentes períodos de su historia los Estados Unidos han tenido actitudes diferentes hacia la inmigración de varios grupos. En tiempos de prosperidad económica o en tiempos de guerra cuando se necesitan trabajadores, los Estados Unidos ha tenido un modo más receptivo que en ocasiones cuando baja la economía. Una pregunta concomitante es "¿cuáles son las metas de los grupos hispanos frente a los de la sociedad predominante?" Los varios subgrupos han tenido una variedad de metas que van desde la separación hasta la total asimilación.

Sin embargo, en la mayoría de los casos, con el paso del tiempo, la mayoría de los hispanos practica una forma selectiva de asimilación que les ha permitido incorporar muchos de los valores de la sociedad predominante aunque retienen los valores de su cultura que consideran esenciales. Si la orientación de las metas de la sociedad predominante y las de los grupos hispanos coinciden, entonces existe armonía. Si difieren, entonces haya conflicto. Esto tiene implicaciones tanto sociales como religiosas.

Un cuarto factor que ha contribuido a la variedad cultural entre los hispanos es la asimilación. Cuando los hispanos vienen a ser residentes permanentes en este país, ellos y sus hijos inmediatamente se embarcan en el proceso de adaptación a su nuevo medio sociocultural. Los sociólogos como Andrew Greeley y R. A. Schermerhorn han desarrollado categorías para las diferentes etapas de asimilación dentro de un grupo cultural.[113] Esto será útil para un análisis de los varios segmentos de la comunidad hispanoamericana. Con el propósito de esta discusión, he modificado la nomenclatura de estas categorías.[114] Usando las ideas de estos sociólogos, los hispanoamericanos se clasificarán bajo las siguientes categorías:

1. "Tradicional" (Primera generación inmigrante). Cuando llegan a este país hablan sólo español y sus contactos sociales (amigos cercanos) están limitados primordialmente al grupo de su propia cultura.

2. "Bicultural" (Segunda generación, nacida en los Estados Unidos, o entraron como niños[115]). Son bilingües (quizá un poco más fluentes en español que en inglés) y tienen contactos sociales en ambos, su grupo cultural y la sociedad predominante.

3. "Marginal" (Tercera generación nacidos en los Estados Unidos). Son más hábiles con el inglés que con el español y tienen más contactos sociales en la sociedad (anglo) predominate que en la comunidad hispanoamericana.

4. "Acultural" (Cuarta generación nacidos en los Estados Unidos). Básicamente hablan sólo inglés y la mayoría de sus contactos sociales están fuera de la comunidad hispanoamericana.

Estas etapas de asimilación ayudarán a determinar el idioma que se usará y los métodos que se emplearán para convencer a los hispanos a una fe personal en Jesucristo. Tiene que aclararse, sin embargo, que algunos subgrupos hispanos progresarán más rápidamente en la escalera de la asimilación que otros. Los patrones educativos, económicos y aún residenciales acelerarán o dilatarán el proceso de asimilación.

El impacto de la asimilación

Se describirá la asimilación como el proceso por el cual un grupo inmigrante adopta algunas de las características culturales del grupo huésped. Esto involucra aprendizaje del idioma tanto como de las costumbres de la sociedad predominante.

Asimilación de los adultos

A menos que el inmigrante viva y trabaje en aislamiento total del grupo huésped, es necesario un cierto grado de asimilación. Las personas inmigrantes a menudo encuentran necesario aprender el idioma del grupo huésped (inglés) a fin de encontrar trabajo y funcionar adecuadamente en el nuevo medio. Aprender el idioma puede relacionarse primordialmente con lo que es necesario para llenar los requisitos del trabajo, funcional en las actividades básicas de la vida relacionadas con viajar (obtener la licencia de manejar), tratos financieros (compras necesarias), y conseguir los servicios necesarios (médicos, legales). Por lo tanto, para los inmigrantes adultos es esencial un entendimiento básico del idioma y costumbres de la sociedad huésped, para su vida en la nueva situación cultural.

Asimilación de los niños

Para los hijos de padres inmigrantes, el proceso de la asimilación tienen aún más fuertes y extensas implicaciones que para los adultos. haya por lo menos tres factores que contribuyen a la asimilación entre los hijos de los inmigrantes: 1) Educación; 2) Medios masivos de comunicación; y 3) Grupo de compañeros. Estudiémoslos brevemente.

1. Educación

Tan pronto como llegan los inmigrantes, la ley requiere que inscriban a sus hijos en la escuela. Inmediatamente después de matricularlos enfrentan la tarea de aprender inglés.

Aún las escuelas que tienen programas bilingües requieren que los estudiantes aprendan inglés tan pronto les sea posible. Eso junto con el hecho que los niños tienen gran capacidad para aprender idiomas contribuye al hecho que en un corto tiempo pueden ser hábiles en su nuevo idioma.

2. Medios masivos de comunicación

Un factor adicional que contribuye a la rápida asimilación de los niños de los inmigrantes son los medios de comunicación. Esto significa que los niños empiezan a ver los programas de la televisión y películas, a escuchar la música y las estaciones de radio, y a leer libros y revistas en inglés. Esto en adición a las tareas de lectura que los niños tienen que hacer en la escuela, todo contribuye a la preferencia del inglés en las cosas que escuchan y leen.

3. Compañeros

Los hijos de las familias inmigrantes, como todos los niños, son grandemente influenciados por sus compañeros (amigos, compañeros de estudio y los de su propia edad en la sociedad en general). La influencia de sus compañeros tiene que ver con la manera como se visten, se arreglan el cabello, interactúan con otros y hablan. Como los hijos de los padres inmigrantes están rodeados por otros que hablan inglés y que tienen algunas de las características de la sociedad predominantes, pronto vienen a ser muy parecidos a ellos. Entonces, ¿qué sucede?

Implicaciones de la asimilación

El proceso de la asimilación tiene implicaciones para las familias, las iglesias y la vida denominacional de los hispanos.

Implicaciones para las familias

El proceso de la asimilación tiene implicaciones para las familias hispanas. Impacto en los hijos y en los padres.

Impacto en los hijos

Los hijos de los padres inmigrantes son directamente impactados por el proceso de la asimilación de varias maneras. Primera, estos hijos se enfrentan al desafío de vivir en dos culturas. En la escuela funcionan en el idioma inglés y se relacionan con maestros estadounidenses, que en adición de enseñar las materias de sus cursos, también comunican la historia y los valores culturales de la sociedad predominante (estadounidense). El valor positivo de este énfasis es la preparación de los hijos para que funcionen y sean exitosos en sus trabajos y en la sociedad en el futuro. No obstante en el hogar, los hijos tienen que comunicarse en español y relacionarse con la cultura, los valores y las costumbres hispanas. Típicamente los hijos gastan más tiempo funcionando en el idioma inglés y relacionándose con los valores culturales anglos que el tiempo empleado en el medio hispano en sus hogares.

Impacto en los padres

No sólo los hijos, sino también los padres se afectan por el proceso de la asimilación. Esto se manifiesta de varias maneras. Primera, a veces los padres se sienten frustrados porque sus hijos aprenden inglés más pronto que ellos. Segunda, los padres a menudo enfrentan el desafío de ayudar a los hijos a hacer sus tareas y otras obligaciones de la escuela sin el beneficio de tener habilidad que se requiere con el inglés. A menudo esto conduce a problemas en la comunicación no con los padres sino con los abuelos que sienten que ya no se pueden comunicar con sus nietos.

Implicaciones para la iglesia

Si el proceso de la asimilación presenta desafíos para las familias hispanas también presenta desafíos para las iglesias hispanas. Debe tenerse en cuenta que han habido iglesias hispanas en los Estados Unidos por muchas generaciones. Por ejemplo, la Primera Iglesia Bautista de San Antonio, Texas establecida en 1861.[116] No obstante, otras iglesias hispanas se establecieron la semana pasada. Para ser eficaces, las iglesias hispanas deben tener en cuenta las implicaciones del proceso de la asimilación. Uno de los desafíos más importantes que se le presenta a las iglesias hispanas se relaciona con el idioma que se usará en su ministerio de enseñanza y servicios de adoración. A menudo la iglesia hispana es presionada por los padres inmigrantes para que "preserve el idioma y la cultura, el español." En este punto tenemos que considerar muy importantes preguntas.

Implicaciones lingüísticas

Primera, ¿cuál es la misión primaria de la iglesia, preservar la cultura o comunicar el evangelio?

Desde la perspectiva bíblica, la respuesta tiene que ser comunicar el evangelio. Jesús no envió a Sus discípulos a preservar su cultura sino a comunicar el evangelio (Mateo 28; Marcos 16). El apóstol Pablo entendió este principio cuando declara que estaba dispuesto a adaptarse a la gente que necesitaba oír el evangelio para que fueran salvos (1 Corintios 9:20).

Segunda, ¿de quién es la tarea de preservar la cultura?

Absolutamente, no haya duda que es una tremenda bendición para los hijos de padres inmigrantes ser hábiles en los dos idiomas y funcionar en ambas culturas. El apóstol Pablo era bilingüe y bicultural. Esta es una de las razones por la que el Señor lo usó de manera tan maravillosa. Los hijos bilingües y biculturales tienen la estupenda ventaja en términos de su empleo y ministerio. *La responsabilidad de lograr ésta condición bilingüe y bicultural descansa en los hombros de los padres no de la iglesia.* No es absolutamente realista creer que una o dos horas a la semana la iglesia pueda igualar la influencia que la escuela, los medios y los grupos de compañeros tienen el resto de la semana. Los padres que son diligentes en enseñar a sus hijos el español en la casa lo lograrán. En ninguna manera pueden esperar que la iglesia lo logre en unas pocas horas semanales.

Tercera, ¿qué sucede cuando las iglesias no están dispuestas a ser flexibles a fin de alcanzar y enseñar a los hijos y a la juventud en el idioma que ellos entienden mejor?

La historia ha demostrado una y otra vez con muchos grupos de inmigrantes que las iglesia que son inflexibles en lo que tiene que ver con el idioma que ellos usan en su adoración y programas de discipulado, *que pierden a sus hijos y a su juventud.* Algunos jóvenes irán a iglesias anglo, pero lamentablemente la mayoría quedará fuera de la iglesia. De esta manera, ¿qué opciones tienen las iglesias hispa-

Generación	Socializa fuera	Idioma	Iglesia
Primera Tradicional	Poco	Espñol	Cultura hispana
Segunda Bicultural	Algo	Bilingüe domina el Español	Bicultural domina lo HISPANO
Tercera Marginal	Mucho	Bilingüe domina el Inglés	Bicultural domina lo ANGLO
Cuarta Aculturada	Muchísimo	Inglés	Anglo

nas en relación con el idioma(s) que deben usar?

Tabla 21
La asimilación hispana y la implantación de iglesias
En la tabla 21 vemos las varias opciones disponibles para alcanzar a los hispanos en sus varias etapas de asimilación:

Primera, las iglesias hispanas que se componen totalmente de familias inmigrantes, obviamente tienen que usar el idioma español en sus servicios de adoración y actividades de discipulado (tales como la escuela dominical).

Este tipo de iglesia, sin embargo, tiene que ser consciente que no les toma mucho tiempo a los hijos de los inmigrantes comunicarse mejor en el idioma inglés que en el español. ¿Está esa iglesia dispuesta a enseñar español los sábados como algunas congregaciones griegas y hebreas lo hacen? Si no, debe hacer que se use el inglés en sus actividades con los niños y la juventud.

Segunda, las iglesias hispanas compuestas de miembros que se encuentran en categoría de la asimilación "bicultural" tienen que llegar a ser bilingües. Estas iglesias se inclinarán mucho más hacia el uso del español, pero deben usar algo de inglés en sus servicios de adoración y tener las clases de la escuela dominical en inglés para los niños y la juventud que sean más hábiles en ese idioma.

Tercera, las iglesias hispanas formadas de miembros que se encuentran en la categoría de asimilación "Marginal" deben usar más inglés que español para alcanzar y retener este grupo. Estas iglesias reconocerán las necesidades de todos los grupos dentro de su compañerismo y procurarán mantener las conexiones cristianas dentro de los grupos.

Cuarta, la gente hispana que se encuentra en la categoría se asimilación "Aculturada" podrían ser mejores candidatos para las iglesias anglo. Esto es debido al hecho que este tipo de hispano tiene más en común con la cultura anglo que con la cultura hispana.

¿Están las iglesias hispanas dispuestas a decir como el apóstol Pablo, "Entre los judíos me volví judío, a fin de ganarlos a ellos. Entre los que viven bajo la ley me volví como los que están sometidos a ella (aunque yo mismo no vivo bajo la ley), a fin de ganar a éstos" (1 Corintios 9:20). Si las iglesias hispanas tienen que decir: "para el étnico tradicional, me he hecho étnico tradicional, para el étnico medio, como étnico medio y para el étnico marginal como étnico marginal a fin de que pueda ganar el mayor número para Cristo."

Implicaciones para el liderazgo

El proceso de la asimilación también tiene implicaciones muy significativas para el liderazgo de la iglesia. ¿Qué pasa cuando el pastor y la congregación están en diferentes etapas de asimilación? Por ejemplo, ¿qué pasa cuando el pastor, que es miembro de la generación inmigrante (étnico tradicional) es llamado a una congregación de generación media o marginal? La respuesta es que esto puede resultar en mucho conflicto.

Razones del conflicto

Primera, las habilidades lingüísticas del pastor y de la congregación pueden ser diferentes. Esto, obviamente, puede llevar a la falta de comunicación y conflicto. La mejor solución es que el pastor aprenda inglés tan rápido como le sea posible a fin de confrontar este desafío.

Segunda, los valores culturales del pastor pueden ser diferentes. Con esto no se dice que los valores culturales del pastor no sean válidos en su país de origen. La verdad del asunto es que existen algunas diferencias culturales si la congregación es media o marginal y el pastor es étnico tradional. En otras palabras, el hecho que los miembros de la congregación hayan estado en este país por varias generaciones significa que se han asimilado no sólo en términos del idioma, sino también en términos de valores y costumbres culturales. Como misionero que va a otro país, el pastor en este caso tiene que aprender el idioma y la cultura del grupo al cual va a ministrar si desea tener éxito en su ministerio.

Tercera, la preferencia del estilo de liderazgo puede ser diferente. El pastor inmigrante puede estar acostumbrado a un estilo de liderazgo más autocrático del país de donde procede. Por otra parte, la congregación puede preferir fuertemente un estilo de liderazgo más democrático (participativo). La preferencia se puede deber al hecho que la congregación está más acostumbrada a los valores culturales estadounidenses que enfatizan los patrones del liderazgo democrático. También puede deberse al hecho que muchas congregaciones hispanas las iniciaron las iglesias anglo y han adoptado la forma de gobierno y estilo de liderazgo que se encuentra en muchas iglesias anglo. En otras palabras, muchas iglesias hispanas también han experimentado un grado de asimilación en la sociedad predominante.

Cuarta, las preferencia relacionadas con la vida organizacional de la iglesia pueden diferir. Debido al hecho que muchas iglesias hispanas en los Estados Unidos han existido por muchos años (algunas más de 100 años), han incorporado en su vida organizacional muchos de los programas que han sido eficaces en las iglesias anglo. Esto incluye la escuela dominical, capacitación de la iglesia, juventud, y organizaciones de ministerios y programas. La manera que éstos se han estructurado y operado refleja en gran manera que estas iglesias hispanas han aprendido en sesiones de entrenamiento tanto como la observación del ejemplo puesto por las iglesias anglo. Esto no quiere decir que no se deban realizar cambios. Pero si quiere decir que el hacer cambios rápidos y abruptos sin tener en cuenta los patrones históricos, pueden ser perturbadores y llevar al conflicto.

Implicaciones para las iglesias

Una situación ideal es cuando el pastor y la congregación se encuentran al mismo nivel de asimilación y tienen un entendimiento similar en cuanto a cultura, estilos de liderazgo y patrones organizacionales. Si éste no es el caso, el pastor inmigrante tienen que estar consciente de estas diferencias y hacer los ajustes necesarios si se va a evitar el conflicto. Sesiones de orientación similares a las que reciben los misioneros pueden ser de mucha ayuda para los pastores inmigrantes.

Conclusión

Como podemos ver, existe una gran variedad entre los grupos hispanos. Esto surge, no sólo porque sus países de origen son diferentes, sino también porque se han encontrado con diferentes circunstancias cuando llegaron a ser parte de este país. Por lo tanto, es importante que estudiemos estos factores a fin de entender mejor a estos grupos y para diseñar estrategias más efectivas para la evangelización y la siembra de iglesias y el crecimiento de las iglesias.

Notas

[110] Pew Centro Hispano/Kaiser Family Foundation, 2002 National Survey of Latinos, December 2002, 8

[111] R. A. Schermerhorn, *Comparative Ethnic Relations: A Framework of Theory and Research* (New York, NY: Random House, 1970).

[112] Ibid., p. 83.

[113] Andrew Greeley, "Is Ethnicity Un-American?" New Catholic World 219, no. 1311 (May/June 1976), 106-112, utilizó los Términos "étnico total," "compañero de viaje," "étnico marginal," y "étnico asimilado," para indicar el movimiento dentro de la cultura dominante; R. A. Schermerhorn, *Comparative Ethnic Relations: A Framework of Theory and Research* (New York, NY: Random House, 1970) usó categorías similares para indicar el movimiento fuera de la herencia del grupo cultural.

[114] Esencialmente uso las categorías propuestas por John C. Locke en

Increasing Multicultural Understanding, Newbury Park: SAGE Publications, 1992, 6. La única categoría que modifiqué fue la "Marginal" porque la usa para referirse a la marginalización de las dos culturas mientras que yo la uso en lo que se relaciona sólo a la cultura de origen.

[115] Algunos la denominan generación 1.5 porque llegan como niños, pero no nacieron en el país huésped.

[116] Josué Grijalva, *Ethnic Baptist History*, Atlanta: Home Mission Board, 1985.

CAPÍTULO 13
Las necesidades en la comunidad hispana

Los que sirven en las comunidades hispanas encuentran una amplia variedad de necesidades. Algunas de estas necesidades son físicas, otras son sicosociales, otras son espirituales, y muchas una combinación de las tres. Una de las mejores maneras para alcanzar a las personas de cualquier comunidad es:

* descubrir sus necesidades físicas,
* ministrarles atendiendo a estas necesidades,
* edificar puentes de amistad y entendimiento,
* compartir las buenas nuevas de salvación con una actitud de compasión e interés.

Con el uso de tratamiento completo en el ministerio, los cristianos y las iglesias satisfacerán las necesidades de muchos hispanos y les ayudarán a experimentar la vida transformada al abrirse a la relación de amor personal con Jesucristo.

Necesidades físicas

Una encuesta de pastores hispanos hecha por el Research Department de la North American Mission Board, reveló las siguientes necesidades en el orden de prioridades que los pastores establecieron.[117] Los porcentajes indican el nú-mero de pastores que estuvieron de acuerdo que una cierta necesidad debía ser colocada en un cierto lugar en el or-den de prioridades.

1. Ayudar a las personas a conseguir trabajo o mejor empleo 68%
2. Ayudar a los nuevos inmigrantes a establecerse 60.8%
3. Ayudar a las personas a tener mejor acceso a los servicios sociales básicos (cuidado de la salud, seguro social, Medicare) 60.8%
4. Programas de consejería. 60.8%
5. Ministerio basado en la evangelización (p,ej., fiestas de vecindario) 59.2%
6. Clases de inglés o de ciudadanía 58.3%
7. Servicios evangelizadores 56.7%
8. Ayudar a que los muchachos permanezcan en la escuela 53.3%
9. Programas deportivos de la iglesia/comunidad 51.7%
10. Entrenamiento para trabajo 50.0%
11. Programas para después de la escuela con adolescentes 49.2%
12. Programas de rehabilitación de drogas/alcohol 45.0%
13. Programas de guarderías para niños 45.0%
14. Reducción de la violencia entre las familias 40.85%
15. Distribución de comida 37.5%
16. Programas para los ancianos 32.2%
17. Proveer amparo para los que no tienen hogar 30.8%
18. Reducción de la violencia en la comunidad (p.ej., gangas o pandillas) 29.2%
19. Vivienda adecuada 25.5%
20. Registro para votar 20.8%
21. Otras necesidades de la comunidad 15.8%

Esta lista revela la existencia de una variedad de necesidades físicas, sicológicas, y espirituales en las comunidades hispanas en los Estados Unidos. Ayuda a categorizar estas necesidades. Este esfuerzo de a categorizar o ver las necesidades en aislamiento, sin embargo, a menudo es difícil porque en gran medida se recubren. Con esta advertencia presente, es interesante notar que muchas de las necesidades en la lista anterior se relacionan con la adap-tación de los inmigrantes hispanos a la vida en este país.

Esta relación es evidente en que las seis primeras necesidades en la encuesta se relacionan con la adaptación a la vida en la nueva cultura. Estas necesidades incluyen ayudar a las personas a conseguir trabajo o mejores empleos; ayudar a los nuevos inmigrantes a establecerse; ayudar a que las personas tengan mejor acceso a los servicios sociales básicos (cuidado de la salud, seguro social, Medicare); programas de consejería; ministerios basados en la evangelización (p.ej., fiestas de vecindario); y clases de inglés o ciudadanía.

Un significativo número de ministerios se han desarrollado para responder a estas necesidades en las comunidades hispanas. La Woman's Missionary Union basada en Birmingham, Alabama ha desarrollado materiales de entrenamiento para los que deseen participar en tales ministerios como enseñar inglés como segundo idioma y asistir a los inmigrantes en su ajuste a la vida en este país.[118]

La unidad de evangelización de la North American Mission Board basada en Alpharetta, Georgia, ha desarrollado materiales para los eventos evangelizadores especiales que incluyen las fiestas de vecindario, días de celebraciones especiales (tales como el día de acción de gracias y la navidad), y eventos evangelizadores (tales como evangelización en la calle a campo abierto, conciertos musicales, comidas evangelizadoras, deportes para evangelizar, eventos de evangelización por los medios, eventos de dramas evangelizadores, seminarios evangelizadores de necesidades sentidas).[119]

Un excelente recurso se encuentra en las Claves Bíblicas para Consejería provisto por el Hope de el Heart Ministry. Estas claves atienden tales áreas de necesidad como el alcoholismo, la drogadicción, la violencia doméstica, resolución del conflicto, y muchas otras.[120]

Necesidades sicosociales

En adición a las necesidades físicas, existen las necesidades sicosociales que los hispanos enfrentan al procurar ajustarse a la vida en los Estados Unidos. La transición multifacética que los hispanoamericanos han experimentado en su peregrinaje ha impactado sus vidas en un número de maneras. La búsqueda por un sentido de identidad se encuentra en el corazón de su experiencia sociohistórica.[121] Las serias preguntas que este grupo ha tenido en relación con su identidad ha afectado su vida social, económica, política y religiosa.

Varios temas emergen al estudiar las necesidades sicosociales de los hispanoamericanos:[122]

- búsqueda por un sentido de identidad,
- búsqueda por un sentido de dignidad,
- deseo de superar el sentido de marginación,
- deseo de obtener un espíritu de hermandad (*carnalismo*)[123].

Un breve análisis se hará de estas necesidades a fin de hacer posible que el lector tenga un mejor entendimiento de la comunidad hispanoamericana.

Búsqueda por un sentido de identidad

Uno de los primeros desafíos cuando vienen a ser residentes permanentes en los Estados Unidos es el de desarrollar un claro sentido de identidad. Típicamente cuando los inmigrantes llegan a este país como adultos, se identifican en términos de su país de origen. Algunos, por ejemplo, dicen que son "peruanos" o "salvadoreños," o de cualquiera que sea su país de origen. Después de haber estado aquí por un tiempo, empiezan a buscar un término que los describa más adecuadamente, porque ya no son realmente "peruanos," sino peruanoamericanos. A menudo intentan identificarse a sí mismos con el más amplio grupo latinoamericano o de origen hispano y usarán el término "latino," o "hispano."[124] Usualmente los hijos de la generación inmigrante tienen una lucha mayor al definir su identidad. Esto se debe al hecho que no tienen fuertes ligamentos con la cultura (y quizá el idioma) del país de origen de los padres. Por ejemplo, ¿son peruanos o estadounidenses o parte de ambas culturas?

La búsqueda por identidad ha llevado a algunos a intentar descubrir su herencia sociohistórica. El reverendo Virgilio Elizondo describe esta búsqueda:

> Empezaron a escabar en su pasado, para penetrar el desarrollo y el significado de su proceso histórico... ¿Quiénes somos? se preguntan. Y comienzan a investigar por sus raíces, no a fin de regresar, sino para ir al frente. Justamente, como el redescubrimiento de los orígenes grecorromanos trajeron nueva vitalidad a Europa, así también los hispanoamericanos saben que tienen que redescubrir su origen con el propósito de apreciar y celebrar su proceso histórico y su verdadera identidad existencial.[125]

Los hispanoamericanos tienen más que un verdadero interés académico en afirmar su herencia sociohistórica. Sienten que su identidad existencial está íntimamente conectada con este descubrimiento. La manera en la cual muchos hispanoamericanos se afectan por un entendimiento inadecuado de su herencia sociohistórica se describe por Gloria López Mc-Knight cuando declara: "Así muchos de nosotros nos sentimos cortados del pasado, confundidos con el presente y nerviosos en cuanto al futuro."[126]

La investigación por la herencia sociohistórica, sin embargo, se complica por el hecho que la mayoría de los hispanoamericanos son el producto de varias tradiciones culturales: española, india, mestiza y angloamericana.[127] En su búsqueda por una identidad sociohistórica, algunos han tendido a enfatizar la cultura española.[128]

La actitud ambivalente que algunos hispanoamericanos han tenido hacia la vena *mestiza* ha hecho que nieguen esta parte de su herencia.[129] Otros, no obstante, han procurado repudiar la parte española de su herencia. Algunos, por ejemplo, han intentado crear una ideología que coloca mayor énfasis (sino exclusivo) en la herencia indígena. Algunos han propuesto el concepto de *la raza* (la gente, raza o clan) que enfatiza y obliga al sentimiento de pertenencia a un grupo, pero no puede conceptualizar la identidad cultural (o racial) de este grupo adecuadamente.[130]

Existe confusión entre algunos hispanoamericanos en cuanto a si el concepto de *la raza* se refiere a una grupo racial, cultural o a ambos. No se ha probado científicamente, por ejemplo, que los hispanos sean una identidad racial.[131] El concepto de la raza, aunque todavía relativamente vago, ha captado la imaginación de algunos hispanoamericanos que suspiran por ser parte de un grupo cultural que los definan y del cual puedan estar orgullosos.[132]

Otra dimensión de su herencia que algunos hispanoamericanos aparentemente no parecen reconocer es lo que ha sido contribuido por la sociedad predominante, la cultura angloamericana. Aunque la escuela y la aculturación de muchos hispanoamericanos ha tenido lugar en los Estados Unidos, algunos creen que pueden regresar a la cultura de sus antepasados sin incorporar elementos vitales de la cultura angloamericana.[133]

La tarea de confirmar la herencia sociohistórica de los hispanoamericanos es compleja.[134] No se ha establecido que hayan suficientes puntos comunes entre los varios tributarios culturales para proveer *una herencia singular y específica sociohistórica*. Además, una herencia común con la mayoría de los hispanoamericanos que los identificaría claramente o hasta la fecha no se ha articulado. Existe la posibilidad de enfatizar una herencia con la exclusión de que otras conducirían al desarrollo de una falsa identidad.[135] Existe un sentido en el que cada segmento de la población hispanoamericana tiene la tendencia de enfocarse en su propia herencia sociohistórica. Quizá lo más que se puede decir es que una identidad hispanoamericana definible todavía se encuentra en un estado formativo.[136]

El deseo de descubrir su herencia sociohistórica, no obstante, persiste fuertemente entre los hispanoamericanos. Rodolfo Álvarez expresa esta aspiración cuando declara: "tengo una experiencia sicohistórica única a la que tengo el derecho de conocer y cultivar como parte de mi distintiva herencia cultural."[137] Elizondo cree que los esfuerzos hacia el descubrimiento de esta herencia cultural se realiza al presente. Afirma:

A pesar que la identidad interior del pueblo hispanoamericano puede estar mezclada, confusa o indefinida, los elementos de su composición ahora vienen a la luz a un paso más rápido que anteriormente. Poetas, artistas, y músicos la exhiben, por medio del arte, muchos elementos étnicos que aún están más allá del análisis y síntesis de los eruditos.[138]

Sentido de marginalidad

Otras dimensiones en la búsqueda por la identidad hispanoamericana se relaciona con sus esfuerzos de superar el sentido de marginalidad. Desde el tiempo de la anexación del suroeste, los hispanoamericanos han tenido que definir su identidad en términos de la sociedad predominante. Debido al hecho que fueron rápidamente superados en número por los pobladores angloamericanos en lo que ahora es el suroeste de los Estados Unidos, los hispanoamericanos se hallaron en el estado de minoría social, económica y política.

Dos dimensiones del sentido de marginalidad que los hispanoamericanos han experimentado tienen que ver con:

* la sociedad predominante en los Estados Unidos
* la cultura de su país de origen.

Varios factores han contribuido al sentido de marginalidad que sienten los hispanoamericanos en relación con la sociedad predominante en los Estados Unidos. Uno de estos factores es el rechazo de algunos miembros de la sociedad predominante. En algunos casos, la sociedad predominante ha estado más dispuesta a permitir la asimilación *cultu-*

ral que la asimilación *estructural* (p.ej., permitir que los hispanos adopten el idioma y las costumbres de la sociedad predominante, pero resistiendo su entrada a las instituciones sociales de la sociedad predominante). Al haber hecho virtualmente todo lo que la sociedad predominante ha esperado de ellos (hablar y actuar como los angloamericanos) y con todo sentirse que no son totalmente aceptados, conduce a algunos hispanoamericanos a tener un sentido de marginalidad.

Un factor adicional que ha contribuido al sentido hispanoamericano de marginalidad de la sociedad predominante ha sido una asimilación incompleta cultural y estructural dentro de esta sociedad. Aunque algunos hispanoamericanos se han asimilado a la sociedad predominante hasta el punto de identificarse con ésta y participar en sus estructuras sociales, económicas y políticas, otros han logrado sólo una asimilación cultural parcial. Presionados por la sociedad predominante para que se asimilen culturalmente,[139] pero limitados por su inhabilidad o indisposición de abandonar su propia cultura, algunos hispanoamericanos se encuentran en un limbo cultural.[140]

El disgusto o inhabilidad de muchos hispanoamericanos a abandonar algunos aspectos de su herencia cultural los detiene de participar completamente en la sociedad predominante. Con todo, el hecho que viven en el contexto estadounidense los conlleva a incorporar algunos elementos sociales, políticos y lingüísticos de esta sociedad predominante.[141] Los hispanoamericanos se enfrentan a un dilema.

En algunos casos este sentido de marginalidad los ha llevado a crear respuestas adoptivas (p.ej., la cultura tex-mex).[142] En muchas ocasiones esto lleva a la desorientación,[143] un sentido de desarraigo,[144] y para algunos un sentido de rechazo penetrante.[145] En el 2002 una encuesta nacional de latinos efectuada por el Pew Centro Hispano, el 31 por ciento de los hispanos reportaron que alguien cercano a ellos había sufrido discriminación en los últimos cinco años causado por su trasfondo racial o étnico.[146]

Una asimilación cultural y estructural incompleta a la sociedad predominate, por lo tanto, ha hecho que muchos hispanoamericanos experimenten un sentido de marginalidad. En algunos casos, se han visto dos factores contribuyentes al rechazo por algunos miembros de la sociedad predominante y la indisposición de parte de algunos hispanos de asimilarse. En el caso de la sociedad predominante se puede decir que algunos hispanoamericanos sienten que se les ha marginado por ésta mientras que en caso de los hispanoamericanos, algunos se han marginado a sí mismos.

Aún otros se sienten marginados por la cultura de su país de origen. El sentido de marginalidad en las vidas de muchos hispanoamericanos se describirá como un "conflicto triangular"[147] que incluye la sociedad estadounidense predominante, la cultura hispana del país de origen y la cultura hispanoamericana. En el 2002 una encuesta nacional de los latinos, halló que el 47 porciento de los hispanos entrevistados dicen que la discriminación de los hispanos contra los hispanos es un problema mayor[148] "Lo más probable es que atribuyan este tipo de discriminación a las diferencias en ingresos y educación."[149]

Algunos segmentos del grupo hispanoamericano se sienten alienados de la sociedad estadounidense predominante. Otros segmentos se sienten marginados de la gente y cultura de su país de origen. Otros se sienten marginados por otros hispanoamericanos. Todavía otros segmentos tienen este sentido de marginación de su propia cultura tanto como de la cultura que los alberga.[150] No han conseguido la asimilación estructural con la sociedad predominante en los Estados Unidos, y tampoco son completamente aceptados por su país de origen.[151]

Muchos hispanoamericanos, por lo tanto, luchan para superar las varias dimensiones del sentido de marginalidad que aflige sus vidas.[152] Aunque algunas comunidades (especialmente las pobladas por la segunda y tercera generaciones de hispanos) han experimentado asimilación significativa, otras comunidades se encuentran de continuo en el punto del comienzo del proceso de asimilación con la llegada de nuevos inmigrantes. Como consecuencia, algunas iglesias enfrentan el desafío de ministrar en comunidades donde el proceso de inmigración y el de asimilación continúa ocurriendo simultáneamente. El doctor Jesse Miranda trata con este sentido de marginalización más extensamente en el capítulo 14.

Búsqueda por un sentido de dignidad

La búsqueda latinoamericana por un sentido de identidad es también una búsquedas por un sentido de dignidad y valor propio.[153] La experiencia sociohistórica de algunos hispanoamericanos ha contribuido al desarrollo de un sentido de indignidad como grupo cultural.[154] Esto es consistente con las observaciones de algunos científicos sociales que "las alteraciones y pérdidas seriamente pueden lastimar la identidad"[155]

Algunos sicólogos han hallado lo que parece ser evidencia

de esto en algunos hispanoamericanos. Augustine Weilbert, por ejemplo, observa que "uno de los rasgos más comunes descubiertos en algunos hispanoamericanos ha sido su baja autoestima, y una autoimagen muy modesta."[156] R. Díaz-Guerrero hace eco de esto cuando afirma que la autoestima es una de de las mayores necesidades entre los hispanoamericanos.[157] El reconocimiento de esta necesidad, como lo indica Ysidro Macías, ha conducido a muchos hispanoamericanos a luchar por obtener una autoimagen positiva y respeto propio.[158] La búsqueda hispanoamericana por un sentido de dignidad tiene varias dimensiones. Una de estas es la superación de los efectos en la autoimagen hispanoamericana de los estereotipos negativos sostenidos por algunos miembros de la sociedad predominante.[159]

En el pasado, los estereotipos de la sociedad de los hispanoamericanos perpetuados especialmente en algunos sistemas educativos,[160] avisos comerciales,[161] y los reportes de los medios masivos[162] han contribuido a la formación de la imagen negativa que los hispanoamericanos tienen de sí mismos. Vigil declara que las actitudes etnocéntricas de los maestros y del contenido educativo que "enfatiza el valor del grupo predominante y denigra de la minoría" ha contribuido al desarrollo de las autoimágenes negativas de parte de muchos estudiantes hispanoamericanos.[163]

Aunque es importante evitar el extremo de una interpretación "victimológica"[164] de la manera en la que esta autoimagen negativa se ha formado, la influencia de algunos segmentos de la sociedad predominante han sido bien documentados.[165] Esto ha llevado a algunos hispanoamericanos a internalizar los estereotipos negativos que la sociedad predominante tiene de ellos.[166] Elizondo explica: "Si se oye una y otra vez que uno es inferior, buenoparanada, incompetente y perezoso, eventualmente uno empieza a creérselo."[167] El comentario de un estudiante de octavo grado en una escuela sudoccidental refleja la internalización de esta autoimagen negativa:

> "Para empezar, soy mexicano. Esta oración tiene olor de amargura al escribirla. Siento que si no fuera por mi nacionalidad lograría más. Por ser mexicano me ha traído mi falta de iniciativa. No importa lo que intente hacer, mi piel oscura siempre me hace sentir que fracasaré."[168]

Muchos hispanoamericanos han superado los efectos de la autoimagen negativa y han logrado mucho personal y colectivamente. A veces, otros han usado su trasfondo cultural para racionalizar su falta de esfuerzo y disciplina. Manuel A. Machado, por ejemplo, declara que algunos hispanoamericanos "buscan chivos expiatorios para culpar sus propios fracasos; así el racismo de la sociedad estadounidense viene a ser la simple respuesta en sus simples mentes."[169]

Para algunos, tener un ancestro hispano ha venido a ser un símbolo tan fuerte de vergüenza e inferioridad que interfiere con su habilidad para lograr aun metas modestas.[170] No obstante, otros han desarrollado un aprecio por su herencia hispana y han aprendido a funcionar efectivamente en el contexto de la sociedad predominante. La búsqueda hispanoamericana por un sentido de identidad, por lo tanto, involucra no sólo el descubrimiento de su herencia sociohistórica sino el desechar los estereotipos negativos. López-McKnight expresa esta convicción cuando establece que los hispanoamericanos tienen que llegar a que se vean como "seres humanos dignificados" por la sociedad predominante."[171]

La búsqueda hispanoamericana por un sentido de dignidad está íntimamente ligado a su deseo de retener su dignidad cultural. Los hispanoamericanos desean que su cultura sea respetada por la sociedad predominante. Aspiran a que se les considere ciudadanos de primera clase aunque retengan su herencia cultural. Se han usado diferentes maneras por las varias generaciones en su esfuerzo de obtener un sentido de dignidad. Algunos han sentido que era la sociedad predominante la que les concedía un sentido de dignidad.[172] Otros intentaron lograr un sentido de dignidad al incorporar muchos elementos culturales de la sociedad predominante. Sin embargo, para otros un sentido de dignidad parece depender fuertemente en su habilidad de descubrir y retener su herencia cultural. La búsqueda por un sentido de dignidad se ha expresado diferentemente en cada una de las generaciones ya discutidas.

Deseo de obtener un espíritu de unidad (carnalismo)

El deseo de obtener un espíritu de unidad entre los hispanoamericanos es otra dimensión de su búsqueda por identidad. Teniendo un sentido de impotencia[173] y marginalidad en relación con la sociedad predominante, muchos hispanoamericanos creen que su identidad se puede mejorar y que su estado socioeconómico se puede robustecer si se obtiene la unidad como grupo sociocultural.[174] López-McKnight explica que la unidad en la comunidad hispanoamericana es un prerrequisito a fin de ser más eficaces para atender sus necesidades biculturales, bilingües, sociales y económicas.[175] Este deseo de unidad se expresa quizá más claramente en el concepto de *carnalismo*.[176]

El espíritu hispanoamericano del *carnalismo* encuentra sus raíces en el concepto indio del *compadrazgo* y el concepto de la familia extendida. Data del tiempo de los colonizadores españoles, el concepto de *compadrazgo* (paternidad compartida del tiempo de los padrinos)[177] se desarrolló para establecer vínculos sociales con personas fuera de la familia.[178] Esto tuvo el efecto de "entretejer la familia normativamente y formalizando los vínculos de amistad."[179]

El concepto hispano de la familia extendida incluye a otros fuera de los parientes.[180] En adición a los abuelos, tías, tíos y primos, incluye a los familiares políticos (padre, madre, tías, tíos y primos políticos) y los *hijos de crianza* (huérfanos criados por la familia).[181] La familia extendida es el "enfoque principal de la obligación y también una fuente de apoyo emocional y económico tanto como un reconocimiento por lo logrado.[182]

La noción de *carnalismo* parece usar los conceptos de *compadrazgo* y de la familia extendida al procurar promover un tipo de hermandad dentro de la comunidad hispanoamericana que se caracteriza por un profundo sentimiento de lealtad con los *carnales*.[183]

El espíritu de *carnalismo*, no obstante, enfrenta a serios desafíos dentro de la comunidad hispanoamericana. haya divisiones entre los varios segmentos de la comunidad hispanoamericana.[184] La descripción de Elizondo del espíritu del *carnalismo* reconoce que existen divisiones entre los hispanoamericanos: "Nos reconocemos los unos a los otros; existe un vínculo, un sentido de *familia* que experimentamos, pero también haya un área de autoidentidad en que no estamos de acuerdo."[185]

La áreas de desacuerdo, sin embargo, van más allá de la autoidentidad. Existen diferencias significativas generacionales, y nacionalistas que dividen a los hispanoamericananos.[186] A veces los conflictos entre los grupos hispanoamericanos han sido tan candentes como los ocurridos en el área nacional.[187] El estudio de Grebler de patrones de matrimonios, por ejemplo, indica que "la distancia social entre diferentes generaciones de hispanoamericanos es mayor que la distancia social entre algunas categorías de hispanoamericanos y anglos."[188]

Una distancia adicional entre los segmentos de la comunidad hispana se relaciona con su condición de personas nativas (inglés dominante) y los inmigrantes (español dominante). Esta distancia es mayor que cualquier distancia que pudiera existir por las diferencias relacionadas con el país de origen de los hispanoamericanos.[189]

Otro desafío que viene de dentro es el de la envidia, una actitud resultante de la creencia que haya "bien limitado." Consecuentemente, un individuo o familia sólo puede mejorar a expensas de otros.[190] Esta es la actitud, que generalmente afecta al pobre,[191] a menudo resulta en grandes rivalidades entre los líderes y grupos que previenen el tipo de cooperación que podría ayudarles a superar condiciones opresivas.

La tendencia de parte de los hispanoamericanos que han logrado la condición de clase media es disasociarse de los de más bajos niveles socioeconómicos, lo que constituye aún otro reto interno al espíritu de *carnalismo*. López y Rivas reprenden la clase media hispanoamericana por "darle la espalda al pobre."[192] Macías critica al hispanoamericano que cree que "porque ha logrado, el sistema es válido para todos los Chicanos."[193]

El espíritu de *carnalismo* enfrentan retos de fuera de la

comunidad hispanoamericana también. Los cambios ocasionados por la vida urbana constituye uno de estos desafíos. Los cambios que ocurren en los patrones de empleos, papeles familiares, patrones de residencia y los servicios sociales han mitigado contra las funciones de la familia extendida. Patrones de empleo en las áreas urbanas a diferencia de las comunidades agrícolas están generalmente basados en habilidad en vez del rango en la familia. El cambio en los papeles familiares es el de una orientación patriarcal a la norma de igualdad. Los patrones de residencia han cambiado de la casa para la familia a habitaciones multifamiliares. Los servicios sociales a menudo han asumido algunas de las funciones de la familia extendida.[194]

A pesar del hecho que existen muchos desafíos al espíritu del *carnalismo*, sus proponentes[195] creen que es esencial para el establecimiento de un sentido común de identidad y de asistencia mutua.[196] Este ideal se expresa en el *Plan Espiritual de Aztlán* que le recuerda a los hispanoamericanos que la hermandad que los une y que el amor por los hermanos es lo que los motiva a luchar en su favor.[197]

Necesidades espirituales

Como es verdad de todos los grupos de personas, los hispanoamericanos tienen necesidades espirituales que sólo se satisfarán por medio de una relación apropiada con Dios. En el capítulo 6 anotamos que los hispanos en mucho son un grupo de gente religiosa. Los estudios recientes del Pew Centro Center's National Survey of Latinos revela que entre los hispanos 70% se identifican como "católicos;" 20% como "evangélicos nacidos de nuevo;" 9% como "Otros cristianos;" 2% como "de alguna otra religión no cristiana;" y 8% como "sin religión."[198] Pew Centro Hispano/

Kaiser Family Foundation, 2002 National Survey of Latinos, December 2002, 53.

Sólo el 8% declaró que no tenía religión. Este hecho hace creíble la declaración que más hispanos claman ser religiosos que muchos otros grupos culturales en los Estados Unidos hoy.

Aunque es evidente que tan gran porcentaje de hispanos se identifican con un grupo religioso, permanece el hecho que un porcentaje signficativo de ellos no han tenido una experiencia personal de salvación en Jesucristo. Muchos de ellos son como la samaritana descrita en el capítulo 4 de Juan. Ella tenía un entendimiento limitado de las verdades de Dios reveladas en el Antiguo Testamento en una vaga esperanza del futuro. Lo que haya sido la religión que practicaba (una mezcla de judaísmo y paganismo) no parecía influir en su estilo de vida o de satisfacer sus anhelos espirituales.

La experiencia religiosa de otros hispanos quizá resemble la de Nicodemo. Con gran devoción asumen una posición legalista en su experiencia religiosa pero tienen un vacío en sus vidas. No han respondido en arrepentimiento y fe a Jesucristo como su Salvador y Señor personal y no tienen un estilo de vida que demuestra un sentido de libertad de la culpa del pecado, alivio del temor del juicio y el gozo en su relación con Dios.[199] Como resultado de esto, a menudo se sienten confundidos y alienados cuando enfrentan las pruebas y tribulaciones de la vida y puede que tengan una falsa esperanza o no tengan un sentido de seguridad cuando piensan de su destino eterno.

Los cristianos que tratan de convencer a los hispanos que su tradición religiosa está equivocada o simplemente tratan de hacerlos que cambien de una religión a otra, por lo general terminan alienándolos. Como se anotó en el capítulo 17, el énfasis no debe ser en la *religión* sino en la *relación*. Convencer a la gente que reciba a Jesucristo como su Salvador y Señor es la manera más efectiva de ayudarlos a tener los recursos espirituales que necesitan para enfrentar los retos de la vida en la tierra y tener un fuerte sentido de seguridad de su destino eterno.

Conclusión

Varias observaciones se logran del análisis del grupo de temas que se relacionan con la búsqueda de la identidad hispanoamericana:

* Primera, muchos hispanoamericanos parecen esforzarse por encontrar un ancla para su sentido de identidad.
* Segunda, diferentes segmentos de hispanoamericanos han intentado ganar un sentido de dignidad por medio del empleo de diferentes estrategias. Estas estrategias incluyen los esfuerzos para hacer que la sociedad predominante cambie sus estereotipos negativos que se ha formado de los hispanoamericanos, esfuerzos de unirse a la sociedad predominante por medio de un proceso de asimilación cultural y estructural, y esfuerzos para revitalizar su propia cultura.
* Tercera, algunos hispanoamericanos experimentan un sentido de marginalidad en relación con la sociedad predominante, a la cultura de su país de origen, o a otros segmentos dentro de su propio grupo cultural. Algunos de los factores contribuyentes a este sentido de marginalidad son las actitudes de la sociedad predominante, el deseo de los hispanoamericanos de re-

tener sus características culturales y las diferentes etapas de asimilación a la sociedad predominante entre los hispanoamericanos. El sentido de marginalidad, que persiste en las vidas de muchos hispanoamericanos, es complejo y a veces destructivo.

* Cuarta, algunos hispanoamericanos creen que su sentido de identidad y su habilidad de superar su sentido de marginalidad dependen de su capacidad de lograr un espíritu de unidad como grupo (*carnalismo*). Los esfuerzos para realizar este espíritu, sin embargo, han sido severamente impedidos por obstáculo que surgen dentro del grupo. A pesar de estos obstáculo muchos hispanoamericanos continúan luchando por obtener un espíritu de *carnalismo*. Las preocupaciones reflejadas en estos temas serán el enfoque del estudio que sigue de la Escritura.

La búsqueda hispanoamericana por un sentido de identidad es continua y complicada. Como Floristan dice, "La indagación por identidad nunca termina porque consiste no sólo en trazar nuestras raíces sino también en mirar al futuro."[200] Al mirar al futuro, muchos hispanoamericanos son optimistas de su habilidad de sobrevivir como grupo cultural al "elaborar estrategias de adaptación"[201] frente a las muchas condiciones cambiantes.[202]

Los hispanos ven la variedad de perspectivas culturales con las cuáles han tenido que tratar como una "fuente de fortaleza"[203] que los capacita para confrontar la vida y obtener un verdadero espíritu de *carnalismo*.[204] Esta búsqueda encuentra inspiración y guía en el concepto de la nueva comunidad del reino que se hizo posible por la vida y ministerio de Jesucristo. Esta nueva comunidad no se basa en factores raciales o políticos. En cambio, derriba las paredes de separación entre los grupos culturales y los capacita para tener un sentido de aprecio por su herencia cultural.

Esta nueva comunidad no se confina a los que comparten una experiencia particular sociopolítica. En éste los factores raciales y culturales son revitalizados por una prioridad más alta.[205] el tema del banquete mesiánico, que fue un motivo correlativo del peregrinaje escatológico de las naciones a Sión, coloca a los gentiles en igual pie de igualdad con los israelitas.[206] Están invitados a ser miembros del cuerpo de Cristo que incluye hombres y mujeres de todos los pueblos del mundo en una comunidad reconciliada y reconciliadora.[207]

Por lo tanto, en su búsqueda por identidad, los hispano-americanos enfatizarán la realidad de la nueva creación en Cristo, en quien todos son hijos del mismo Dios, y no haya ni judíos, ni griegos, ni hombres, ni mujeres. Existe la posibilidad para ellos de desarrollar un sentido positivo de identidad y dignidad, sabiendo que Jesucristo aceptó *mestizos* y se identificó con ellos. Están seguros que pueden ser parte del reino y tener parte igual en la dignidad fundamental de la membresía en la familia de Dios.[208]

A la vez, su búsqueda por la identidad es retada por las enseñanzas y acciones de Jesucristo quien rehusó confinar Su ministerio a un grupo subcultural (p.ej., galileos), y ofreció compasión y amistad al cruzar las líneas de exclusión. Esta dignidad de la membresía en la familia de Dios, llevará a los hispanoamericanos a una identidad positiva que superará la preocupación excesiva consigo que trasciende y celebra las diferencias culturales y procura estar involucrada en ministrar a otros.

El entendimiento del peregrinaje sociohistórico de los hispanoamericanos es el primer paso hacia la comunicación del evangelio de manera que será relevante en sus vidas. Muchos ministerios provistos por las congregaciones compasivas serán un instrumento en atender estas necesidades y establecer puentes para convencer a los hispanos hacia una fe personal en Jesucristo. Los hispanoamericanos al anclar su identidad en Cristo, estarán en posición de afirmar los elementos positivos de su cultura, corregir o excluir los elementos no bíblicos, y experimentar la libertad de la auto preocupación que les permitirá ministrar a otros con compasión y entendimiento.

Dos analogías bíblicas proveen ideas valiosas e inspiración para los hispanoamericanos que buscan un sentido de positiva y poderosa identidad. En el capítulo 14 el doctor Jesse Miranda describe la analogía de la samaritana. En el capítulo 15 el doctor Daniel Sánchez presenta la analogía helénica.

Notas

[117] Encuesta hecha por Richie Stanley y Daniel R. Sánchez, en November de 2004.

[118] El correo electronico de Woman's Missionary Union es: www.wmu.com

[119] Para más información contacte el North American Mission Board de www.namb.net

[120] Para más información contacte www.hopefortheheart,org

[121] Para un tratamiento más a fondo sobre este asunto vea Daniel R. Sánchez, An Interdisciplinary Approach to Theological Contextualization with special reference to Centro Americans, Ph. D. thesis, Oxford Centre for Mission Studies, April 17, 1991.

[122] Esto no tiene la intención de ser una lista exhaustiva de las necesidades sicosociales, sino una que enfoca algunas de la necesidades salientes relacionadas con el ajuste de los hispanos a la vida en medio de la cultura dominante en los Estados Unidos.

[123] El término "carnalismo" se usa especialmente por los mexicoamericanos para referirse a los que son como hermanos biológicos "hermanos carnales." Esto significa que existe un fuerte vínculo entre amigos

y vecinos que es similar al que existe entre los hermanos biológicos.

[124] Pew Centro Hispano/Kaiser Family Foundation, 2002 National Survey of Latinos, December 2002, 2.

[125] Virgilio Elizondo, Galilean Journcy (Maryknoll, NY: Orbis Books, 1983), p. 20.

[126] Gloria López-McKnight, "Communication: The Key to Social Change," chap in La Causa Chicana, ed. Margaret M. Mangold (New York, NY: Family Service Association of America, 1971), p. 192.

[127] López-McKnight, op. cit., p. 193.

[128] James D. Vigil, From Indians To Chicanos: A Sociocultural History (London: C. V. Mosby Company, 1980), p. 230.

[129] Joan W. Moore y Alfred Cuellar, Hispanic Ameri-cans (Englewood Cliffs, NJ: Prentice-Hall Inc., 1970), p. 159.

[130] Moore y Cuellar, op. cit., pp. 158-59.

[131] Gilberto López y Rivas, el Chicanos: The Life and Struggle of the Hispanic Minority iin the United States (London: Monthly Review Press, 1973), pp. 77, 93; Harvard Encyclopedia of American Ethnic Groups, 1980 ed., s.v. "Hispanics," by Carlos E. Cortés.

[132] Quizá la impresión de este concepto ha contribuido a su aceptación por un gran número de hispanoamericanos. Si se difiniera en términos más precisos cultural y racialmente un número de hispanoamericanos probablemente no se identificarían con este término.

[133] Irónicamente, como Álvarez lo indica, la generación Renacimiento está "aún más aculturada que la generación previa (asimilación)." Rodolfo Alvarez "The Psycho-Historical and Socioeconomic Development of the Chicano Community in the United States." Social Sciences Quarterly 53 (March 1973): pp. 936-37.

[134] Vigil, op. cit., p. 231.

[135] Los que, por ejemplo, enfatizas lo indio pero niegan lo español de su herencia no tiene un sentido de identidad que sea verdadero a la historia.

[136] Elizondo, Galilean Journey, p. 21. Los mismos términos que se emplean (hispano, hispanoamericano, españolamericano, chicano e hispano) demuestran no sólo variedades de trasfondos sino también ambivalencias en lo que tiene que ver con la identidad de este grupo. See Moore y Cuellar, op. cit., p. 8.

[137] Rodolfo Alvarez, "The Unique Psycho-Historical Experience of the Hispanic American People," Social Science Quarterly 52 (June 1971): p. 25.

[138] Elizondo, Galilean Journey, pp. 22-23.

[139] Algunas de las meneras en que la sociedad dominante influye al grupo subordinado hacia la asimilación cultural son por medio de los medios de comunicación (radio, televisión, periódicos, películas), y el sistema educativo.

[140] Philip D. Ortego, "The Chicano Renaissance," Social Casework 52, no.

5 (May 1971), p. 296.

[141] Ortego, op. cit., 296. Aunque Ortego adecuadamente describe algunos de los factores que producen este conflicto, falla en reconocer que existen lo que en la comunidad hispanoamericana no tiene un sentido claro de "quiénes son en verdad." Esta crisis de identidad se presenta vivamente en el poema "Joaquín," En el cual el autor declara que está "perdido en un mundo de confusión, luchando para decidir entre el progreso económico y la sobrevivencia cultural." Rodolfo Gonzáles, I Am Joaquín (Denver, CO: Crusade de Justice, 1967), p. 3.

[142] La cultura y el idioma sincretista representados por el tex-mex (hispano texano) representa un esfuerzo creativo para superar un estado de confusión al sacar elementos de ambas culturas e idiomas. See Vigil, op. cit., p. 165. See also E. Galarza, Barrio Boy (Notre Dame, IN: Univer-sity of Notre Dame Press, 1971), p. 31.

[143] Vigil explica esa intoxicación, peleando, anonimato, drogas y otras formas de desorientación cultural que a menudo ocurre en las vidas de individuos que no están seguramente enraizados sea en la hispana o en la cultura anglo. Vigil, op. cit., p. 163.

[144] E. Wolf, Sons of the Shaking Earth (Chicago, IL: University of Chicago Press, 1959), p. 237.

[145] Elizondo, Galilean Journey, pp. 20-23.

[146] Pew Centro Hiapano/Kaiser Family Foundation, 2002 National Survey of Latinos, 8.

[147] George I. Sánchez, Forgotten People: A Study of New Hispanics (Albuquerque, NM: Calvin Horn Publishers, 1967), p. 75.

[148] Pew Centro Hiapano/Kaiser Family Foundation, 2002 National Survey of Latinos, 8

[149] Ibid.

[150] La generación Renacimiento puede estar más propensa a experimentar un sentido de marginalidad de ambas culturas. Por otra parte, la generación Renacimiento afirma claramente que su cultura no es hispana ni angloamericana, mientras que por otra parte, su principal fuente de identidad parte de un sentido de continuidad con la cultura Azteca-Hispana. Vea a Moore y Cuellar, op. cit., p. 155. Shibutani y Kwan explican que los "individuos en esta vanguardia ocupa una estado de marginalidad, una posición suspendida entre dos mudos sociales." T. Shibutani y K. M. Kwan, Ethnic Stratifica-tion: A Comparative Approach (New York: Macmillan, Inc., 1965), p. 352.

[151] Vigil explica que algunos grupos tales como los vatos locos han venido a estar marginados en todas los tres culturas. Vigil, op. cit., p. 212, 230.

[152] Vigil, op. cit., p. 162.

[153] Sandoval, op. cit., p. 11.

[154] Vigil, op. cit., p. 230.

[155] M. León-Portilla, cited in Vigil, op. cit., p. 230.

[156] Augustine Weilbert cited in Elizondo, Galilean Journey, p. 23.

[157] R. Díaz-Guerrero, Psychology of the Hispanic Culture and Personality (Austin, TX: University Press, 1975); Joel L. Martínez, Jr., Richard H. Mendoza, eds., Chicano Psychology (London: Academic Press, Inc., 1984).

[158] Ysidro Ramon Macías, "The Chicano Movement," A Docu-mentary History of Centro Americans, ed. Wayne Moquin y Charles Van Doren (London: Praeger Publishers, 1971), p. 388.

[159] Armando Morales, "The Collective Preconscious y Racism," in La Causa Chicana: The Movement of Justice (New York, NY: Family Services Association of America, 1971), pp. 15-29.

[160] Vea a Vigil para una discusión de la contribución del sistema educativo en la formación de los estereotipos en los estudiantes hispanoamericanos. Vigil, op. cit., pp. 173-74.

[161] Margaret Mangold, M, ed, La Causa Chicana: The Movement ofJustice, New York, NY: Family Service Association of America, 1971, 25.

[162] Para una discusión del uso de los medio de comunicación masiva que reporta alimentando los estereotipos negativos de los hispanoamericanos vea Miranda, op. cit., pp. 70-90.

[163] Vigil, op. cit., pp. 173-74.

[164] Este interpretación verá a los hispanoamericanos sólo como víctimas sin ninguna responsabilidad personal por los que les pasa. See R. A. Schermerhorn, Comparative Ethnic Rela-tions (New York, NY: Random House, 1970), pp. 8-9.

[165] Esto puede ser el resultado de las actitudes discriminatorias que se remontan al período de la colonización española tanto como a los estereotipos denigrantes que se desarrollaron durante el tiempo de la anexación. Vea Vigil, op. cit., p. 175; Moore y Cuellar, op. cit., p. 141; Elizondo, Galilean Journey, p. 68; Margaret M. Mangold, ed., La Causa Chicana: The Movement of Justice (New York, NY: Family Service Association of America, 1971), pp. 8-10.

[166] El estudio de Grebler indica que muchos hispanoamericanos concuerdan con los estereotipos que los angloamericanos tiene de ellos. Por ejemplo, muestra que más del 75% de los hispanoamericanos entrevistados en Los Ángeles y San Antonio sentía que los hispanoamericanos son más emocionales que otros estadounidenses y menos que progresistas que los anglos. Vea Leo Grebler, Joan W. Moore,and Ralph C. Guzmán, The Hispanic American People (London: Collier-Macmillan Ltd., 1970), p. 388.

[167] Elizondo, Galilean Journey, p. 23. See also Miranda, op. cit., p. 89.

[168] Report of The NEA-Tucson on el Teaching of Spanish Speaking, "The Invisible Minority," in Hispanic Americans in the United States: A Reader, ed. John H. Burma (Cambridge, MA: Schenkman Publishing Co., 1970), p. 103.

[169] Manuel A. Machado, Jr., Listen Chicano (Chicago, IL: Nelson Hall, 1978), p. 182.

[170] J. D. Forbes, Aztecas del Norte:The Chicanos of Aztlán (New York, NY: Fawcett Books, 1973).

[171] López-McKnight, op. cit., p. 209.

[172] Sintieron que los estereotipos negativos que la sociedad dominantes tenía de los hispanoamericanos se había internado en la sociedad dominante hasta el punto que para los hispanoamericanos hicieran progresos hasta obtener un sentido de dignidad esto estereotipos (en las mentes de las sociedad dominante) tendrían que cambiar.

[173] Vigil, op. cit., pp. 330-331, Elizondo, Galilean Journey, p. 25.

[174] López-McKnight, op. cit., p. 209. Moore y Cuellar explican que los llamados a la acción política, el progreso económico y la reorientación de la identidad cultural se han formado en términos de una historia común, y un trasfondo ético. Moore y Cuellar, op. cit., p. 153.

[175] López-McKnight, op. cit., p. 208.

[176] Aunque este término es más prevaleciente entre los hispanoamericanos, el concepto de unidad es querido por la mayoría de los hispanoamericanos.

[177] Moore y Cuellar explican que "como un acto religioso, simboliza formalmente una promesa de los padrinos que al niño será criado como cristiano si algo les sucediera a los padres del niño." See Moore y Cuellar, op. cit., pp. 104-5.

[178] Vigil, op. cit., p. 73.

[179] Moore y Cuellar, op. cit., p. 104.

[180] Virgilio P. Elizondo, Christianity and Culture (Huntington, IN: Our Sunday Visitor, Inc., 1975), p. 159.

[181] Elizondo, Christianityand Culture, pp. 159-64.

[182] Moore y Cuellar, op. cit., p. 104.

[183] Aguirre, op. cit., p. 261. El término carnal a menudo se usa por los hispanoamericanos en el sentido de hermano. Carnal es una derivado de la palabra carne, por eso la idea de un hermano en la carne o de hermano de sangre. Este término ha sido expandido para referirse a otro que pertenecen a La Raza.

[184] J. Gómez-Quiñones, Hispanic Students for La Raza: The Chicano Student Movement in Southern California, 1967-1977 (Santa Barbara, CA: Editorial La Causa, 1978), p. 43.

[185] Elizondo, Galilean Journey, p. 21.

[186] Vigil, op. cit., pp. 200-201.

[187] Por ejemplo, haya un debate entre los hispanoamericanos asimilados estructuralmente y los chicanos que repudian la opción ejercida por los primeros. Algunos escritores hispanoamericanos (p.ej., López y Rivas, el Chicanos, Rodolfo Gonzales, "Chicano Nation-alism: The Key to Unity of La Raza," in Chicano [London: Monthly Review Press, 1973]) sienten que el precio pagado por los que logran la asimilación

estructural en la sociedad dominante era demasiado alto (en términos de lo que "concedieron" culturalmente a fin de alcanzar éxito económico). No parece haberse escrito suficientemente de la evidencia que indique que esto es en efecto el sentimiento de la asimilación de los hispanoamericanos asimilados. Vea Gómez-Quiñones, op. cit., p. 43.

[188] Grebler, op. cit., p. 409.

[189] Pew Centro Hiapano/Kaiser Family Foundation, 2002 National Survey of Latinos, 13.

[190] Vigil, op. cit., p. 228.

[191] George Foster, "Peasant Society and the Image of Limited Good," in Peasant Society: A Reader, eds., J. M. Potter, M. N. Díaz, y G. M. Foster (Boston, MA: Little Brown y Company, 1967), p. 305. Las observaciones de Foster son consistentes con el concepto de "cultura de la pobreza de Oscar Lewis. See Oscar Lewis, Five Families: Centro Case Studies in the Culture of Poverty (New York, NY: Basic Books Inc., Publishers, 1959).

[192] López y Rivas, The Chicano, p. 73.

[193] Macías, "The Chicano Movement," p. 388. Aunque algunos hispanoamericanos verán su progreso social y económico como el cumplimiento del "sueño estadounidense," otros lo verán como una indicación de concentración en sí mismo y avaricia. Los hispanoame-ricanos que se interesan primordialmente en su avance personal y que han experimentado una extensa asimilación (p.ej., asimilación étnica) tienen la tendencia de ver su experiencia como el cumplimiento del sueño estadounidense. los que no han experimentado una extensa asimilación (p.ej., etnicidad total) y los que han experimentado algo de asimilación, (p.ej., etnicidad revitalizada) pero que permanecen comprometidos con el avance de los hispanoamericanos como grupo tienen más la tendencia de ver el avance individual como una indicación de concentración en sí mismos y avaricia.

[194] Moore y Cuellar, op. cit,. pp. 116-17. See also Grebler, op. cit., p. 237. Otro reto viene con el modelo de la sociedad dominante que se enfoca en el individuo y los conceptos de "carnalismo" como un impedimento a la completa participación en la sociedad angloamericana. V. M. Briggs, W. Fogel, Jr., y F. H. Schmidt, The Chicano Worker (Austin, TX: University of Texas Press, 1977), p. 23.

[195] Macías, op. cit., p. 338; López y Rivas Chicanos, p. 73; Aguirre, op. cit., pp. 1-5.

[196] Macías vincula la auto consciencia y el carnalismo como los fundamentos para la ideología del chicano. Macías, op. cit., p. 389.

[197] López y Rivas, op. cit., p. 66. Macias hace eco de esto cuando enfatiza que el "chicano es una parte de la hermandad que tiene la obligación de trabajar para la mejora de su gente de cualquier manera que pueda." Macías, op. cit., p. 388.

[198] Pew Centro Hiapano/Kaiser Family Foundation, 2002 National Survey

of Latinos, December 2002, 53.

[199] Un excelente libro sobra la seguridad de la salvación es el de Donald S. Whitney, How Can I Be Sure I'm A Christian? (Colorado Springs: NAVPRESS, 1994).

[200] Casiano Floristan cited in Sandoval, op. cit., p. 68.

[201] El lado negativo de las estrategias adaptadas, sin embargo, es que haya un legado de adaptaciones inadecuadas que han plagado la comunidad hispanoamericana causando conflicto, angustia y confusión. Continúa habiendo necesidad de reflexión teológica en lo que tiene que ver con estas preocupaciones vitales y otras en la comunidad hispanoamericana. See Virgilio Elizondo, el Futuro es Mestizo (Blooming-t-on, IN: Meyer-Stone Books, 1988), p. 110.

[202] Vigil, op. cit., p. 231.

[203] Vigil, op. cit., p. 231.

[204] Audinet expresa esta esperanza para los hispanoamericanos cuando afirma: "Finalmente su misión está relacionada con nuestra esperanza de sobrevivencia de este planeta. Más y más poder del este y oeste al norte y sur. Se está en medio de esta alineación. Por nuestras raíces se es del sur. Por la vida se es parte del norte. La paradoja es esta: aunque pertenecemos al más poderoso imperio que jamás haya existido, y se es de los elementos menos poderosos se tiene un papel crucial. Se actúa no para sí solamente sin para el mundo." Jaques Audinet cited in Sandoval, op. cit., p. 78.

[205] Donald Senior and Carrol Stuhlmueller, The Biblical Foundation of Mission, Maryknoll, NY: Orbis Book, 1984, 53.

[206] Ibid.

[207] Minutes and Report of Meeting of the Assembly of the Commission on World Mission and Evangelism, Bangkok, Thailand, December 31, 1972 y January 9-12, 1973 (Bangkok: n.p., 1973), p. 73. [208] Elizondo, Galilean Journey, p. 62.

Capítulo 14
Analogía samaritana

Dr. Jesse Miranda

El Camino Real

Durante la década de los 80, cuando la inmigración de Latinoamérica alcanzó su zenit, conocí a una dama hispana en el aeropuerto en Los Angeles. Había venido de Cuba a los Estados Unidos cinco años antes. Le pregunté qué le gustaba de su nuevo país y de inmediato mencionó muchas cosas que gozaba. La libertad y la oportunidad eran de las primeras en su lista. Cuando le pregunté lo que no le gustaba con dureza dijo, "no quiero que me llamen mexicana." Sintió que ser identificada con los mexicanos la devaluaba. La sorprendí cuando le informé que yo era des-cendiente de mexicanos. Luego añadió, "Oh, pero no lo veo como los otros (de descendencia mexicana)." ¿Qué veía ella?

Esta corta conversación reveló algunas verdades, realidades y sutilezas de la vida de los hispanos en los Estados Unidos. La verdad es que todos los hispanos no son exactamente los mismos. Identificamos a un mexicano, un cubanoamericano y a un méxicoamericano en el curso de nuestra corta conversación. La realidad es que la prevalente identidad colectiva existe en la sociedad en los Estados Unidos que considera a los hispanos como mexicanos. Además, en general el sentimiento dominante sostiene la idea que todos los inmigrantes

121

son de menos valor. En un período de cinco años, la dama hispana se había categorizado y a otros hispanos.

Esta dama cubana sin proponérselo veía a los mexicanos como diferentes. Esto no sorprende ya que los Méxicoamericanos son el grupo de mayor tiempo y el más grande. Se entiende que dejen percepciones, buenas y malas y marcas de identidad, precisas o no, para los hispanos en este país. Lo que ella y muchos otros no entienden son las sutilezas que yacen detrás de cada estigma impuesta a los mexicoamericanos como resultado de su experiencia histórica y social en la vida de los Estados Unidos. Los mexicoamericanos en verdad son diferentes de otros hispanos.

Como se mencionó en los capítulos previos , los hispanoamericanos vienen de todas las razas y docenas de nacionalidades. Entre los hispanos, los mexicoamericanos son los más indígenas de los Estados Unidos continentales. Este capítulo retoma esta historia única y algunos de los efectos en la comunidad mexicoamericana. Siempre existe el riesgo que intentando considerar los asuntos más amplios de la diversidad, y en este caso la diversidad hispana, la perspectiva de grupos en particular, puertorriqueños, cubanos, salvadoreños, argentinos, etc. se generalizarán excesivamente.

La realidad es que existen diferencias importantes en la historia, experiencias y consecuencias de estos grupos específicos. Se podría escribir un capítulo para cada una de las 22 nacionalidades. Aunque este capítulo es acerca de los mexicoamericanos, como latinos tenemos que conocernos los uno a los otros como Carlos Fuentes, prominente escritor mexicano una vez dijo, "ninguno de nosotros será capaz de encontrar la humanidad dentro de nosotros a menos que seamos capaces de primero encontrarla en otros."[209] Somos *familia* y miembros de la raza humana.

Al escribir, la inmigración es uno de los más calientes asuntos políticos nacionales en los Estados Unidos y la inmigración mexicana es el blanco primario de los proyectos de ley que se discuten. En los 90, los esfuerzos para reducir la influencia mexicana con las numerosas proposiciones políticas inmigrantes sólo sirvieron para esparcir latinos más allá del suroeste a nuevos puntos de residencia en toda la nación. Desde entonces, el INS se ha unido a la Seguridad Nacional (Homeland Security) para cuidar la frontera entre México y los Estados Unidos. Vigilantes de toda clase se han estacionado en la frontera del sur. Los gobernadores de Arizona y New México han llamado estos asuntos inmigratorios estados de emergencia.

Las nuevas experiencias de inmigrantes que tienen lugar en este país y sus crecientes números han hecho de los hispanos altamente visibles el tópico de muchas conversaciones y debates. Para muchos mexicoamericanos, la historia solamente se repite. Como se mencionó, son los más antiguos y los más numerosos de los hispanos en los Estados Unidos. Originalmente se radicaron a lo largo de *El Camino Real* donde los españoles construyeron sus misiones. Más tarde estos pobladores vinieron a ser estadounidenses cuando el suroeste, Arizona, California, New México y Texas fueron anexados a los Estados Unidos. Los factores de porcentajes de nacimientos e inmigración indican que los mexicoamericanos continuarán siendo la mayoría hispana por muchos años por venir. Ejercerán una vasta influencia en cómo la sociedad ve a los hispanos en general y las contribuciones hispanas que harán hacia el futuro de este país.

Por ejemplo, uno de los condados más prósperos de la nación, Orange County, California, recientemente se enfocó en un estudio y publicó un libro que examina el futuro: *California 2025*. El OC business journal, que tiene amplia circulación, imprimió la historia de la cubierta, "el Key to California's Future: It Depends upon How Far Latinos Take Us."[210]

Debido al creciente cambio demográfico los riesgos son altos para cada institución de la sociedad. Los retos y consecuencias de la diversidad tienen implicaciones dramáticas en todos los niveles de la sociedad. Algunos glorifican la diversidad para estar correctos políticamente. Otros institucionalizan la desigualdad prestando poca atención a la diversidad. Aún otros tienen dificultad de entender e involucrar las diversas poblaciones. Este reto invita a la creación de instituciones en las cuáles los individuos y las diferencias de grupos se respeten y permitan la coexistencia. ¿Cuáles son las implicaciones para la iglesia? La iglesia nació para tener una naturaleza global y para la creación de la comunidad tal como la visualizó el apóstol Pablo en Efesios 4. Crear tal comunidad, sin embargo, requiere decisiones e interacciones que consideren los valores fundamentales, preferencias y derechos.

Al principio, la iglesia experimentó algo de esta clase de conflicto y tuvo que convocar el concilio de Jerusalén (Hechos 15) para tratarlo. Para la iglesia la diversidad será ya sea un problema para resolverse o un potencial para la cosecha por el crecimiento. Los hispanos se verán como una amenaza e inconveniencia o como un capital social y espiri-tual para el futuro crecimiento.

Desafortunadamente, mucha de la discusión hoy, se refiere en términos de "guerras culturales" que tienen lugar en la sociedad. Hoy, para muchos, la diversidad y el pluralismo involucran la politización de la identidad. Un proceso bien conocido existe en la historia de los Estados Unidos, especialmente en la política, donde los varios grupos han seguido la práctica de balancear el voto con candidatos. En el siglo 19 los líderes balancearon los votos con irlandeses e italianos. En el siglo 20 los líderes balancearon los votos con afroamericanos. Ahora en el siglo 21, se busca el balance con los hispanoamericanos. Como se mencionó, el censo en los Estados Unidos usa el término "hispanoamericano" con el propósito de coleccionar datos.

Entre tanto, los hijos y los nietos de los hispanos se preguntan por qué la sociedad no "decide sobre el nombre y determina si somos hispanos, latinos, mexicoamericanos, chicanos, boricuas o lo que sea." Las generaciones más jóvenes continúan buscando la participación completa en la vida de su país en el tiempo en que los *"Estados Unidos" van hacia atrás en vez de adelante en sus esfuerzos de lograr la completa participación de los ciudadanos de las minorías en la vida y prosperidad de la nación."* Si permitimos que continúen estas disparidades, los Estados Unidos inevitablemente sufrirá una calidad inferior de la vida y un más bajo estándar de vida.[211]

La nueva generación de mexicoamericanos quizá no sea tan pesimista en cuanto a su historia y cultura como las generaciones anteriores. Todavía se encuentran en necesidad desesparada de nueva información en algunos asuntos antiguos y acciones debilitantes. Su generación, aunque no conoce toda la historia, tiene intensa necesidad de terminar la ahuyentada que les ha negado la completa participación en la sociedad que rechazó a sus padres. Con todo, veo a esta generación queriendo honrar los esfuerzos pasados de sus padres a la vez que desean forjar un futuro mejor. Ya existen líderes prometedores de la juventud mexicoamericana en posiciones prominentes de nuestra nación que la "han hecho" en esta sociedad (p.ej., Gaddi Vasquez, director de los Peace Corps). Hispanos que sirven como gobernadores (p,ej., Richardson en New México), como alcaldes (p.ej., Villaraigosa), como supervisores de condados (p.ej., Gloria Molina), como abogados, educadores, hombres, y mujeres de negocios. Miles de los jóvenes hispanos líderes empiezan a hacer una contribución en la sociedad.

Aún así, esta generación joven está consciente de las memorias de ver a sus padres batallar para cubrir sus gastos. Laura Diaz, dama ancla para una afiliada de NBC, recuerda pasar los primeros cuatro años de su vida, no en la guardería ni en el kindergarden, sino en las labores en los viñedos en California. El cómico Paul Rodríquez recuerda que cuando era niño se preguntaba si Dios era justo. Si lo era, ¿por qué todos los trabajadores de piel canela se agachaban en los campos y los dueños que estaban sobre ellos tenían la piel clara?[212] Esta nueva generación ha visto las luchas de sus padres en las orillas de la sociedad y ha escuchado las conmovedoras historias de sus mayores. Se preguntan por qué sus padres no pelearon, como los afroamericanos. Cuestionan por qué su gente decidió aceptar la derrota y no hacerle caso. Una interrogación sobretodo que escuché de esta generación joven es ¿por qué nuestros padres aceptaron el resignado sendero del silencio?

Si en los los Estados Unidos, donde la fe y la vida siempre se han integrado, no hallan respuestas, será menos posible conseguir respuestas de México. En México la gente a menudo expresa preocupación de la fuerte mezcla de la fe y la política. La única educación que nuestra juventud hispanoamericana tiene de su historia y cultura es la articulada durante los 60 de la era de los Derechos Civiles, que explicaré posteriormente. Reflexionando sobre las culturas étnicas estadounidenses y de los procesos políticos Henry Nouwen, notable autor cristiano, hace esta observación:

> Si se hace alguna crítica de los sesenta (movimiento de los Derechos Civiles) es que la protesta no fue insignificante sino que no fue lo suficientemente profunda, en el sentido que no estuvo radicada en la soledad del corazón. Cuando sólo nuestras mentes y las manos trabajan juntas rápidamente nos volvemos dependientes de los resultados de nuestras acciones y tendemos a darnos por vencidos cuando no se hacen realidad. En la soledad del corazón verdaderamente podemos escuchar los dolores del mundo y así sentiremos esa cruel realidad de la historia como la realidad del corazón humano.[213]

En general, la sociedad continúa pasando por alto el hecho que la raza y la etnicidad son sólo el primer paso en el entendimiento de la más profunda humanidad. La raza y la etnicidad no son primarios para que los humanos se entiendan el uno al otro. En vez, su verdadera humanidad es el nivel primario. Sin embargo, no siempre es una tarea fácil cruzar el puente al nivel primario de nuestra humanidad.

Cruce del río

El cruce de la frontera es parte de la historia y del alma de los mexicoamericanos. Estuvo en el pasado, está en el presente y estará en el futuro. Para entender esto se requiere una manera diferente de pensar en cuanto a la frontera. Requiere que desistamos de la verdadera consideración de los límites entre naciones o estados. Aquí tenemos que profundizarnos más y subrayar las varias fronteras y límites físicas, políticas, sociales y religiosas, en el sendero de los latinos. Los límites los definimos nosotros. Definen lo que soy y lo que no soy. ¿Soy mexicano o estadounidense? El hecho es que creamos una nueva identidad y somos ambos. Este es uno de los desafíos tanto para los nativos como para los inmigrantes que viven en los Estados Unidos. Esta nueva identidad llega con los desafíos sociales y sicológicos que haya que superar.

La historia de Jefté y los gadaalitas en Jueces 12:4-26 indica algunas sutilezas de la discriminación humana. Los efraimitas no se distinguían de los gadaalitas por su apariencia física y algunos trataban de esconderse en las líneas de Jefté. Pronto una prueba ingeniosa se creó. A los que trataban de cruzar el río Jordán se les requería pronunciar la palabra hebrea *shibolet*. La palabra simplemente significaba "torrente de agua." Como los efraimitas pronunciaban mal la palabra como *sibolet*, eran fácilmente identificados por su pequeña desviación o su acento y los mataban. *Shibolet*, una palabra en el diccionario del día moderno, se relaciona a un sólo asunto por el cual alguien o algo es distinguible. Tales palabras marcan o distinguen a una persona, una característica o una acción. La gente en la sociedad ama los shibolets; aprecian encontrar los rasgos distinguibles. Es una manera conveniente de separar o ahuyentar a otros.

En este capítulo, el corazón del asunto yace en dos simples términos: ahuyento y participación. Aquí tratamos con la cruel realidad de la historia en el corazón y alma de los mexicoamericanos. El tema del ahuyento pasa a travez de la literatura latinoamericana. Uno de los retos de la diversidad descansa en la integración de las metas de participación en la fábrica de nuestras instituciones. La iglesia, como leemos en el capítulo 12, es desafiada a alcanzar el corazón de los hispanoamericanos mientras que desespe-radamente sondean su peregrinaje sociohistórico.

En este capítulo lidiamos con alcanzar la pena cósmica en el alma de los mexicoamericanos. En el capítulo 13 vimos una lista de las necesidades físicas y sicológicas de los hispanoamericanos. Aquí sentiremos deseo y anhelo de los mexicoamericanos. Nuestras preguntas básicas son:

• ¿Qué es "lo más profundo dentro del mexicoamericano?"
• "¿Cómo alcanzar suficientemente profundo con el evangelio?"

En este capítulo mi proposición es que: *dadas las cicatrices que llevan los mexicoamericanos y el sentido de ahu-yento en la sociedad, podemos alcanzar profundamente en el corazón de esta comunidad y obtener una abundante cosecha espiritual en el siglo 21 al integrar la cultura y el evangelio y al relacionar el mensaje de esperanza con su pena cósmica.* He escogido el creciente reconocimiento del carácter "narrativo" de la Biblia para ayudarnos a enmarcar los argumentos de este capítulo. Este énfasis incluye narrativos que explican cómo el pueblo de Dios llegó a existir e indica la clase de conducta que es apropiada o inapropiada para su identidad como pueblo de Dios. Los dos temas de este capítulo, ahuyentamiento y participación, se pueden encontrar en la forma del narrativo bíblico.

El Nuevo Testamento cuenta la historia de Jesús, la historia de la creación y la expansión de la iglesia, y anticipa la culminación de esa historia y la entrada a la "Nueva Jerusalén." En particular, encontramos en los evangelios, la historia de Jesús, quien vino a atraer a todos hacia Sí y a alcanzar a las márgenes de la sociedad y los hispanos de la religión. Buscó traer a los desprovistos de sus derechos hacia él con esperanza para sus vidas interiores y a una transformación de sus comunidades. El enfoque bíblico es sobre la dignidad y destino de la persona humana que provee el fundamento de la vida social, económica y espiritual. La persona humana no es un individuo impersonal sino quien realiza su dignidad solamente en la comunidad.

Los esfuerzos de Jesús de atraer a los privados de sus derechos y necesitados aclara su enfoque en la narración del Maestro con la mujer samaritana (Juan 4:4-30). La historia de la mujer samaritana se describe más en el capítulo 17 de Juan. La narración de Jesús y de la mujer samaritana es una historia de exclusión e inclusión. Los judíos habían ahuyentado a los samaritanos pero Jesús decidió atraerlos a Su redil. En este capítulo queremos enfocarnos en el acento, el *sibolet,* de la gente samaritana. El capítulo 17 discute el asunto de alcanzar el corazón de la mujer samaritana. Aquí se trata de alcanzar el alma de la comunidad samaritana de la cual ella era miembro. Estaban forzados a vivir en las márgenes de la sociedad por su linaje mezclado (*mestizaje*), su aislamiento (mentalidad de barrio), y su autoimagen negativa.

Esa marginalidad marca el lado tenebroso de la historia de

la samaritana. Pero haya otro lado más luminoso. Es la intersección de la cultura y el evangelio donde el evangelio alcanza profundamente y juzga la cultura de acuerdo a su compatibilidad con el enfoque, valores y metas del reino de Dios. Desde el principio, comparé al mexicoamericano con los samaritanos. Para ilustrar las profundidades de lo que yace dentro del alma de los mexicoamericanos, he seleccionado la historia bíblica de los samaritanos para describir de nuevo su memoria histórica y su mundo social. El sentido de impotencia personal y comunitario de la samaritana se repite en los mexicoamericanos en su generación también. Como es importante saber lo que forma la conducta de los mexicoamericanos como grupo y lo que impulsa sus relaciones entre ellos y con otros, intento organizar las principales ideas , la historia contextual y la identidad colectiva, con las mismas ideas en la vida de los samaritanos en la Biblia.

La tierra prometida de autoayuda

Los judíos y los samaritanos habían estado en guerra los unos con los otros desde el año 444 A.C. El conflicto se fundamentaba en las contenciones judías concerniente a la historia de los samaritanos y su resultante conducta y creencias. Los judíos regresaron de la cautividad con lealtad renovada hacia la ley y el pacto con Jehová que convergía en un movimiento para purificar al pueblo de Israel de todos los elementos foráneos. Los samaritanos, siendo un pueblo de una línea de sangre mezclada, se les rehusó participar en la reconstrucción de la muralla de Jerusalén. Tuvo lugar una confrontación entre judíos y samaritanos (Neh. 4-6). Como resultado, a los samaritanos se les expulsó de la Ciudad Santa y se les quitaron sus derechos de adorar en el templo. Posteriormente, los samaritanos estaban solos para vivir en aislamiento con su propia religión hecha por ellos mismos.

Para los mexicoamericanos, su historia también consistió de un legado de conquistas. Hubo la conquista de los españoles sobre la población indígena de México. Luego en 1848 los Estados Unidos conquistaron los territorios del norte de México como resultado de la guerra de México y los Estados Unidos. La resultante anexación de lo que vino a ser la parte suroeste de los Estados Unidos sentó los fundamentos para las tensiones entre los anglos y los mexicanos.

Mi bisabuelo materno perteneció a la generación de la anexación. Él y su familia vivían en lo que hoy es el estado de New México. No cruzaron la frontera en vez la frontera los cruzó a ellos. En ese tiempo tuvieron que decidir permanecer en la frontera del lado de los Estados Unidos como estadounidenses o a cambiarse hacia el sur como ciudadanos mexicanos. En su entendimiento, el sistema de economía semifeudal de México fue una de las justificaciones que los estadounidenses usaron para hacer la guerra y la subsecuente apropiación del suroeste. Los estadounidenses, en favor de la guerra, argumentaron que los mexicanos no tenían derecho a la tierra porque no la usaban a su completa capacidad. Los estadounidenses se describieron como teniendo un derecho providencial a la tierra, un "destino manifiesto." Con los éxitos anglos en la guerra, se interpretó como prueba la superioridad económica y militar. Se vio a los mexicanos como representantes del pasado y a los anglosajónes del futuro. Entre muchos, este punto de vista prevalece hasta hoy.

La guerra entre México y los Estados Unidos parece haber

contribuido a un complejo de inferioridad y un sentido de fatalismo de parte de algunos en la comunidad México-americana. La guerra terminó pero el adagio, "México no abandona el suroeste simplemente aprende inglés," es verdad de muchas maneras. Los Ángeles, por ejemplo, es la ciudad mexicana más poblada fuera de México y como tal tiene esta naturaleza dual. Los Ángeles es la gran frontera suroeste de cultura anglo, pero también es el noroeste de la cultura mexicana.

Muchos mexicoamericanos no pueden más que notar que su experiencia de la vida en los Estados Unidos y su pertenencia a la sociedad contemporánea es insatisfactoria para ellos y para otros. Pero ellos mismos no están conscientes de las razones detrás de sus fracasos para socializar e incorporarse dentro de la sociedad como un todo. Esto es hasta la cruzada por los derechos civiles para los México-americanos en los primeros años de los 60 cuando la larga historia de discriminación del país contra la exclusión de su comunidad tuvo que considerarse.

Todavía este esfuerzo estuvo grandemente limitado a las luchas rurales de los trabajadores agrícolas dirigidos por César Chavez. Pero luego el 1 de marzo de 1968, el titular de los resultados de la Kerner Commisión se reportaron en *el Los Angeles Times*. El reporte subrayaba la prevaleciente inquietud urbana en toda la nación y advertía que el racismo dividía a los Estados Unidos en dos sociedades, "separados y desiguales." En ese día miles de estudiantes de siete escuelas secundarias caminaban las calles de Los Ángeles en una demostración dramática por mejores escuelas, protestando la baja representación en las universidades, y la alta representación en los campos de batallas de Vietnam. Este fue el comienzo del *Movimiento Chicano*.

El Movimiento chicano denunció las injurias compartidas de los mexicoamericanos y reportó su estigma social impuesta en este país. Las visiónes y valores abrazados en el término *"Chicanismo,"* fueron reacciones a la inconsistencia de las políticas y tratamiento de los Estados Unidos contra los mexicanos. Los "estudios chicanos" en las universida-des en el suroeste enfocó su investigación en el estado y condición de los mexicoamericanos, particularmente los nacidos en los Estado Unidos. Un *"chicano,"* aclarando, es una abreviatura para "mexicano," uno nacido o uno que siendo mexicano se ha aculturado en los Estados Unidos.

Un chicano es uno que vive entre el español y el inglés, o "espanglis." Un chicano es uno que luce como "mexicano en los Estados Unidos aunque es ciudadano, y considerado "estadounidense" en México aunque de descendencia mexicana. Un chicano es uno cuyo sentido de identidad, pertenencia y potencia ha sido influenciado profundamente por una historia y una reputación social que ha devaluado grandemente al pueblo y contribuido al alejamiento social exhibido en su vida en los Estados Unidos. Durante las notables hondas de inmigración de México, el movimiento chicano continúa explicando a su gente y a otros de su apuro social. Esta explicación vino a ser la voz de este lado de la frontera sobre asuntos mayores entre los Estados Unidos y México. Estos asuntos han existido por más de un siglo pero nadie los considera. El movimiento chicano sirvió para hacer resaltar el descuidado aspecto de la sagacidad de la inmigración de los Estados Unidos y la cartografía de un territorio esencial de la geografía cultural, social y política estadounidense. Este movimiento resaltó la relación entre el blanco y el canela en el suroeste de los Estados Unidos. Transmitió la historia y el conocimiento del estado social y económico de su comunidad, una historia sobre la cual los padres habían fallado en informarles a los jóvenes.

Tristemente, el movimiento chicano fue parte del proceso de politización de la identidad durante esa era. Y como muchos otros grupos raciales y étnicos, principalmente el afroamericano, este movimiento también llegó a ser reaccionario y militante. Sus tácticas fallaron en dar dirección a la nueva generación de mexicoamericanos cuyo contexto y agenda política habían cambiado. La generación chicana se hizo adulta en su afirmación de los derechos civiles de victimización en los énfasis sociopolíticos de los 60 y su cultura de culpa y falló en no ir lo suficientemente profundo dentro de la humanidad de los mexicoamericanos.

No habiendo fortalecido la posición social y política de los hispanos en la sociedad, el movimiento se debilitó considerablemente. No obstante, algunos creen que el movimiento *chicano* está personificado en los *nuevos latinos* en el poder político en California y crecientemente en otros estados. Su espíritu se resucita en la literatura chicana en sí. En este punto la literatura escasea pero los jóvenes latinos continúan reflejando y escribiendo sobre el tema de la marginalización, un tema que no desaparece.

Lo que estos escritores jóvenes notan es que la experiencia de los que recientemente llegan a este país tiene una parte significativa en los anales de la historia de los Estados Unidos. La experiencia mexicana no ha recibido el mismo tratamiento y no se compara a la épica de la inmigración europea en la experiencia histórica de los Estados Uni-dos. La literatura chicana no comparte los estantes de la biblioteca con los escritos de un Upton Sinclair, el escritor luchista que defendió a los pisoteados y perseguidos. Tam-poco la literatura hispana se jacta de un libro tal como el de John Steinbeck, "el Grapes of Wrath," que provee una explicación y aceptación del cruce de la frontera para las sufrientes masas del sur. Aún las normas de los Estados Unidos para los hispanos varían significativamente por el país de origen. Puerto Rico es una comunidad asociada con los Estados Unidos cuyos residentes son ciudadanos naturalizados que no tienen que cruzar ninguna frontera. Los cubanos, como exiliados políticos, tienen un proceso de flujo mucho más fácil para concederles ciudadanía. Las personas que buscan asilo de Centroamérica y de otros países con los cuáles los Estados Unidos tienen buenas relaciones tienen períodos más cortos de espera en la línea para la ciudadanía.

Declarando que la guerra entre México y los Estados Unidos delineó más que límites geopolíticos, Lisa García Bedolla, una joven autora latina, por ejemplo, cree:

> El análisis de la experiencia hispana en los Estados Unidos tiene que situarse en la intersección del poder, la identidad (es) colectiva y el lugar. Todo afecto donde se colocan los latinos y donde terminan instalándose a si mismos frente a la mayor comunidad política.[214]

Bedolla reconoce que el poder social, económico y político son las marcas de la identidad y el valor corriente que valorará o desvalorará, dará poder o desabilitará el acomodo de la cultura mexicoamericana en este país. Pero añade: "*Por el acomodo de los mexicoamericanos que en este país ocurre en un contexto estigmatizado, e incluye procesos no siempre bajo el control de los latinos el 'poder' tiene que mantenerse al frente del análisis."*[215]

Para Bedolla, la condición y sentido de impotencia es el aspecto clave de la experiencia del estigma. El diccionario define estigma como "mancha en el record o reputación de uno; una marca en la piel que sangra durante ciertos estados mentales." Para los mexicoamericanos no es tanto el sufrimiento de la discriminación el que infiere una concreta experiencia negativa o negación de algún beneficio. Ella no niega que el racismo y la discriminación sean factores en esta comunidad como en otras. Al contrario, lo más prevalente para los mexicoamericanos es habérseles impuesto con una devaluación de grupo negativa. Es el sentimiento de tener una "espina en la carne" o un marca en la reputación de uno. Ser "estigmatizados" es tener una marca de desgracia en uno; ser marcado con un factor negativo suficientemente fuerte para limitar sus oportunidades y selecciones.

La experiencia de impotencia de los latinos, tanto de individuos como grupo, influye tanto en los aspectos internos como externos de sus procesos de ajuste en la sociedad. Internamente, los sentimientos de impotencia vienen a ser barreras para que los latinos se sientan seguros de sí mismos y del grupo más grande. Externamente, sus oportunidades y selecciones están limitadas por el concepto negativo de los latinos como grupo. En la mayoría de los casos, esta es la razón por el aislamiento o segregación de los mexicoamericanos y su falta de participación en las instituciones como un todo.

Otra joven autora, Martha Menchaca, condujo un estudio reciente de los mexicoamericanos en California y encontró que los anglos y los latinos continúan practicando lo que ella llama "separación social" que resulta en dos comunidades étnicas distintas que raramente interactúan.[216] La experiencia de la anexación y los sentimientos de estigma en la identidad social mexicoamericana continúan afectando la socialización de subsecuentes generaciones. Empezando con el que de nacimiento es de la generación de la anexación, los mexicoamericanos continúan socializándose con los nuevos inmigrantes usando la memoria de su historia social contextual para educarlos en lo concerniente a su lugar en la sociedad de los Estados Unidos. Los niños hispanos rápidamente aprenden que pertenecen a una minoría no digerida, a un círculo más pequeño de la sociedad. El joven aprende pronto que es el producto de fronteras políticas y culturales que dividen, pero que no separan a los Estados Unidos de sus vecinos sureños. Aumentados con otros latinos, continúan permaneciendo separados no sólo geográfica sino socialmente de la ma-yoría anglo en sus barrios.

Por generaciones, la creación de barrios y el mantener el idioma español ha asegurado la sobrevivencia México-americana en un medio hostil. Lo que los barrios pobres hicieron para los primeros inmigrantes europeos y lo que aún hacen para algunos afroamericanos, al presente es lo que los barrios hacen para algunos mexicoamericanos en la sociedad hoy. La proximidad de residencia refuerza el idioma, los hábitos sociales y la religión de muchos mexicoamericanos y asegura la continuación del distintivo cultural. Por las mismas razones, las iglesias pequeñas etnoespecíficas en los centros comerciales tienen un papel similar.

El sendero menos transitado

Estudios demográficos se publican y las conductas y creencias son analizadas. Sin embargo, es el tiempo de profundizarnos más. Tradicionalmente como estadounidenses, estudiamos a nuestros enemigos más que a nuestros vecinos. Los Estados Unidos han vivido por siglos en constante tensión con México, nuestro vecino más cercano hacia el sur. Entre tanto los mexicoamericanos continúan llevando un estigma social que se la pasan de una generación a la siguiente.

La cultura mexicoamericana no es instintiva. Por el contrario, consiste de patrones de conductas aprendidas, adquiridas de las circunstancias históricas y sociales. Estas conductas y creencias marcan el punto en el cual las dos culturas a menudo difieren y chocan notablemente. Lo que se ha venido presentando hasta ahora es una identidad del mexicoamericano cuyo autoconcepto y autoestima difiere de otros hispanos y de la corriente principal de los estadounidenses por los efectos de su experiencia histórica y social.

El complejo samaritano aisló a muchos mexicoamericanos en su propio mundo y los secluyó en su propia religión. Primero, el asunto aquí no es si este autoconcepto es verdadero o imaginario, justificado o no. *Lo que importa es que es real para muchos en la comunidad mexicoamericana.* Lo que es importante es el hecho que, como en el caso de los samaritanos, la manera en que los miembros de un grupo se ven o se identifican, afecta las maneras en las cuáles se relacionan entre sí y con otros fuera de su inmediato grupo social. Por esta razón, viene a ser importante entender la tensión debilitante y conflictiva en el alma de muchos mexicoamericanos. Segundo, ¿hasta qué punto la consciencia de grupo, adhesión al grupo y las percepciones de los mexicoamericanos afectan su cruce de fronteras religiosas? Finalmente, ¿cuál es el impacto que los hispanos tienen en su participación religiosa, política y cívica en la comunidad latina?

En 1999, como presidente de AMEN (*Alianza de Ministerios Evangélicos Nacionales*), Fui contactado por una fundación nacional, el Pew Charitable Trust, para realizar un estudio grande sobre las iglesias hispanas en la vida pública de los Estados Unidos (HCAPL). La brigada del codirector, doctor Virgilio Elizondo, profesor de la Notre Dame University, y administrador del proyecto, el doctor Gaston Espinoza, profesor asistente en Claremont McKenna College, condujeron una encuesta nacional de 3,015 líderes religiosos, políticos y cívicos y miembros de iglesias. Hicimos lo que nadie más había hecho antes, que fué la encuesta de todas la nacionalidades hispanas que incluían tanto a iglesias católicas como protestantes. El propósito del proyecto de investigación de tres años, era examinar el impacto de los hispanos en la sociedad en los Estados Unidos.

Para los propósitos de este capítulo permítanme resumir sólo algunos de los hallazgos de nuestro proyecto y proveerles algunos indicadores de cómo los hispanos se mueven dentro y fuera de la arena religiosa y pública.

- Primero, encontramos que los latinos están mucho más interesados en participar en asuntos educativos, morales, sociales y políticos que lo que antes se creía.
- Segundo, encontramos que los grupos y organizaciones religiosas, en el futuro, servirán como sitios de movilización para la participación política, cívica, educativa y social.
- Tercero, hallamos que el voto latino es volátil con una fuerte y creciente tendencia hacia ser independientes (37 porciento) comparado con la alianza con los demó-

cratas (49 porciento) o republicanos (14 porciento) de los partidos políticos. Los latinos son más sensibles a la "comida," esto es a los asuntos económicos, inmigratorios y morales y en cómo los varios partidos políticos tratan a los latinos en la arena pública.

- Cuarto, descubrimos que aunque los latinos tienden a votar progresivamente, claramente apoyan los asuntos tradicionales y conservadores en pro de la familia, morales y sociales tales como oración en las escuelas, fondos públicos para educación privada, y la iniciativa de elección de grupos de caridad.

- Quinto, hallamos que a pesar de la particularidad única de la comunidad latina, comparte muchas de las mismas metas, aspiraciones y puntos de vista sociales y políticos como lo hacen la mayoría de las sociedades estadounidenses.

- Sexto, descubrimos que en la mitad de todos los cambios que tiene lugar entre los latinos, nuestro estudio se dio cuenta que ocupan un espacio "intermedio" en el espectro sociopolítico.[217]

En algunos asuntos, como se mencionó arriba, los latinos se inclinan hacia la derecha y en algunos asuntos a la izquierda del centro de los asuntos. Este espacio "intermedio" capacitará a los latinos a ayudar a transformar la división liberal-conservadora, blanca-negra y republicana-demócrata que ha dominado la política estadounidense por lo menos por medio siglo al forzar a que ambos partidos cambien y se adapten a las crecientes necesidades de la sociedad crecientemente diversa y multicultural. Lo que más anima es que nuestro estudio encontró que a pesar de su reportado estado social marginal, los latinos creen que pueden contribuir a la vida y política estadounidense. Claramente, se necesita que se haga más investigación antes de llegar a conclusiones definitivas.

Esta participación latina en la vida política y civil de la nación no sólo anima sino que llega a tiempo. Particularmente en que la "generación ___" se le alimenta el menú del poder de la "pop-sicología de los 90 y de la tierra prometida de autoayuda." Esta filosofía se puede resumir como:

> "Créalo, lógrelo." Por décadas, Coors y Budweiser anunciaron el mensaje de la "Década de la hispanidad" en nuestras comunidades con promesas no cumplidas. Perdidos en la exagerada esperanza y la adulación se encuentra la parte depresiva de estar sujetos a los problemas de las realidades económicas sociales y espirituales.

Fronteras fluidas

El doctor John McKay, expresidente de Princeton University y misionero en Latinoamérica por buen tiempo dijo una vez "como Jesús es el Señor debe ser seguido en el camino, que es el lugar donde se vive la vida en medio de la tensión, donde los conflictos y preocupaciones vienen a ser el terreno donde nacen las ideas."[218] Siguiendo nuestra analogía de los samaritanos de los tiempos bíblicos, debemos seguir a Jesús en Samaria con una idea de Dios. Su idea era misionera no política. La Biblia dice que *Como tenía que pasar por Samaria*" (Juan. 4:4), tomó el camino menos transitado en la región de la gente excluida de los derechos de Su día. La historia de la reunión de Jesús con la samaritana quizá resume su compromiso de revolucionar mucho a la sociedad marginada.

Al leer en el capítulo 17 de este libro, Jesús le habló a la mujer en privado a pesar de los fuertes tabús culturales contra cualquier intercambio social entre un hombre santo judío y una samaritana sexualmente promiscua. Los asuntos sobresalientes y las barreras fueron de naturaleza social, política y religiosa. El deseo de Jesús no fue simplemente cruzar las barreras raciales entre judíos y samaritanos, sino más allá de eso, que Sus discípulos y los samaritanos superaran las barreras espirituales prevalentes en su rivalidad.

Más importante, cree el doctor Isaac Canales que la presencia de Jesús en el pozo en Samaria "marcó la altura y el comienzo de la evangelización y las misiones mundiales."[219] No era más que un celoso patriotismo de los judíos, que resultó en una estrecha exclusividad; pues existe poca evidencia por que los samaritanos no pudieron participar en la reconstrucción de la muralla de Jerusalén. Pero esta ceguera colectiva expulsó a los samaritanos, medio hermanos, estigmatizándolos en aislamiento. A causa de esto, Eugene Peterson dice ruda pero precisamente, "los judíos ni muertos se hallarían hablándole a los samaritanos."[220] Así, para los judíos, la noción de cruzar la frontera a Samaria era sacrilegio. Jesús cruzó sobre las barreras humanas para afirmar la personalidad de la samaritana y la convenció al sendero de la fe y la revelación de un Dios sin divisiones a un nuevo cruce, el de su ritualismo religioso a una experiencia espiritual.

Hacia el final de Su ministerio, Jesús les dijo a los discípulos que le serían "testigos tanto en Jerusalén como en toda Judea y Samaria, y hasta los confines de la tierra" (Hechos 1:8). Esto no se intentó como una lista de las regiones sino la progresión de Su programa y misión. Aquí la noción de cruce de fronteras tiene significado no sólo geográfico sino también espiritual, social y sicológico. Mientras que Jerusalén representa el lugar de la religión y orden, Judea representa el lugar geográfico de encarnación y formación. Samaria representa el lugar de encuentro sociopolítico y de expansión de las fronteras exteriores de la participación religiosa. Samaria marca el primer paso hacia el mundo. Como el viaje de Jesús por las tierras malas de Samaria, la iglesia está obligada a ir en esta "nueva dirección" de una manera nueva que esté abierta a lo espiritual (Juan 4:24, 32) y a lo sobrenatural (Juan 4: 35-38). Jesús confrontó los valores y las prácticas en la sociedad que necesitaban cambiarse. Cambiar o cuestionar las prácticas y los valores que los cristianos tienen hacia los hispanos tiene que empezar con la iglesia misma.

Comunidad sin fronteras
"Ni en este monte ni en Jerusalén" Juan.4:21

Como niño mexicoamericano, crecí en un medio donde los evangélicos hispanos eran un mero dos porciento de la población hispana en este país que era predominantemente católica. Mi padre era católico, mi madre metodista, y yo resulté pentecostal. Vine tanto de una minoría étnica como religiosa. Debo confesar, que "me santigüé" unas pocas veces cuando venía a batear orando que pegara un cuadrangular. Se me ha preguntado muchas veces por qué no seguiste la reli-gión *'de tu gente'* o la de mi madre. Solamente he sido ca-paz de contestar, que fue porque los pentecostales cruza-ron la calle y golpearon a mi puerta. Me recogieron para ir a la escuela dominical, tenían escuela bíblica de vacacio-nes durante los largos y calientes veranos. Para la navidad la iglesia pentecostal era el único lugar donde recibía un juguete y un dulce. Y porque los miembros se interesaron en mí; mis hermanos, mis padres, y yo posteriormente, nos unimos a la iglesia.

Hoy los *evangélicos* hispanos son el 23 por ciento de la población hispana, el mayor crecimiento ha tenido lugar en las dos últimas décadas pasadas. Los hallazgos de nuestro proyecto de investigación HCPLA son que cuando se pregunta si es usted un cristiano nacido de nuevo, esto es, ha tenido usted una experiencia de conversión personal a Jesucristo, 37 por ciento dio una respuesta positiva. Esta estadística se compone de 85 por ciento de protestantes y 22 por ciento de católicos que se definen como nacidos de nuevo.[221] El siguiente es el perfil religioso entre los latinos:

- La población hispana es 70 por ciento católicoromana. Esta cantidad permanece estable por el influjo de los inmigrantes y el crecimiento del movimiento carismático (26 por ciento).
- Los protestantes hispanos han aumentado a un 23 porciento en las dos a tres décadas pasadas.
- De los protestantes latinos que respondieron a la encuesta, el 88 por ciento son evangélicos (de los cuáles el 64 por ciento son pentecostales) y el 24 por ciento restante son de las principales denominaciones.
- Cada generación de latinos es crecientemente más protestante, la primera generación alcanza el 15 porciento, la segunda generación el 20 por ciento y la tercera generación el 29 por ciento.
- Los hispanos desean que sus líderes religiosos, organizaciones y tradiciones estén más proactivamente involucrados en tratar de influir en los oficiales públicos en los asuntos morales, sociales y políticos.
- A persar de las genuinas diferencias teológicas que han separado a los latinos católicos de los protestantes por muchos siglos, comparten suficiente en común para

hacer posible un trabajo conjunto en asuntos específicos educativos, sociales y políticos para mejorar toda la comunidad latina. Se puede lograr esta cooperación sin tener que debilitar o comprometer sus diferencias o tradiciones teológicas.[222] Debido a este estudio, ¿cómo puede la *iglesia evangélica* en los Estados Unidos continuar floreciendo en las vidas de los mexicoamericanos y en las vidas de los hispanos como un todo? Este estudio revela que ha tenido lugar un crecimiento significativo entre los evangélicos hispanos, pero no se ha inquirido sobre las razones por este crecimiento. Conluyo con lo siguiente.

- Primero, creo que el crecimiento hispano es el movimiento del Dios soberano en los últimos días.
- Segundo, el crecimiento hispano en la iglesia es un derramamiento espiritual de la iglesia evangélica en Latinoamérica.
- Tercero, el crecimiento hispano es el incremento de los hispanos que comparten el evangelio a otros hispanos, como si fuera "el hierro que afila el hierro."
- Finalmente, el crecimiento hispano es que por la gracia de Dios, la iglesia en los Estados Unidos (hispanos y no hispanos), convenzan hacia la conversión entusiastamente.

Pero mi argumento aquí es que al hablar de lo que es más profundo en su vida y al juntar los elementos entre el evangelio y la cultura permita el florecimiento, de acuerdo al propósito de Dios, de una revolución espiritual que tendrá lugar entre los mexicoamericanos y entre todos los hispanos.

Hacia este fin, la cuestión no es cómo extender una invitación al evangelio a este grupo mayor de los latinos, sino en vez, por qué los mexicoamericanos pueden o no aceptar la invitación. Lo que mejorará la aceptación es atender con el evangelio la distinta historia contextual de conquistas e identidad colectiva de los mexicoamericanos. La meta aquí es posicionar nuestra comunidad hispana para oír el evangelio y que venga al conocimiento de Cristo el salvador. Esto requiere la perspectiva histórica, pensamiento crítico de nuestra presente situación y el entendimiento de la verdad de Dios y el propósito para nuestra creciente comunidad mexicoamericana en los Estados Unidos. Más importante es que la iglesia viva sus valores en el mundo. Esto es más eficaz que cualquier método que pudiera enumerarles. En otras palabras, se necesita que la iglesia "sea" la iglesia. El reino de Dios se extiende mejor no por ningún método sino porque el pueblo de Dios manifiesta el reino de Dios en la tierra, un reino que trasciende las agrupaciones e intereses nacionales. Si la cruz significa algo, significa que el reino de Dios no toma realidad por medio del poder ejercido. El pueblo de Dios debe demostrar amor sirviendo, un amor que ora pidiendo perdón para los pecadores que llevaron a Cristo a la cruz.

El camino para la evangelización entre los hispanos

¿Cómo puede el movimiento cristiano superar las barreras y lograr una relación significativa con la cultura México-americana en los Estados Unidos? ¿Qué caminos debe tomar la iglesia para atraer a esta gente a Cristo? Sugiero varios caminos imperativos.

Elimine las fuerzas desestabilizadoras

Primero, la iglesia tiene que eliminar las fuerzas desestabilizadoras. Yendo de nuevo al pozo en Samaria tenemos un ejemplo de tales fuerzas. La historia cuenta que los discípulos se "habían ido a comprar de comer" y dejaron solo a Jesús junto al pozo con la samaritana (Juan. 4:7). Pocos han dado respuestas al por qué los discípulos se ausentarían en una ocasión tan importante. Presento tres razones posibles.

- Primera, fue a causa de lo cargado del etnocentrismo religioso que Jesús permitió o aun requería su ausencia. Los discípulos exhibieron su cultura judía en vez de los valores del reino y no estaban listos para librarse de sus prejuicios. (Lucas. 9:54-56). En el tiempo del Nuevo Testamento, Israel se había vuelto extremadamente exclusivo y había olvidado su misión a las naciones. Los discípulos eran demasiado judíos y no estaban en condición de ser vistos hablándole a una samaritana. Estaban menos dispuestos a entender la visión y la misión global de Jesús.

- Segunda, fue por su dominio judío institucionalizado. Jesús hablaba de "espíritu y verdad" lo cual ellos no entendían todavía. Los discípulos hubieran estado en desacuerdo cuando Jesús le dijo a la samaritana que la verdadera adoración no era ni en ese monte ni en Jerusalén.

- Tercera, la rígida mentalidad parroquial de los discípulos no les permitía la conversación que tenía lugar junto al pozo. Jesús se ocupaba de la misión global que ellos todavía no podían captar.

Las mismas fuerzas desestabilizadoras exhibidas en la vida de los discípulos de Jesús prevalecen en la iglesia hoy. Estas fuerzas no crean un ambiente positivo donde los mexicoamericanos puedan florecer. A estas influencias haya que añadir una lista de algunas otras fuerzas inestabilizadoras.

1. *Falta de enfoque en la misión.* Los estadounidenses han estado tan preocupados en trazar los límites entre las razas que los límites religiosos han parecido menos importantes.

2. *Una mentalidad de consumo.* La iglesia ha sido invadida por una mentalidad de mercadeo, tanto que en muchas ocasiones ha venido a ser otro "bien para el consumidor." Los cristianos consumidores van en busca de la iglesia más conveniente para sus necesidades y se cambian, tan casualmente como cambian marcas de detergente para lavar la loza, si creen que encuentran un mejor paquete en otra parte.[223]

3. *Un cambio social.* "La iglesia ha estado demasiado dispuesta a derivar su teología de las evaluaciones sociológicas en el pasado: si no podemos superar las presentes realidades sociológicas, lo mejor será ajustarnos a ellas y hacer lo mejor que podamos."[224]

4. *Una agenda política.* "Nuestra política ha determinado nuestra teología" causada por la excesiva mezcla de la religión con el estado y un abandono de los cambios interiores que traen transformación.[225]

5. *Un creciente nacionalismo.* "Como la historia lo ha probado, especialmente en tiempos cuando la iglesia y el estado están íntimamente ligados, es posible que la iglesia gane la nación y que en el proceso pierda el reino."[226] La iglesia se puede olvidar que su naturaleza es global y su llamamiento es servir a su prójimo, aún a los de fuera de nuestros límites nacionales.

6. *En el cruce de caminos.* "Algunos cristianos, ansiosos de ser sobre todo fieles a la revelación de Dios sin compromiso, ignoran los desafíos del mundo moderno y viven en el pasado. Otros ansiosos de responder al mundo alrededor de ellos, cortan y tuercen la revelación de Dios en su deseo de ser relevantes."[227]

7. *Una acusación.* "Como los datos de la investigación claramente lo demuestran, las iglesias no hacen su trabajo."[228]

Sea una fuerza estabilizadora

Una cosa es cierta, la iglesia de Jesucristo no cesará hasta la fiesta de las bodas con el Cordero. Cristo, el novio mismo, hizo una promesa que declara, "edificaré mi iglesia." Habló de la iglesia global, ese cuerpo de creyentes que no conoce barreras nacionales, que no depende de la legislación o de nombre de partidos, y que sirve al prójimo en necesidad para que nadie se pierda. La iglesia es su propia fuerza estabilizadora al ser ella misma y afectar nuestra cultura al vivir sus valores fundamentales únicos y sus creencias espirituales distintivas en un mundo necesitado. La iglesia servirá como al fuerza estabilizadora por medio de los elementos siguientes.

La fuerza estabilizadora número uno

La primera fuerza estabilizadora es la base teológica para la diversidad en el reino. Este elemento incluye las verdades bíblicas en relación con:

1. *El Padre de toda la creación.* Dios es el Dios de la creación y todos los seres humanos son Su descendencia.

Él es el Dios de la historia y tiene en Sus manos los períodos y los límites de las naciones.

2. *El Señor Jesucristo.* Jesucristo es la revelación de Dios por medio de quien el Padre se dio a conocer singular y decisivamente. Él es el Dios de la redención, nuestra paz, quien ha derribado la muralla de hostilidad que dividía a los seres humanos entre si.

3. *El Espíritu Santo.* El Espíritu de verdad completa la revelación de la Biblia e ilumina al pueblo de Dios. El Espíritu es el agente primario en crear y reunir Su iglesia, en un mundo de desunidad, ahuyentada y lucha. El Espíritu llama a esta comunidad para darle gloria al Hijo, el Novio.

4. *La iglesia.* Es una comunidad en cuya genética está la diversidad de Dios. La iglesia es los que son "llamados." La iglesia es peregrina y residente tanto como la nación de Israel. La iglesia tiene la tarea de cambiar su dirección y cumplir los propósitos del Padre y del Hijo por medio del Espíritu Santo.

5. *El evangelio.* El evangelio es la amplia invitación de las buenas nuevas para "todo aquel" que crea.

6. *La misión.* La misión es el gran mandato de amar a Dios y al prójimo y la gran comisión para ir, hacer discípulos de todas las naciones y enseñarles a obedecer las palabras de Cristo.

La fuerza estabilizadora número dos

La segunda fuerza estabilizadora se relaciona con el proceso de *enriquecimiento y medios espirituales.* Este enriquecimiento y medio espiritual involucra los siguientes elementos:

1. *Adoración apropiada.* El fin principal de la diversidad de la creación de Dios es darle a Él la gloria. El Padre bus-

ca sólo una clase de adoradores, los que lo adoran en espíritu y en verdad.

2. *Compañerismo edificante.* La Biblia refleja una relación simbiótica entre el pueblo de Dios y otros. El compañerismo consiste de una progresión del pueblo de Dios en célula, congregación, celebración y comunión.

3. *Ir a donde va Dios.* El evangelio tiene que ser repetidamente remitido a una nueva dirección porque el recipiente repetidamente cambia de lugares de residencia. *"El viento sopla por donde quiere, y lo oyes silbar, aunque ignoras de dónde viene y a dónde va. Lo mismo pasa con todo el que nace del Espíritu."* (Juan.3:8)

4. *Ser un agente de cambio.* Transformar al pueblo y la cultura se encuentra en el centro de la identidad evangélica. El papel de la iglesia es hacer a la sociedad existente más cristiana al ser "sal y luz," en obediencia al Señor no diseñar una sociedad perfecta.

5. *Descubrir lo que es verdaderamente humano.* Alcanzar profundamente dentro de la persona real que yace detrás de la "persona" o "preguntarse" dónde está escondida la esencia humana y mirar más allá de la situación humana a la singularidad de la persona creada en la imagen de Dios. "Aunque la cristología fue un asunto decisivo para la iglesia inicial, bien puede ser que la antropología es lo decisivo para la iglesia de hoy."[229]

En una reunión cualquiera en Filadelfia, un hombre rompió el silencio de una reunión para hablar de la gran experiencia de haber conocido a otros en cruce de los límites de idioma, raza y religión, la maravilla de ser capaz de allegarse en cruce de barreras y tocarse con otro ser humano y cambiar a extraños en amigos. Luego Martín Buber fue un gran hombre de Dios judío quien enfrentó y sobrevivió mucha enemistad en el cur-so de su vida. Buber dijo que conocer a otra persona era una gran cosa, pero no mayor cosa. Lo mayor que una persona puede hacer por otro es confirmar lo más profundo en esa persona. Dedicar tiempo y tener el discernimiento para ver lo que es más profundo allí, lo más completo en esa persona y luego confirmarlo al reconociéndolo y animándolo.[230]

Mi oración para una señal del reino

Permíteme ser, humildemente lo suplico, una señal de Tu reino:
Donde celebrar y afirmar la unidad humana que Tú has creado;Donde reconozca el mosaico lleno de color
de las culturas humanas, cuya belleza se traerá a la gloria de la nueva Jerusalén;
Donde preserve las riquezas de cada cultura, Tu pueblo, y renuncie al imperialismo cultural;Donde aprecie los logros culturales,y a la vez resista la idolatría que yace en el corazón de muchas culturas;
Donde proclame que el Dios que adoran como desconocido en verdad se ha dado a conocer en Jesucristo;
Donde me una al núcleo del pueblo de Dios,
en el cual los hombres, las mujeres y los niños de todos los orígenes sociales, raciales y culturales estén reconciliados entre sí: y
Donde gozoso me una cantando alrededor de Tu trono esa nueva canción.
¡Oh Señor! Anticipadamente anhelo la gloria venidera de la nueva comunidad en Cristo, un modelo de la armonía humana en el destino divino, la señal de Tu reino.
¡Por siempre y siempre, AMÉN!

Notas

[209] Carlos Fuentes, This I Believe, An A to Z of a Life, Random House.

[210] Craig Reem, "The Key to California's Future," Metro Business Lifestyle Magazine, 12/22/0**5, 34-39.**

[211] Data are supported by a 1988 report, *One Third of a Nation* (Commission on Minority Participation 1988), una empresa conjunta del American Council on Education y de la Education Commission of the States and the *Challenge of Diversity*, Smith, Daryl. 1989 ASHE-ERIC Higher Education Report no. 5 Washington D.C., School of Education y Human Development. .George Washington University, 1989). Cuando los líderes de la educación, tales como el que fuera Secretary of Education, William Bennett, ha llamado a un mayor énfasis en los estudios académicos realzando la civilización occidental y una educación solamente en inglés, este énfasis envía un mensaje simbólico que la historia y la cultura de otros no importa.

[212] KCET TV Special, Mexican Americans, 9/04.

[213] Henry Nouwen, *Reaching Out*, Intro. & 58.

[214] Lisa García Bedolla, *Fluid Borders*, University of California, 2005, 4.

[215] Ibid.

[216] Martha Menchaca, *Mexican Outsiders: A Community History of Marginalization y Discrimination in California, University of Texas Press, 1995.*

[217] Gastón Espinoza, Virgilio Elizondo, Jesse Miranda, Hispanic Churches in American Public Life: Summary Findings, Interim Reports, vol. 2003.2, 2d Edition, March 2003, 11-24.

[218] "Reflections," *Christianity Today*, 11/04.

[219] Isaac Canales, An Análisis of the Discourse in John 4: Unpublished exegetical paper-2003.

[220] Eugene Peterson, The Message, (see Jn. 4:4).

[221] Gastón Espinoza, Virgilio Elizondo, Jesse Miranda, Hispanic Churches in American Public Life: Summary Findings, Interim Reports, vol. 2003.2, 2d Edition, March 2003, 11-24.

[222] Gastón Espinoza, Virgilio Elizondo, Jesse Miranda, Hispanic Churches in American Public Life: Summary Findings, Interim Reports, vol. 2003.2, 2d Edition, March 2003, 11-24.

[223] Robert Bellah, ed.*Good Society*, New York: Vintage Books,1991, 183

[224] Resident Alien, 39

[225] Ibid., 40.

[226] Phillip Yancey, CT 12/05, 128.

[227] John Stott, Involvement: Being a Responsible Christian in a Non-Christian society.

[228] George Barna, CT 1/06, 70.

[229] Ray Anderson, The *Shape of Practical Theology*, 137.

[230] Eugene Peterson, *Leap Over A Wall*, 54.

CAPÍTULO 15
LA ANALOGÍA HELÉNICA

La analogía samaritana planteada por el doctor Jesse Miranda provee valiosas ideas sobre el cruce de límites (geográficos, sociales, sicológicos y religiosos) de los hispanoamericanos a áreas norte de la línea entre México y los Estados Unidos. El estigma social y las adversas estructuras sociales asociadas con el estado de perpetua inmigración y/o imagen continúa planteando desafíos y barreras más allá de la primera generación y en las subsecuentes generaciones. Los hispanoamericanos que enfrentan estas barreras encontrarán consuelo, instrucción e inspiración al leer el capítulo del doctor Miranda.

Este capítulo intenta encontrar una analogía que sea aplicable a los elementos más aculturados de los hispanoamericanos, precisamente la segunda, tercera y cuarta generación. Aunque Miranda nos dio un cuadro realista de las luchas de una minoría no digerida ni aceptada en los Estados Unidos, este capítulo investiga el proceso de la aculturación entre los judíos y los griegos a la luz más positiva de la cultura corporativa de la iglesia inicial.[231] El capítulo también aplica las ideas del proceso de asimilación de los grupos hispanos que entran dentro de la corriente de la cultura de los Estados Unidos.

Definición del término

Un estudio de la Biblia revela que existía un segmento en la iglesia inicial que había experimentado asimilación extensa en la cultura griega, los "helenistas." Los varios usos del término "helenista" hacen imperativo definir el término antes de entrar en la discusión. La palabra "helenismo" se refiere al espíritu, carácter y cultura griegos de la antigua cultura helénica.[232] "Helenista" [griego. *Hellenistas*], un derivado de "helenismo," denota a una persona que usó el idioma, ideales o costumbres griegos, especialmente un judío, quien después de la conquista de Alejandro el grande vino y aceptó mucho de la influencia griega[233]

Existen diferencias de opinión tocante al uso del término "helénico" en el libro de los Hechos (6:1; 9:29; 11:20).[234] Tradicionalmente, se ha sostenido que la referencia en el 6:1 [*helénicos*] es para los judíos que hablaban griego mientras que "los hebreos" eran judíos que no hablaban griego. H. J. Cadbury, sin embargo, argumenta en favor del punto de vista que "helénicos" aquí tiene que tomarse con el significado de "griegos." Declara que "'hebreos' se usó fuera de este pasaje mayormente en el sentido de 'judíos' y esperamos un significado correspondiente con los 'helénicos.'"[235] Un argumento válido contra este punto de vista es que hasta este punto, Hechos no indica que los gentiles se habían unido a la iglesia cristiana.[236] Como lo explica Buttrick, el problema de la distribución diaria implica un grupo mucho más grande de seres que se quejan que el de una verdadera infiltración de "griegos."[237]

Otros han argumentado que los helénicos fueron judíos prosélitos que habían llegado a ser cristianos. Por lo menos uno de los siete diáconos era un prosélito. "Una división

entre prosélitos y los nacidos judíos no se considera impro-
bable. Por otra parte, en ningún otro lado aparecen los prosélitos designados en esta manera." [238]

Algunos (p.ej., F. F. Bruce, Mickelsen, Gentz, Buttrick)[239]
favorecen la idea que el término no se usó de ninguna manera técnica sino simplemente quiere decir "los que hablaban griego." Bruce explica que el contexto determinará precisamente, que los que hablaban griego, fué la clase a la
que se refirió en cada ocasión.[240] "En Hechos 6:1 se refiere
a los que hablan griego judíos cristianos, en Hechos 9:29 a
judíos que hablan griego en la sinagoga, y en Hechos
11:20 a gentiles."[241]

Ninguna solución clara tiene en cuenta todos los hechos y
excluye otros puntos de vista. La derivación de la palabra
parece ser la de "griego parlante." Esto encaja todos los
pasajes en los Hechos y a la vez tiene en cuenta que diversos grupos hablaban este idioma. Este uso no demanda
que en cada ocasión los griego parlantes sean del mismo
grupo nacional.[242] El término "helénico," por lo tanto, se
usará, en este capítulo para denotar a personas que hablan
griego. El contexto en el cual cada uso se encuentra se
explicará para precisar el trasfondo cultural de estas personas.

El término "griego parlantes," sin embargo, tiene implicaciones más allá de sus dimensiones lingüísticas. El proceso de
helenización tuvo implicaciones sociales, políticas, económicas, filosóficas tanto como lingüísticas. El término "helénico"
en sí mismo, no obstante, no da una indicación del grado de
helenización experimentado por el grupo al cual se aplicó o
que tan siquiera era un proceso (p.ej., algunos nacieron en
una comunidad de idioma griego). Quizá una de las razones

por la cual existe algo de confusión tocante al uso de este término es que se usó en un sentido amplio abarcando varios grupos en diferentes etapas de helenización (o aculturación).

Palestinos helénicos

El hecho de que habían diferentes etapas de helenización se debió en parte a las varias maneras en las cuáles los judíos en Palestina reaccionaron a la incrustación de la cultura helénica.

- Los esenios se retiraron de las áreas pobladas a las regiones rurales de Palestina a fin de preservar su cultura y tradiciones religiosas.[243]
- Los zelotes emplearon la fuerza militar en un esfuerzo para regañar autonomía política y cultural.[244]
- Los galileos, que experimentaron contacto prolongado con la cultura griega, quizá fueron más influenciados por ésta, con todo retuvieron mucho de su identidad cultural judía y de su religión.[245]
- Aparentemente, hubo judíos en Jerusalén que fueron más influidos por el idioma y la cultura de los griegos que los grupos ya mencionados.[246] La región de Palestina, por lo tanto, fue influenciada en varios grados por la cultura griega.[247]

Diáspora helénica

Fue la diáspora judía, la que los forzó a vivir fuera de Palestina; sin embargo, quienes experimentaron la mayor cantidad de aculturación en la cultura griega. Para ellos la aculturación fue una necesidad estricta y no una opción.[248] Adoptaron el idioma griego y absorbieron algunas de las costumbres de esa cultura, con todo supieron retener algunos elementos de sus tradiciones religiosas y culturales. La Suptuaginta, la traducción de la Biblia al griego, quizá fue indicativa del proceso de aculturación que los helenistas habían experimentado como resultado de la diáspora.[249] Esto representó una adaptación cultural no una verdadera traducción del hebreo.[250]

Cristianos helénicos

Varios grados de helenización (o aculturación) entre la población judía en general fue evidente en los primeros cristianos. Debido al medio culturalmente pluralista de Galilea,[251] los discípulos galileos de Jesús casi ciertamente estuvieron expuestos a algunos aspectos de la cultura helénica.[252] El hecho que a menudo se les refiriera como "galileos" en los evangelios y que por lo menos algunos de ellos se pudieran identificar por sus acentos (p.ej., Pedro en Marcos 14:70) pareciera indicar que habían retenido mucho de su cultura nativa. Probablemente estarían más cerca a la categoría "étnica total" que a las otras categorías discutidas en el capítulo 12[253] debido al hecho que habían retenido mucho de su cultura.[254] Por lo tanto, por propósitos prácticos no se consideraron helénicos sino cristianos hebráicos.

Un segundo grupo de los primeros cristianos judíos experimentó mayor aculturación en la cultura griega que los galileos. Aquellos en este grupo (que probablemente incluía a Silas, Bernabé y Juan Marcos)[255] tal vez podrían llamarse "helénicos medios" (cf. "étnico medio" en el capítulo 12[256] en que eran bilingües y biculturales.

El apóstol Pablo

Su trasfondo cultural

Culturalmente, el apóstol Pablo es tal vez el más claro

ejemplo, de este grupo cristiano helénico. Por otra parte, era un israelita hebreo. Aunque Pablo no era de origen palestino, sus credenciales en el judaísmo nadie los podía cuestionar, su ancestro era impecable, y había sido enviado de su hogar a Jerusalén para asegurarle un entrenamiento clásico en la fe hebrea (Hechos 22:3).[257]

Por otra parte, era un judío helénico.[258] Como E. A. Judge explica: "Él estaba bien situado en la sociedad republicana de su tierra (Hechos 21:39), perteneciendo al grupo privilegiado de las familias helénicas a las cuáles se les había concedido la ciudadanía romana por los servicios prestados."[259]

Pablo parece dar evidencia de tener una identidad bicultural en las declaraciones que hace sobre sí mismo. Por una parte, afirma que es "judío" (Hechos 22:3); mientras por la otra, declara que es romano (Hechos 16:37; 22:25, 27). Parece enfatizar cada lado de esta identidad de acuerdo con las circunstancias. Por un lado, su identificación con los israelitas, como sus "hermanos" y "parientes," es tan fuerte que está dispuesto a ser "maldecido y separado de Cristo" por ellos (Romanos 9:3). Por otro lado, no vacila en reclamar el privilegio de su ciudadanía romana a fin de tener la libertad para predicar el evangelio (Hechos 16:37; 22:28). Desde luego que no se puede asumir que la ciudadanía romana automáticamente indicaba helenización extensa. El hecho de que Pablo naciera en una ciudad que era helénica (Tarso) en términos de su población y centro de aprendizaje de cultura,[260] que aparentemente hablaba griego fluido, y que era ciudadano romano indicaría que la cultura de Pablo representaba una mezcla de influencias hebreas y griegas.

haya una tercera dimensión en el trasfondo cultural de Pablo que afirman algunos eruditos de alta reputación como E. Earl Ellis. Esa dimensión es la habilidad de Pablo para funcionar en el mundo latino del imperio romano. En su libro *el Making of the New Testament Documents*, el doctor Ellis afirm:

> La libertad de Pablo después de dos años de detención en Roma (cf. Hechos 28:30) es, como lo pone Harnack 'un hecho cierto de la historia,' y su subsiguiente misión a España descansa sobre varios elementos de evidencia. (1) Pablo mismo la anticipa en Romanos 15:24, 28. (2) Clemente de Roma, joven contemporáneo de Pablo, lo implica en 1 Clement 5:6f. (3) Los Hechos apócrifos de Pedro 1-3 (*Vercelli*), *(probablemente Asia Menor AD 160-180) y el Canon Muratorio (Rome AD 170-190) son dos testigos independientes y separados geográficamente que reflejan una amplia tradición del segundo siglo que Pablo viajó desde Roma hasta España...*[261]

La afirmación del doctor Ellis que Pablo ministró en España no sólo se basa en la fuentes ya citadas sino en la estrategia misionera urbana de Pablo que también la articula Roland Allen.[262] Ellis explica:

> La misión de Pablo a Cadiz, España no sólo se atestigua por los recursos contemporáneos e implícitamente confirmados por los Hechos apócrifos de Pedro y el canon Muratorio del segundo siglo sino también concuerda con la estrategia misionera de Pablo como la conocemos de los Hechos: Pablo enfocó sus labores en ciudades centrales de rutas

comerciales bien transitadas (Filipos, Tesalónica, Corinto, Éfeso) donde evangelizó tanto residentes como transeúntes. En el alcance hacia el occidente podría haber considerado Cadiz como sitio primordial para la misión cristiana. Cadiz, un municipio romano, que era segundo después de Roma en riqueza y prestigio y era un centro comercial primario tanto para el comercio marítimo junto con las costas occidentales de África y/o Europa con un 'espléndido sistema de caminos' (Albertini) para relaciones de negocios con otras ciudades en España.[263]

El doctor Ellis, apoyado por documentos históricos confiables, va más allá de la afirmación de que Pablo en realidad llevó a cabo la misión a España y afirma que Pablo hablaba latín, que era el idioma principal en la antigua España en ese tiempo.[264] Él explica:

Liberado de la prisión en Roma en la primavera del 63, podemos concluir con alguna confianza que Pablo (¿después de su viaje a Filipos y de regreso?) navegó para Cadiz y allí estableció una congregación cristiana. Que era capaz de hablar el idioma y conocía la sinagoga; por consiguiente, se puede inferir de la intención expresada para ir allí (Romanos 15:24, 28).[265]

La combinación de los elementos sociales y culturales que formaban parte de su trasfondo hicieron posible que Pablo alcanzara un amplio espectro de la sociedad con el mensaje cristiano. Considerando las afirmaciones del doctor Ellis, es muy posible que Pablo pudiera ser políglota y se relacionaba eficazmente con la gente que representaba tres bases culturales. Por lo menos, se puede afirmar con certeza que Pablo era bilingüe y que se relacionaba de una manera positiva y efectiva con las dos culturas. Hengel declara: "Así Pablo intelectualmente se movía entre dos mundos: vivió en dos áreas de diferentes idiomas y culturas (Hechos 22:2, 17:22). Esta vida bicultural ya es evidente en su doble nombre hebreo-latino, Sáulo-Pablo."[266]

Pablo fue capaz de superar las barreras económicas y culturales. "Entre sus conexiones estaban, en Atenas, un miembro del Areópago, la cámara alta del gobierno (Hechos 17:34); en Corinto, líderes prominentes religiosos (Hechos 18:8) y civiles (Romanos 16:32); en Éfeso, miembros de la titulada aristocracia (Hechos 19:31)."[267] El biculturalismo de Pablo le facilitó el cruce de barreras culturales, lingüísticas y económicas con el mensaje cristiano.[268]

Su cosmovisión de conversión

A pesar del biculturalismos de Pablo, tenía que experimentar una cosmovisión de transformación antes que pudiera ministrar efectivamente a los gentiles. Donald Senior explica:

> Como helénico judío, no podía ser indiferente a las masas de sus conciudadanos gentiles. Como judío fariseo, mantenía una fuerte convicción del estado de elección de Israel. Al principio, el cristianismo aparentemente, relativo a la ley y su aguda y ruda distinción entre judío y gentil pudo haber golpeado a Pablo como una tajada peligrosa del nudo gordiano.[269]

La revisión radical de la cosmovisión experimentada por Pablo lo cambió de uno que era "celoso de la tradición de sus padres" a uno que era un "apóstol de los gentiles."[270] Aunque el ímpetu principal de esta transformación era de naturaleza teológica,[271] tenía implicaciones culturales significativas.[272]

No obstante, esta transformación de la cosmovisión no hizo que Pablo perdiera su sensibilidad a las características culturales de los varios grupos. Él, por ejemplo, no le aconseja a los judíos cristianos que abandonen sus tradiciones.[273] A la vez, no espera que los gentiles se hagan judíos cultural y ceremonialmente a fin de ser considerados completamente cristianos (p.ej., Hechos15).

Aunque no se puede afirmar que el propósito primario de Pablo era enunciar una teoría social, se puede decir que Pablo reconocía las diferencias culturales con todo subordinadas a Cristo en quien todos los creyentes tienen una postura de igualdad (Gálatas 3:27-28).[274] Es muy probable que el trasfondo bicultural de Pablo y su cosmovisión transformada contribuyeran hacia su sensibilidad al medio sociocultural de sus oyentes al predicar el mensaje cristiano (1 Corintios 9:19-23).

Los primeros diáconos

Un tercer grupo de los primeros cristianos judíos quizá encaja la categoría de los "helénicos" (cf. "Étnicos marginales")[275] más completamete. Estas fueron personas que se percibían como identificadas más cercanamente con la cultura helénica que con la cultura hebrea y se les llamó "helénicos." Quizá algunos ejemplos de este grupo son algunos de los siete diáconos que se seleccionaron para lidiar con la distribución de comida entre las viudas helénicas judías.[276]

Hengel dice:

> Con la excepción de Felipe y Nicanor, la lista de los
> 'siete' en Hechos 6:5 no contiene ningunos nombres
> típicos de los judíos que se asegura sean de Egipto
> o Palestina. Simplemente por los exclusivos nom-
> bres griegos, uno podría suponer que los siete vení-
> an de afuera; el último de ellos, el prosélito Nicolás,
> se dice que venía de Antioquía.[277]

Judge declara que este cuerpo que los representaba directamente estuvo compuesto enteramente por los helénicos.[278] "El sabio nombramiento de judíos que hablaban griego como diáconos trajo armonía y aumentó el poder."[279] Por
lo tanto, los helénicos estuvieron entre los primeros convertidos al cristianismo y entre los primeros líderes de la iglesia al comienzo. Se seleccionaron como diáconos para
ministrar a toda la iglesia en Jerusalén, especialmente las
viudas de los griegos que sintieron que estaban siendo
"descuidadas en el servicio diario" (Hechos 6:1). Su trasfondo bicultural tanto como sus calificaciones espirituales los
capacitaron para atender este problema sensible y compasivamente. Su ministerio fue tan eficaz que "la palabra de
Dios se difundía: el número de los discípulos aumentaba
considerablemente en Jerusalén, e incluso muchos de los
sacerdotes obedecían a la fe" (Hechos 6:7).

Estos helénicos estuvieron entre los primeros para procla-
mar el mensaje de Cristo fuera de Jerusalén. Quizá el
mejor conocido de éstos fue Felipe el evangelista. Junto
con los compañeros helénicos, Felipe fue forzado a huir de
Jerusalén por la persecución (Hechos 6:9; 8:1). Al irse,
Felipe predicó el evangelio a samaritanos cruzando barreras culturales (Hechos 8:5), al africano nacional (Hechos

8:35), y a los filisteos (Hechos 8:40). Al hacerlo así, Felipe fue el precursor del rompimiento de límites en la actividad misionera de los apóstoles.[280]

Se debe notar que no parece como si los miembros hebreos de la comunidad inicial cristiana estuvieran implicados en esta persecución.[281] Quizá una de las razones del por qué la persecución se dirigió contra los helénicos es porque no estaban tan ligados a las tradiciones judías como sus hermanos más conservadores judíos cristianos de habla aramea. Los cristianos helénicos "pedían por la abolición de la adoración escatológica del templo y la revisión de la ley de Moisés a la luz de la verdadera voluntad de Dios."[282] La dispersión de los helénicos resultó en el establecimiento de grupos cristianos en Fenicia, Chipre y sobre todo en Antioquía.[283] Hengel declara:

> Mientras en Jerusalén habían dado atención a sus paisanos de habla griega en la diáspora hubo sinagogas, ahora, fuera del corazón de Judea, nuevos grupos se visualizaron que podríamos denominar como las sucursales del judaísmo. Dar atención a los grupos despreciados y a los grupos marginados de segunda clase estuvo completamente de acuerdo con la predicación de Jesús. Principalmente entre ellos, están los samaritanos, a quienes se les consideraba herejes; en adición, se encontraban los gentiles 'temerosos de Dios,' que estaban débilmente asociados con la sinagoga judía y que no se habían circuncidado o bautizado como prosélitos: los límites entre ellos, verdaderos simpatizantes de las costumbres judías, y los gentiles reales eran borrosas.[284]

Los helénicos, expulsados de la Palestina judía, gradualmente fueron más allá del círculo totalmente judío y fueron a los gentiles que estaban interesados en el judaísmo; y fueron los precursores a la misión a los gentiles.[285]

La libertad helénica de las tradiciones judías, que les hicieron el objeto de la persecución, les ayudó a alcanzar al mundo gentil con el mensaje cristiano. Los "temerosos de Dios" que estuvieron "relativamente desinteresados en la ley ritual y la adoración en el templo" estuvieron entre los que respondieron prontamente al mensaje cristiano. Para alcanzar a los gentiles, los cristianos helénicos emplearon los elementos culturales y filosóficos que tenían en común con ellos.[287] "El *kerugma* original escatológico de los judíos cristianos tuvo que ser remplazado con elementos de los judíos helénicos de la predicación misionera."[288] El pluralismo cultural de los cristianos helénicos tal vez fue uno de los elementos que los ayudó a trascender algunas de las barreras culturales para comunicar el mensaje cristiano. Hengel describe al cristianismo inicial como un movimiento pluralista culturalmente:

Uno de los fenómenos sorprendentes aquí, que [eruditos desde B.F. Braun] a menudo ignoran, es el hecho de que el mensaje del Mesías Jesús de Nazaret crucificado y resucitado también encontró su entrada particularmente hacia los judíos de habla griega unos pocos años, y quizá solamente meses, después del evento de la resurrección que formó el fundamento de la comunidad. Estos judíos vinieron de una amplia variedad de lugares en la diáspora y se habían radicado en Jerusalén. Esta influencia admirable en los de afuera trasciende los límites del idioma y la cultura, distingue al cristianismo inicial de todos los otros movimientos judíos en Palestina los saduceos y los fariseos, los esenios y el movimiento del Bautista , la actividad de los cuáles estuvo confinada a la Palestina antes de la destrucción del templo.[289]

La influencia de los de "afuera" se debió en gran manera al hecho que los helénicos cristianos fueron el instrumento para alcanzar a los grupos marginales (p.ej., temerosos de Dios, samaritanos y gentiles).[290] La selección de algunos de ellos a posiciones de liderazgo hizo posible que la iglesia respondiera al desafío del pluralismo cultural que enfrentaba. Debido al hecho que los cristianos helénicos estuvieron menos atados a las tradiciones judías que los de la contraparte de habla aramea, experimentaron más severa persecución en Jerusalén. Su dispersión, a la vez, hizo posible que alcanzaran a muchos grupos marginados con el mensaje cristiano.

Aplicación al medio hispanoamericano

Varios conceptos que emergen del análisis de la experiencia de los primeros cristianos informa la búsqueda hispanoamericana por identidad.[291]

La aculturación no se ve como un factor negativo

Primero, la aculturación no se ve necesariamente como un factor negativo por la comunidad cristiana inicial. Cada uno de los grupos ya mencionados contribuyeron a la propagación del evangelio. Los "étnicos totales" como los galileos, que fueron los menos influenciados por la cultura griega, fueron el instrumento para alcanzar no solamente a su propio grupo sino a los samaritanos (p.ej., Pedro y Juan, Hechos 8:14) y los gentiles (p.ej., Cornelio, Hechos 10) a los "étnicos medios" como Pablo[292] y sus colaboradores fueron el instrumento en sembrar iglesias en las varias culturas representadas en Asia Menor y en Grecia. Los "étnicos marginales" como Felipe que fueron los más aculturados en la cultura griega fueron los precursores de los apóstoles en predicar el evangelio en Samaria y en las áreas gentiles.

Estos grupos judeocristianos que habían experimentado varios grados de aculturación dentro de la cultura griega llegaron a ser parte integral de la comunidad cristiana y de su esfuerzo misionero. En su esfuerzo por enfatizar el hecho de que Jesús tenía un profundo y permanente interés por los grupos marginales en la sociedad (p.ej., los galileos), algunos escritores dan la impresión de que este interés era por su estado cultural. No aparece en la Biblia, ni la preferencia ni la parcialidad en contra de un grupo estrictamente por su estado de asimilación.[293]

Algunos en la comunidad hispanoamericana ven la aculturación a la sociedad predominante como un factor negativo. Estos hispanos repudian la noción de que los hispano-americanos deben hacer adaptaciones culturales a la so-ciedad predominante. Esta objeción está basada ya sea en factores positivos (afirmación de la cultura de uno) o en factores negativos (resentimiento hacia la sociedad predominante).

Por una parte, se tiene que decir que los grupos culturales tienen la prerrogativa de retener sus características culturales. Como se vio antes, haya muchas razones por las cuáles un grupo desea retener y expresar la riqueza de su cultura. De igual manera, es verdad que tal decisión es principalmente cultural y no bíblica. Se recordará que el estudio citado en el capítulo 4 indicaba que el 78 por ciento de la tercera generación hispanoamericana hablaba "inglés mayormente" a sus niños. El hecho de que estos hispanoamericanos escojan animar a sus hijos a una adaptación lingüística y cultural a la sociedad predominante no significa que estén violando un principio bíblico. La aculturación, por lo tanto, no lo ve la Biblia como un factor negativo.

El helénico marginal y el helénico medio judío cristiano fueron parte integral de la iglesia al comienzo. Sus habilidades lingüísticas y sensibilidad cultural fueron instrumentos para atender al asunto del pluralismo cultural en la iglesia. Fueron de los primeros para lograr el cruce de barreras. Su experiencia provee un modelo positivo para los hispanoamericanos que han experimentado extensa asimilación en la sociedad predominante. Su aculturación en vez de verse como un factor negativo se puede ver como una ventaja que los habilita para hacer una contribución distinta a la comunidad cristiana al relacionarse con un amplio espectro de la sociedad.

Los hispanoamericanos que han experimentado los varios grados de asimilación cultural no tienen que sentirse ni inferiores ni superiores a los que han retenido más de su herencia cultural. No tienen que sentir más *"que ni son de aquí ni de allá."* En vez, pueden tener un sentimiento positivo de su nueva síntesis cultural que están formando y que les da la posibilidad de incorporar los mejores rasgos de *ambas* culturas. Don C. Locke describe a algunos hispa-nos que han escogido participar en ambas culturas:

> Muchos de los mexicoamericanos más aculturados han llegado a ser mayormente angloamericanos en su manera de vivir, pero retienen el español fluente y un conocimiento de su cultura tradicional. Mantienen una identificación con su propia herencia mientras que participan en la cultura angloamericana. La cultura mexicoamericana representa el medio más constructivo y eficaz que tienen sus

miembros para arrastrar su cambio natural y medio social. Cambian sus maneras anteriores si las nuevas parecen ser más significativas y convenientes , y después, sólo si les dan completa oportunidad para adquirir y usar las nuevas maneras.[294]

El paradigma helénico, por lo tanto, tiene el potencial de inspirar a los hispanoamericanos más aculturados, para desarrollar una imagen positiva como personas cuyas habilidades lingüísticas y erudición de cruce cultural pueden ser valiosas herramientas en su servicio a Dios y a los otros.

Se permite la retención de las características culturales

Segundo, la retención de ciertas características culturales se permiten en la comunidad cristiana. Muchos hebreos cristianos (p.ej., judíos y galileos), por ejemplo, retuvieron sus características (p.ej., idioma, prácticas del culto judío y la celebración de sus fiestas) que los distinguía de la comunidad gentil.[295] El concilio de Jerusalén (Hechos 15), por ejemplo, buscó preservar lo que era ceremonial y culturalmente significativo para los judíos cristianos y que no era contrario al evangelio ni ofensivo a los demás cristianos. Un principio que tal vez se extrae de los escritos de Pablo, es que las costumbres culturales que son compatibles con el evangelio son permisibles.[296] Por ejemplo, cuando aplica el concepto de la libertad en asuntos de las leyes alimenticias (1 Corintios 8). En la medida en que la práctica no viole la consciencia, tanto judíos como gentiles son libres para observar o rehusar la observación de las leyes alimenticias (1 Corintios 6:7).[297] Para Pablo las formas culturales parecen ser relativas a los contextos sociales dados.[298]

Por lo tanto, los cristianos hispanoamericanos tienen la libertad de retener sus características culturales que sean compatibles con el evangelio y que no sean una piedra de tropiezo para otros cristianos de otro trasfondo cultural. El ejercicio de esta libertad no los hace inferiores ni superiores a otros segmentos de la comunidad hispanoamericana que estén en diferentes etapas de aculturación.[299] A la vez, tiene que establecerse que los hispanoamericanos en las etapas más avanzadas de aculturación (étnicos medios y étnicos marginales) no tienen que ver la aculturación como un prerrequisito para la completa participación en la comunidad cristiana. Los cristianos galileos, por ejemplo, hicieron contribuciones significativas a la causa del reino sin tener que desligarse de su herencia cultural. En la vida cristiana, por lo tanto, haya espacio para la celebración gozosa, libre y espontánea de la herencia cultural de uno en la vida del hogar, las reuniones litúrgicas y en la conmemoración de eventos históricos.

Se necesita transformación de la cosmovisión

Tercero, la transformación de la cosmovisión de una persona a menudo es necesaria para salvar las barreras entre los grupos culturales y aún entre segmentos de un grupo cultural. Pedro que inicialmente era un "étnico total" experimentó una transformación en su cosmovisión antes que pudiera incluir en la comunidad cristiana a los que previamente pensaba que debían excluirse (p.ej., Cornelio).[300] A pesar del hecho de que Pablo (étnico medio) estaba más aculturado que Pedro en la cultura griega , aún había procesado las implicaciones de su experiencia de conversión y su llamamiento a ser misionero a los gentiles. Cuando llegó al punto de estar dispuesto a ser "todo para todos" (1 Corintios 9:22) fue un instrumento de mucho más valor en las manos del Señor.

Esta transformación de la cosmovisión tiene implicaciones tanto para los hispanoamericanos como para otros. Si es verdad que a través de su peregrinaje sociohistórico, algunos hispanoamericanos han sido el objeto de prejuicio de parte de la sociedad predominante, también es cierto que algunos hispanoamericanos a menudo han tenido prejuicio (en reverso) hacia la sociedad predominante, y también contra segmentos de la comunidad hispanoamericana (p.ej., los recién llegados).[301] A fin de vencer esta actitud de prejuicio, los hispanoamericanos (tanto como otros) tienen que experimentar la transformación de la cosmovisión lo cual tiene implicaciones tanto espirituales como sociales. Como explica Harvie Conn:

> El impacto del gobierno radical del reino de Cristo hará más que la verdadera "modificación" de la cosmovisión o el acomodo a una ya existente. Si es verdad que el cambio transformación (como opuesto a la verdadera alteración externa) tendrá lugar, el cambio tiene que ocurrir no sólo en las orillas de la conducta de las manifestaciones de una cosmovisión sino en su centro… Producto de la cosmovisión ahora que Cristo nos posee radicalmente, en el nuevo convertido empieza el hábito para toda la vida de la transformación en Cristo. La transformación de la cosmovisión empieza con la evaluación del convertido y la interpretación de cada aspecto de la vida en el Espíritu en términos de las exigencias del reino a su nueva lealtad. De esto resulta la "rehabituación," "cambios en la conducta habitual que demanda la nueva lealtad y el consecuente proceso de reevaluación."[302]

Como hispanoamericanos al experimentar este tipo de transformación de la cosmovisión se tiene el potencial de involucrarse en la misión de reconciliación. En virtud del hecho que son el producto de varias culturas, los hispanoamericanos se colocan en una situación privilegiada para ser instrumentos de la reconciliación entre grupos culturales y la sociedad de los Estados Unidos, pluralista culturalmente, tanto como en otras partes del mundo. Su misión puede ser la de servir como *gente puente* que promueve mejor entendimiento, mayor aprecio y una cooperación creciente entre la sociedad predominante de los Estados Unidos y los grupos culturales de Latinoamérica y los grupos marginados alrededor del mundo.[303]

El sentido de comunidad hispano tiene que ser inclusivo

Cuarto, el paradigma helénico tiene implicaciones para el sentido hispanoamericano de comunidad. Aunque muchos hispanoamericanos luchan por promover un sentido de hermandad (*carnalismo*) existen diferencias significativas en la manera en la cual esta comunidad se define. Algunos hispanoamericanos tienen un concepto de comunidad que consiste sólo de su grupo particular. Algunos, por ejemplo, excluirán de esta comunidad a los hispanoamericanos que no tienen la mentalidad chicana.[304]

Otros hispanoamericanos han defendido la visión de Vasconcelos de la "raza cósmica." Aunque esta raza se percibe como universal, está limitada a los que son el producto de *mestizaje* biológico en Latinoamérica y sus inmigrantes a los Estados Unidos.[305] Otros hispanoamericanos han expandido el concepto de la raza cósmica para incluir a los pueblos "colonizados y oprimidos" del mundo.[306]

Las limitaciones de mentalidad, condición social y herencia biológica, se imponen sobre el concepto de la raza cósmica, y hacen que quede corta del ideal de la nueva comunidad descrita en la Biblia. Una transformación de la cosmovisión se necesita para superar estas limitaciones. La nueva comunidad descrita por Pablo es una en la cual participan todos los seres humanos sin miramiento a género, cultura y condición económica (Gal. 3:28).

La expresión inicial de esta comunidad quizá se encontraba en la Iglesia en Antioquía la cual exhibía un pluralismo cultural en su membresía y en su liderazgo. Entre los profetas y maestros mencionados en Hechos 13 están Bernabé (un levita helénico de Chipre);[307] Simeón apodado "Niger"[308] (Probablemente negro con vínculos romanos);[309] Lucio (de Cirene, centro de cultura y del idioma griego);[310] Manaén (quien tenía vínculos cercanos con Herodes el tetrarca);[311] y Sáulo (bicultural, bilingüe, helénico medio). Las variaciones culturales (hebreas, helénicojudías, griegas y romanas), económicas (Bernabé y Lucio posiblemente eran hombres de buenos medios),[312] y trasfondos políticos eran evidentes en el liderazgo de la iglesia en Antioquía. Esta era una iglesia culturalmente pluralista que no requería que sus convertidos encajaran dentro del mo-delo hebreo.[313] Con todo, indudablemente, se adhería a la admonición del concilio de Jerusalén que se debía mostrar sensibilidad a los valores culturales y religiosos de los hermanos cristianos (p.ej., Hechos 15)

El comienzo de la comunidad cristiana, por lo tanto, provee un modelo para la búsqueda hispanoamericana de un sentido de comunidad (*carnalismo*). Estos modelos permiten aceptación de los hispanoamericanos en las varias etapas de asimilación. No promueve una etapa a exclusión de las otras. Va más allá hasta incluir a los de otros trasfondos culturales. Este modelo permite que cada grupo cultural contribuya a toda la comunidad cristiana.[314] Por lo tanto este modelo, posibilita que los hispanos tengan un sentido de apreciación por su herencia cultural y que experimenten el verdadero *carnalismo* cristiano que abarca no sólo su grupo sino a los de otros trasfondos culturales. René Padilla describe este espíritu de *carnalismo* cuando declara:

> Nadie conoce a Dios en aislamiento de su prójimo. "El que no ama no conoce a Dios, porque Dios es amor" (1 Juan 4:8). El evangelio incluye el propósito de Dios de acabar la división entre los hombres — la maldición invocada en Babel — y crear un hombre nuevo caracterizado por "la unidad de la fe y del conocimiento del Hijo de Dios" (Efesios 4:13 — la nueva unidad prefigurada en la iglesia en el pentecostés, compuesta de representantes de "todas las naciones de la tierra" (Hechos 2:5).[315]

El paradigma presentado aquí, por lo tanto, tiene algunas implicaciones muy significativas para la búsqueda de identidad por los hispanoamericanos.

- Primera, la aculturación no necesariamente es vista como un factor negativo al comienzo de la comunidad cristiana.
- Segunda, la retención de las características culturales se permitieron al comienzo de la comunidad cristiana.
- Tercera, la transformación de la cosmovisión es a veces necesaria para resolver barreras entre grupos culturales y aún segmentos de un grupo cultu-

ral.

- Finalmente, al comienzo la comunidad cristiana proveyó un modelo para los hispanoamericanos en su búsqueda por el espíritu de *carnalismo*.

Un testimonio personal

Como uno de la cuarta generación hispanoamericana, he hallado el estudio del helenismo y en especial el del apóstol Pablo particularmente iluminador, inspirador y más que todo liberador. Habiendo crecido en dos culturas, hispana y anglo y sintiendo la necesidad de relacionarme con las dos efectivamente creó en mi una crisis de identidad cuando era joven. ¿Quién soy, hispano o anglo? En casa me sentía hispano, pero en la escuela sentía la urgencia fuerte de relacionarme con mis maestros (la mayoría de los cuáles eran anglos) y con algunos de mis amigos íntimos (que eran anglos).

De algunos en la comunidad hispana a menudo sentí la presión de confinar mis contactos sociales a mis amigos hispanos. Algunos aún comentaban que yo pretendía ser anglo. En lo tocante a la comunidad anglo, había mucho que me atraía al ver los horizontes de una mundo más amplio. Por una parte, dentro de mi sentía culpa de negar mi herencia hispana, pero me sobrecogía un sentido de temor que me pudiera limitar si restringía todos mis contactos sociales a la comunidad hispana.

El estudio de la vida y ministerio del apóstol Pablo me ha ayudado a afirmar el hecho que soy el producto de dos culturas. Este biculturalismo es una ventaja no una desventaja. Siento que he practicado una "asimilación selectiva."[316] Por una parte he retenido muchos de los maravillosos valores de la cultura hispana que enfatiza la importancia de la familia, las relaciones personales, el respeto por los mayores, y un sentido de dignidad entre otras cosas. Por otra parte, de la cultura anglo he aprendido una ética de trabajo que valora la organización, la puntualidad, la educación y el trabajo de equipo entre otras cosas.

Me siento bendecido de haber mezclado lo mejor de estas dos culturas en mi personalidad como ministro bicultural y bilingüe. Como se dijo antes, Pablo vino a ser un instrumento en las manos de Dios, precisamente porque pudo moverse con efectividad y soltura en el contexto de las dos culturas (y posiblemente tres) y hablar su idioma en cada una. Aunque, como cristiano, tengo que afirmar la vida y ministerio de los que como Pedro sirven en el contexto de una cultura, también necesito celebrar el hecho que el Señor en Su sabiduría me ha dado el privilegio de predicar y enseñar en dos idiomas (ahora tres) y servir en el contexto de las dos culturas. Esto en verdad ha provisto una base para que funcione en muchas otras culturas al haber sido bendecido de ministrar en más de 40 países.

Al reflexionar en mi peregrinaje como hispanoamericano, honestamente puedo decir que agradezco al Señor de los más íntimo de mi ser como soy, una persona bicultural y bilingüe. El Señor no comete errores. Este sentido de aprecio por lo que soy me provee la base para tener un profundo aprecio por hispanos en otras etapas de asimilación y por las personas de otras culturas. En otras palabras, *creo en la identidad cultural, pero no en la idolatría cultural.* Le agradezco al Señor por mi herencia cultural, pero también celebro la cultura de otros aunque sea diferente a la mía.

Conclusión

Varias lecciones vitales se aprenden de las dos analogías discutidas en estos dos capítulos.

- Primera, muchos hispanoamericanos encuentran un sentido de aceptación e identidad basado en el hecho que Jesús aceptó y se identificó con grupos *mestizos*. Esta identidad, sin embargo, reta y se amplía por el ejemplo de la vida y enseñanzas de Jesús quien no se confinó a sí mismo a un grupo o a una cultura.[317]
- Segunda, aunque muchos hispanoamericanos encuentren consuelo en el hecho que haya mucho en su cultura que se afirma en la Biblia, tienen que estar conscientes que haya elementos en su cultura que son condenados por la Biblia.[318] Por lo tanto, no haya aceptación romántica de ninguna cultura en la Biblia. El hecho de que grupos en las varias etapas de asimilación fueran parte de la comunidad cristiana inicial quizá nos ilustra el principio de la relatividad cultural en la Biblia.[319]
- Tercera, muchos de los segmentos marginados de la cultura hispanoamericana encuentran un sentido de aceptación en el hecho que ellos también pueden ser parte de los elegidos por Dios. No obstante, esta elección no necesariamente se debe a su marginación sino a la buena voluntad de Dios. Su propósito no es el de elegir sino misionero. Este sentido de aceptación los motiva hacia la misión de servicio, de reconciliación y de consciencia.
- Cuarta, existen algunos paralelos válidos entre las experiencias de los samaritanos y los de algunos segmentos de la comunidad hispanoamericana. Por medio del uso de su analogía el doctor Miranda hace una valiosa contribución al captar la penosa condición del ahuyento de

muchos hispanoamericanos frente a la sociedad predominante. El mensaje de aceptación y elección es en verdad buenas noticias para estos grupos marginados.

- Quinta, una nuevo paradigma para los segmentos más aculturados de la comunidad hispanoamericana (étnicos medios y marginales) se ha propuesto en este capítulo: cristianos judíos helénicos. El ejemplo de estos cristianos judíos helénicos que trascendieron los límites culturales y lingüísticos y que fueron los precursores en la misión a los gentiles provee inspiración a los segmentos más aculturados de la comunidad hispanoamericana. Sus habilidades bilingües y biculturales se considerarán una *ventaja* en vez de *desventaja*. Pueden tener un sentido positivo de identidad al saber que tienen un valor inherente y que las capacidades que han desarrollado a causa de su experiencia sociocultural única puede ser una bendición al servir a Dios y a su prójimo.[320]

Gustavo Gutiérrez expresa este sentimiento cuando afirma:

¿Por qué busca identidad? ¿Por qué desea saber que es una persona con valor, valores negados por los que siembran muerte, pero afirmados por la gente que sabe cómo vivir con esperanza en la resurrección del Señor? Sólo puede haber una respuesta, una que no depende de si uno es hispanoamericano o peruano. La única razón por la cual necesita afirmar quién es usted es el servicio. Si busca identidad por cualquier otra razón está en peligro de ser egoísta y vano. El servicio debe ser el corazón de nuestra identidad porque es el corazón de nuestro cristianismo.[321]

Habiendo revisado la historia de los hispanoamericanos en los Estados Unidos, la diversidad de la comunidad hispana, la analogía samaritana y la analogía helénica, enfocaremos nuestra atención al ministerio que se necesita entre los hispanos.

Notas

[231] Para un tratamiento más a fondo de este asunto vea Daniel R. Sánchez, An Interdisciplinary Approach to Theological Contextualization with special reference to Hispanic Americans, Ph. D. thesis, Oxford Centre for Mission Studies, April 17, 1991.

[232] *Inerpreter's Dictionary of the Bible*, 1962 ed., s.v. "Hellenism" by F. C. Grant. El término "helénico" se refiere a todos los que caen bajo la influencia de la cultura griega. *Baker's Dictionary of Theology*, 1960 ed., s.v. "Hellenist, Hellenism" by A. Berkeley Mickelsen.

[233] *World Book Dictionary*, 1978 ed., s.v. "Hellenist."

[234] Bromiley indica que la palabra "helénico" aparentemente no se usó antes de ocurrir en los Hechos. También llama la atención al hecho que existen problemas textuales en Hechos 11:20 donde los manuscritos leen *hellenas* "griegos" en vez de *Hellenistas*; pero la mayoría de los críticos textuales aceptan *Hellenistas*. *The International Standard Bi-ble Encyclopedia*, 1982 ed., s.v. "Hellenist" by L. Morris.

[235] H. J. Cadbury cited in *International Standard Bible Encyclopedia*, 1982 ed., s.v. "Hellenist."

[236] Cadsbury, op. cit.

[237] *Interpreter's Dictionary*, 1962 ed., s.v. "Hellenism." Añade que la na-rración de la conversión de los gentiles (Hechos 10:45; 15:3) se relaciona con algo nuevo.

[238] *International Standard Bible Encyclopedia*, 1982 ed., s.v. "Hellenist."

[239] Bruce, cited in *International Standard Bible Encyclopedia*, 1982 ed., s.v. "Hellenist"; *Dictionary of Theology*, 1960 ed., s.v. "Hellenist, Hellenism"; *The Dictionary of Bible and Religion*, 1986 ed., s.v. "Hellenism, Hellenistic" by Ralph P. Martín; *Interpreter's Dictionary of the Bible*, 1962 ed., s.v. "Hellenism." Buttrick points out that Philo (in *Confusion of Tongues 26)* and Chrysostom (in *Homily* XIV, on Acts 6:1) used the term "Hellenist" to mean "Greek-speaking;" *Interpreter's Dictionary of the Bible*, 1962 ed., s.v. "Hellenism."

[240] Bruce, cited in *International Standard Bible Encyclopedia*, 1982 ed., s.v. "Hellenist."

[241] Ibid.

[242] Ibid.

[243] Theissen, op. cit., 31; Bornkamm, *Jesus of Nazareth, 33.*

[244] Al hacerlo así buscan escapar el dominio político de Roma y de la cultura griega que los últimos había adoptado. See also Donald Senior y Carrol Stuhlmueller, *The Biblical Foundation de Mission*, Maryknoll, NY: Orbis Book, 1984, 30.

[245] Senior y Stuhlmueller, 217.

[246] *Dictionary of Theology*, 1960 ed., s.v. "Hellenist, Hellenism." Buttrick indica que muchos idiomas se hablaban por los judíos que vivían en Jerusalén (p.ej., Hechos 2:9). *Interpreter's Dictionary of the Bible*, 1962 ed., s.v. "Hellenism."

[247] Harrison señala que aún los grupos más resistentes no pudieron permanecer sin ser afectados por el helenismo. *Baker's Dictionary of Theology*, 1960 ed., s.v. "Hellenists, Hellenism." Jeremias explica que las relaciones entre Jerusalén y Atenasesstan grandemente presentes en las historias de Lam. R. I. I (Son. 74, 76f.) que menciona la gente de Jerusalén que viaja a Atenas, y atenienses que habitan en Jerusalén. Vea Jeremias, 64.

[248] Shorter,. 116.

[249] Ibid.

[250] Shorter afirma que la Septuaginta constituía una colección más amplia de libros que los exclusivamente que la selección hebrea usada por los judíos en Palestina y algunas de ellas no tenían original semítico. Ibid., 116.

[251] "Porciones de la población judía estuvieron interpersos con griego y otros elementos foráneos debido a la colonización en el período posterior a las conquistas de Alejandro en el medio oriente." Senior Stuhlmueller, op. cit., 317. Cf. S. Freyne, *Galilee: From Alexander el Great to Hadrian, 323 B.C.E. to 135 C.E.* (Wilmington, DE: Michael Glazier, 1980) y E. Meyers y J. Strange, *Archaeology: the Rabbis y Early Christianity* (Nashville, TN: Abingdon, 1981), 31-47.

[252] Shorter asugura que Galilea fue particularmente influenciada por la cultura grecorromana. Ibid., 119.

[253] La terminología empleada en esta sección es la que se observa desde la perspectiva del grupo subordinado. Bosqueja la progresión de abandono de la cultura del grupo étnico: Étnico total, étnico medio, étnico marginado y étnico alienado. La terminología que muestra progresión hacia la sociedad predominante es: Étnica pasiva, étnica pasiva, étnica expuesta, étnica activada, y étnica integrada.

[254] En un sentido más estricto los esenios encajaban la categoría de "étnico total" más completamente. En términos de grado, sin embargo, se puede establecer que los galileos estaban más cerca a esta categoría que a la categoría de étnico medio que indicaría mayor asimilación en la cultural helénica.

[255] Existe la posibilidad que Silas, el colaborador de Pablo, tuviera un trasfondo similar. Su nombre es de origen semítico, aunque era ciudadano romano. See *New Standard Bible Dictionary*, 1925 ed. s.v. "Paul." A Bernabé se le llama "helénico" con todas sus relaciones sociales y religiosas en Jerusalén parecen ser muy fuertes. *New Standard Bible Dictionary*, 1925 ed., s.v. "Barrabás." El nombre grecojudío de Juan Marcos parece reflejar un grado de biculturalismos. *New Standard*

Bible Dictionary, 1925 ed. s.v., "John Mark."

[256] Chapter two, p. 121.

[257] E. Λ. Judge, *The Social Pattern of Christian Groups iin the First Century* (London: The Tyndale Press, 1960), 58.

[258] Theissen, op. cit., 49-50.

[259] Judge, op. cit., 58.

[260] *New Standard Bible Dictionary*, 1925 ed., s.v. "Paul."

[261] Ibid., 278-79.

[262] Rolland Allen, *Missionary Methods: St. Paul's or Ours?*, Grand Rapids: Wm. B. Eerdmans Publishing Co., 1962.

[263] Ibid., 282-83.

[264] M. Rostovtzeff, *The Social and Economic History of the Hellenistic World*, 3 vols., Oxford 1967 (1941), I, 80, 91.

[265] Ellis, op. cit., 282.

[266] Hengel, op. cit., 82.

[267] Judge, op. cit., 58. Los miembros de la aristocracia probablemente eran romanos helénicos.

[268] Para una discusión de las habilidades retóricas de Pablo vea Abraham J. Malherbe, *Social Aspects of Early Christianity* (Philadelphia, PA: Fortress Press, 1983), 57.

[269] Senior and Stuhlmueller, op. cit., 167.

[270] Rom. 11:13.

[271] Pablo tuvo que elaborar las implicaciones teológicas de su llamamiento a ser misionero entre los gentiles. Su tradición le había guiado a creer que Dios era el Dios del pueblo de Israel. Su estrategia inicial fue "primero a los judíos."

[272] Algunos han preguntado si Pablo dio evidencia que no había superado sus prejuicios cuando hizo la afirmación que los "los cretenses son siempre mentirosos" (Tito 1:12). Aunque es claro que Pablo citaba uno de sus propios profetas también es verdad que está de acuerdo con él (v. 13). No haya evidencia que Pablo acusara a todos los cretenses de ser mentirosos. La observación de Pablo parece indicar que "rebeldes, charlatanes y engañadores" (v. 10.) vivía de acuerdo a la reputación que tenían los cretenses. See R. C. H. Lenski, *The Interpretation of St. Paul's Epistles to the Colossians, to the Thessalonians, to Timothy, to Titus y to Philemon (Minneapolis, MN: Augsburg Publishing House, 1937), 902-903.*

[273] Roest, Crollius, A., *Bible and Inculturation.* Rome: Pontifical Gregorian University, 1983, 25. Shorter explica que Pablo no forzó a los convertidos judíos a abandonar la circuncisión y la ley pero no in-sistió en mantenerlos tampoco. Shorter, op. cit., 128.

[274] Aunque los cambios reales (p.ej., mutaciones físicas) no ocurrieron, "todos (judíos, griegos) son lo mismo en su postura espiritual, todos han sido bautizados, declarados justos, etc., nadie está más alto, nadie más bajo, nadie más rico, nadie más pobre, nadie mejor, nadie

peor, nadie con menos, en cada respecto son "una persona en Cristo Jesús."R. C. H. Lenski, *The Interpretation of St. Paul's Epistles to the Galatians, Ephesians, and Philippians (Minneapolis, MN: Augsburg Publishing House, 1937), 89-90.*

275 Chapter 2.

276 Wagner sugiere que el hecho que los siete diáconos seleccionados tuvieran nombres griegos es una posible indicación que eran helénicos y estaban mejor equipados para lidiar con el problema. See C. Peter Wagner, *Our Kind Of People* (Atlanta, GA: John Knox Press, 1978), 122. See also Glenn W. Baker, William L. Lane, J. Ramsey Michaels,The *New Testament Speaks* (New York: Harper & Row, 1969), 134.

277 Hengel, op. cit., 71.

278 Judge, op. cit., 56.

279 *Baker's Dictionary of Theology*, 1960 ed., s.v., "Hellenist, Hellenism."

280 Cayó su suerte para tomar ese primer paso en victoria sobre el prejuicio judío y la expansión de la iglesia, de acuerdo al mandado del Señor. *Dictionary of the Bible*, 1971 ed., s.v., "Philip the Evangelist" by William Smith. El hecho de que los cristianos helénicos fueran esparcidos por la persecución, sin embargo, se tiene que tener en cuenta.

281 Judge, op. cit., 56.

282 Hengel, op. cit., 72-73.

283 Judge, op. cit., 56.

284 Hengel, op. cit., 75.

285 Subsecuentemente, el apóstol Pablo fue el instrumento para penetrar aun mayormente en el mundo gentil. Hengel, op. cit., 75.

286 Hengel, op. cit., 89.

287 Hengel explica que el mensaje de Jesús tenía afinidades con el mundo universal de habla griega y quizá aún con algunos de los temas del pensamiento griego. Hengel, op. cit., 72.

288 Hengel, op. cit., 72

289 Hengel, op. cit., 71

290 Hengel, op. cit., 75.

291 La advertencia hecha anteriormente quizá tiene que repetirse aquí. Debido a las distancias cronológicas, geográficas, y culturales entre los primeros grupos cristianos y los hispanoamericanos modernos, las analogías empleadas aquí muy posiblemente encajan sólo en algunos respectos y no en otros. Se han empleado aquí con el entendimiento de sus limitaciones.

292 Larkin refers to Paul as a "Hellenistic Jew born in Tarsus." William J. Larkin, *Culture and Biblical Hermeneutics* (Grand Rapids, MI: Baker Book House, 1988), 199.

293 Cada grupo cultural tiene elementos que son condenados por la Biblia. Sin embargo, existen elementos que se afirman por la perspectiva bíblica. .

[294] Don C. Locke, *Increasing Multicultural Understanding*, Newbury Park: SAGE Publications, 1992, 130.

[295] Senior y Stuhlmueller, op. cit., 273; Shorter, op. cit., 128.

[296] Thomas W. Ogletree, *The Use of the Bible In Christian Ethics* (Oxford: Basil Blackwell, 1983), 155.

[297] A fin no ofender a nadie, sin embargo, Pablo presenta el principio de reciprocidad. Se anima a los cristianos a ejercer su libertad en lo relativo a las prácticas que no son contrarias a la Biblia y que no violan la consciencia. No obstante, se les recuerda que deben evitar tales prácticas (p.ej., comer carne) que ofendía a otros cristianos. Sobre todo se debe mantener un compañerismo espiritual.

[298] Estas formas culturales, sin embargo, tienen que examinarse a la luz de la Biblia. See Paul Tillich, *Theology of Culture*, ed. Robert C. Kimball (New York: Oxford University Press, 1959), 51.

[299] Daniel R. Sánchez, "Models of Practical Implementation," cited in C. Peter Wagner, op. cit., 163.

[300] Vea Hechos 10. Quiá es difícil hacer la distinción entre las fuentes religiosas y las culturales de la repulsión de Pedro para tener compañerismo con Cornelio. Aquí consideramos las fuentes culturales primordialmente.

[301] Vigil declara que los hispanoamericanos a menudo han reaccionado al racismo al llegar a ser "racistas al reverso," aún hacia otras minorias raciales. Vigil, op. cit., p. 181. En el Pew Hispanic Study, 83 porciento de los latinos encuestados reportaron que haya el problema de los latinos que discriminan contra otros latinos. Pew Centro Hiapano/Kaiser Family Foundation, 2002 National Survey of Latinos, 6

[302] Harvie Conn, "Conversion and Culture," *Down to Earth*, op. cit., p. 156.

[303] See Sandoval, op. cit., 56.

[304] Nieto, "Chicano Theology of Liberation," Mission Trends No. 4, Gerald Anderson, Thomas F. Stranski, eds, New York: Paulist Press, 1979, 278.

[305] Andrés G. Guerrero, *A Chicano Theology* (Maryknoll, NY: Orbis Books, 1987), p. 134.

[306] Guerrero, op. cit., 19.

[307] *New Standard Bible Dictionary,* 1936 ed., s.v. "Barrabás." See also Acts 4:35-37.

[308] A Latin term meaning black, see C. Peter Wagner, op. cit., 125.

[309] Wagner, op. cit., 125.

[310] See *New Standard Bible Dictionary,* 1936 ed., s.v. "Lucius."

[311] C. Peter Wagner, op. cit., 136.

[312] Acts 4:35-37.

[313] Esto no es para sugerir que la iglesia culturalmente pluralista sea el único modelo de la iglesia en el Nuevo Testamento. La iglesia en Jerusalén, por ejemplo, era primordialmente una congregación de cultura judía. La misión confiada a la iglesia por Jesucristo, sin embargo,

no le permitía a esta congregación aislarse de las demás iglesias. Este compañerismo, sin embargo, no borraba las diferencias culturales entre los grupos. En vez, como se manifestó en el concilio en Jerusalén, existía un nuevo sentido de aprecio y sensibilidad hacia los de otros trasfondos culturales y religiosos. Aunque para algunos haya preguntas no respondidas en lo relativo a la confiabilidad histórica del libro de los Hechos, parece no haber dificultad mayor en lo que tiene que ver con el tema y las conclusiones del concilio en Jerusalén. See Senior y Stuhlmueller, op. cit., 273; Malherbe, op. cit., 73.

[314] El hecho que hayan experimentado un grado de aculturación los capacitaba para servir de puentes de entendimiento entre los grupos culturales. fSee Guerrero, op. cit., 155.

[315] C. René Padilla, *Mission Between the Times (Grand Rapids, MI: William Eerdmans, 1985), 90.*

[316] Para una extensa discusión sobre la asimilación vea   Milton M. Gordon, Assimilation in American Life, Oxford University Press, 1964.

[317] Aunque se puede afirmar que los grupos *mestizos* pueden hallar un sentido de identidad con Jesús, también tiene que indicarse que la encarnación de Jesucristo tiene dimensiones particulares tanto como universales. La encarnación tuvo lugar en un contexto particular. Jesús nació judío, como miembro de una raza particular, con todo tiene significado universal: Jesucristo vino para salvar al mundo. See *Minutes y Report of the Meeting of the Assembly of the Commi-ssion on World Mission y Evangelism, Bangkok Thailand, Decem-ber 31, 1972 and January 9-12, 1973 (Bangkok: n.p., 1973), 74.*

[318] Wilmer Villacorta, "Mentoring y Machismo," *Focus*, Fuller Theological Seminary, Fall 2005, 7.

[319] Crollius indica que la Biblia reune muchas culturas manteniéndolas en una relación recíproca de dar y recibir. Con todo la existencia de una cultura específicamente bíblica no se expresa ni se niega. Crollius, op. cit., 5.

[320] Se debe indicar que cada una de estas analogías no es suficiente para abarcar la totalidad de la variedad cultural representada en los grupos que formaron parte de la comunidad cristiana inicial. Cada una de estas analogías, por lo tanto, puede ser valiosa a diferentes segmentos de la comunidad hispanoamericana en su-búsqueda por un sentido de identidad. Es necesario, sin embargo, que estas analogías se continúen examinando debido a la Biblia.

[321] Gustavo Gutiérrez, "Forward," *The Hispanic American Experience in the Church*, Moisés Sandoval, ed. (New York, NY: Sadlier, 1983), 11.

CAPÍTULO 16

RECONCILIACIÓN ENTRE LOS GRUPOS CULTURALES

Hace algunos años le pregunté al doctor Don Larson lo que pensaba del libro del doctor Donald McGravan, *Bridges of God*. Sin pestañear me respondió: "el contenido es bueno pero el título está equivocado. El título hubiera sido, *Tunnels of God.*" Consciente de su extenso entrenamiento en antropología cultural, de inmediato capté lo que implicaba. debido al hecho que todos los seres humanos tienen a Dios como su creador, tienen infinitamente más cosas en común que diferencias.

Si esto es así nos preguntaremos, ¿Por qué existen tantos malos entendidos y discordia entre los grupos culturales? Debido a la complejidad de las relaciones humanas, no es fácil encontrar una respuesta simple. Sin embargo, se puede decir que haya varios factores claros que contribuyen a esta discordia. Numerosos estudios socioculturales indican que la falta de conocimiento preciso es uno de los factores mayores que contribuyen a esto.[322] Esta falta de conocimiento preciso se observa en lo tocante a:

- los términos y conceptos que se usan
- los factores que contribuyen al desarrollo del prejuicio
- los factores que contribuyen a la reducción del prejuicio

El objetivo de este capítulo será considerar estas tres áreas en la esperanza de contribuir hacia un más alto grado de entendimiento y armonía entre los varios grupos ssocioculturales en los Estados Unidos hoy. Es nuestro deseo sincero que los hispanos que tienen que relacionarse con otros segmentos de la población hispana (diferentes países de origen y niveles socioeconómicos) encuentren ayuda y precisión en este capítulo. Esperamos también que los que desean participar en el ministerio hispano encuentren este capítulo desafiante e inspirador por los conceptos dados.

Términos y conceptos imprecisos

A menudo ciertos términos se usan porque facilitan la categorización. El valor positivo de esos términos es que sirven como taquigrafía que nos permiten comunicarnos rápida y eficientemente. Sin ellos la comunicación sería laboriosa y enredada. El valor negativo potencial de algunos de los términos usados, sin embargo, es que comunican ideas que son contrarias a la realidad o perpetúan conceptos y estereotipos que alimentan sospecha y discordia entre los grupos socioculturales. Con esto presente, examinaremos algunos de estos términos.

El concepto de "raza"

El término "raza" se usa hoy por los noticieros tanto como por la mayoría de los grupos minoritarios. Para la sociedad en general, éste provee una manera fácil para a categorizar los grupos de gente. Los grupos minoritarios a menudo usan el concepto de "raza" como el punto de encuentro de la identidad y el propósito común.

Un gran problema con el uso del término "raza", sin embargo, surge de la creencia que la mayoría de las diferencias entre los grupos socioculturales son heredadas biológicamente. Los racistas, por ejemplo, argumentan que ciertas razas son naturalmente superiores a otras y esta superioridad los autoriza a gobernar sobre las "gentes inferiores." El peligro de la "teoría racial" se ve en el holocausto nazi, cuando Hitler sistemáticamente ejecutó seis millones de judíos, sólo porque creía en la superioridad de la "raza aria." Aún los que jamás usan el concepto de raza para propósitos siniestros corren el riesgo de a categorizar a la gente en base a la apariencia física.

El concepto de "raza" se cuestiona hoy por muchos científicos. Recientemente, los investigadores que analizan las amenazas genéticas de la diversidad humana declaran categóricamente que el concepto de raza no tiene base en la biología humana fundamental. "Los científicos deben abandonarlo" dijeron en la American Association de el Advancement of Science. Las conclusiones de estos grupos surgieron de un entendimiento más preciso que yace bajo la genética de las especies humanas y cómo surgen las distinciones de la piel, cabello y rasgos faciales, que aparecen en la vida diaria, pues no tienen nada que hacer con la biología básica de las diferencias humanas. "Biológicamente en esencia decimos que raza ya no es una distinción científica válida," dijo Solomon Kata, un antropólogo de la University of Pennsylvania. Lorin Brace, un antropólogo biológico en la University of Michigan dijo:

> "Raza es un construido social derivado principalmente de percepciones condicionadas por eventos registrados en la historia y no tiene base en la realidad biológica."[323]

El sociólogo Gordon Allport expresa el mismo punto de vista cuando declara:

La opinión experta sostiene que muy pocos genes

participan en la transmisión de la pigmentación, y que el color blanco y otras indicaciones de raza que puedan parecer verdaderas dentro de un grupo racial, no indican la herencia total de un individuo dado. Se dice que no más del uno porciento de los genes involucrados en producir la herencia de una persona están racialmente vinculados. Así se vincula el color, pero no existe evidencia de que los genes que determinan el color de la piel estén vinculados a los genes que determinan la capacidad mental y las cualidades morales.[324]

El racismo junto con la falsa presuposición de que la raza determina los rasgos sicológicos y culturales, son la creencia de que una raza es superior a otra. Es con estas bases que los racistas justifican la discriminación contra tales grupos segregándolos o haciéndolos chivos expiatorios.

Allport declara:

haya un curioso aire de finalidad en término "racial." Se piensa de la herencia como inexorable, como confirmando una esencia de un grupo del cual no haya escape.[325]

La mayoría de las personas no saben la diferencia entre grupo racial y étnico, entre raza y casta social, o entre educación y naturaleza.

Allport dice:

Resulta en la economía del pensamiento atribuir las peculiaridades de apariencia, costumbre y valores a la raza. Es más sencillo predicar diferencias a la herencia que juzgar todo el complejo como resultado de trasfondos sociales para la diferenciación que existe. Cuando la gente confunde los rasgos raciales y culturales también confunde lo que es dado por la naturaleza con lo que se adquiere por medio del aprendizaje. Esta confusión tiene serias consecuencias, porque conduce a una creencia exagerada en lo fijo de las características humanas. Pensar en categorías raciales a menudo lleva al trato como de casta a otros grupos culturales. Como no pueden cambiar su apariencia física, los miembros de ciertos grupos socioculturales se espera que permanezcan en "su lugar" para siempre.[326]

Dos puntos sobresalen sobre todo lo demás del trabajo antropológico sobre raza:

- Excepto en partes remotas de la tierra, pocos seres humanos pertenecen a un linaje puro, por eso el concepto tiene poca utilidad.

- La mayoría de las características humanas atribuidas a la raza se deben a la diversidad cultural y por lo tanto, deben considerarse como culturales y no raciales.[327]

Por esto, es más preciso y más productivo referirse a estos grupos con características variantes como grupos *socioculturales* en vez de *raciales*.

El concepto del color

Usar el color es uno de los tipos más comunes de categorización o estereotipo. Como es verdad en la mayoría de las generalizaciones, el uso del color provee una manera de distinguir a la gente rápida y convenientemente. Existen varios peligros inherentes, sin embargo, en recurrir a esta división.

Primero, el color no es generalmente usado como una categoría neutral simplemente para describir la pigmentación o matiz de una persona o grupo. En muchas ocasiones, el color se conecta en la mente de una persona con la condición social.

Segundo, el color a menudo se usa de tal manera como para implicar que todas las personas que tienen el mismo matiz son del mismo grupo sociocultural. Nada puede estar más lejos de la verdad. Muchas culturas se representan entre la gente que parece tener el mismo color de la piel. Asumir que todas las personas que tienen piel "oscura" tienen la misma cultura es tan equivocado como hacer la misma generalización de toda la gente con pigmentación "blanca," "amarilla," "roja," o "bronce." Un ejemplo de esto es la infundada presuposición que como existen similitudes físicas entre los africanos, haitianos y afroamericanos, todos deben ser culturalmente similares. Aunque hayan algunas similitudes físicas, sus culturas, idiomas, y cosmovisiones son vastamente diferentes. La misma presuposición se puede hacer de los varios grupos dentro de la categoría asiática (p.ej., chinos, coreanos, japoneses, vietnameses, etc.). En su artículo "What Color es Black?" Tom Morganthau indica que entre los afroamericanos existen todos los matices concebibles desde ébano hasta moreno.[328]

Tercero, para muchos el color se ha conectado erróneamente con las capacidades intelectuales. A pesar del hecho de que estudios numerosos indican que ese no es absolutamente el caso, algunos creen que las personas de cierto color de piel trabajan "mejor con sus manos" mientras que las tareas que requieren "habilidades mentales" se deben reservar para otros.

Cuarto, el uso del color para a categorizar a la gente implica cierta finalidad. Porque la gente no puede cambiar su color de la piel, la implicación es que no haya nada que se pueda hacer para cambiar lo que algunos ingenuamente perciben ser sus "características negativas."

Por lo tanto, términos imprecisos perpetúan el prejuicio en vez de disminuirlo. Referirse a las personas como "blancas," "negras," "amarillas," "bronceadas," y "rojas" pone a la gente en tan amplias categorías que no permite espacio para las distinciones culturales, mucho menos para características individuales que son casi totalmente eliminadas. Se añade un error al referirse a éstas como a razas, tales como "raza blanca" y "raza negra."

Existe un término que al presente también se usa para alimentar la perpetuación de los estereotipos. El término "gente de color" se usa con la aparente implicación que haya "gente blanca" y que todos los demás son "gente de color." La implicación parece ser que "blanco" es lo normal y que la "gente de color" es la desviación.

Este término, aunque provee una rápida taquigrafía, es detrimental porque categoriza a la gente bajo tan amplias generalizaciones que crea enormes diferencias de opinión. Antes del movimiento de los derechos civiles, a los afroamericanos se les llamaba "gente de color." Ahora algunos llaman a los que no son anglos "gente de color." Esto no contribuye a disminuir el uso de los estereotipos.

El concepto de la sangre

Un misterio sutil y atractivo rodea el concepto de la "sangre." Existe una importancia simbólica definitiva e íntima alrededor de este *sibolet*. Tanto la familia y el orgullo racial se enfocan en la "sangre." Mientras algunos puedan usar este concepto para promover la identidad cultural, este simbolismo no tiene apoyo en la ciencia. Allport dice, "Hablando estríctamente todos los tipos de sangre se encuentran en todas la razas."[329]

El uso de categorías basadas en los conceptos de "raza," "color" o "sangre," por lo tanto, a un tipo de "*pigmentocracia*." Como es verdad del sistema de castas en algunos países, algunos usan el concepto de raza, color y sangre para justificar y reforzar sus prejuicios. Esto, a la vez, lleva a algunos a creer que la gente es inherentemente diferente y que se deben mantener separados de acuerdo a estas categorías convenientes. Ver las diferencias desde una perspectiva sociocultural, por otra parte, hace que se tenga un mayor entendimiento de los individuos y grupos. Entender el desarrollo del prejuicio y lo que son sus efectos hirientes es un factor importante en el ministerio cristiano.

Vencer el prejuicio y la discriminación como base para la misiones

Los obreros cristianos en cada nivel deben reconocer los efectos adversos que el prejuicio y la discriminación tienen en la sociedad en general y en el ministerio cristiano en paricular. Una de las metas más imperiosas para los cristianos debe ser el reconocimiento del prejuicio y superar tanto el prejuicio como la discriminación.

Factores que contribuyen al desarrollo del prejuicio

Debido al hecho de que las relaciones son complejas entre grupos socioculturales, no es tarea fácil precisar los factores que contribuyen al desarrollo del prejuicio. Como punto de arranque, un esfuerzo se hará para definir el prejuicio. A esto seguirá una breve revista de las varias teorías de prejuicio, un análisis de las maneras en que se adquiere el prejuicio, y un examen de las maneras en que el prejuicio se practica.

Definición del "prejuicio"

La palabra "prejuicio" se deriva del sustantivo latino *prejudictum*, que para los antiguos simplemente significó lo precedente o juicio basado en decisiones o experiencias previas. Sin embargo, en el uso moderno, ha venido a significar un *juicio sin apoyo usualmente acompañado por desaprobación*. James A. Banks define prejuicio como una "serie de actitudes rígidas desfavorables que se formaron sin relación con los hechos contra un grupo particular o grupos."[330] El efecto neto es colocar a las personas en desventaja, no porque hayan hecho algo malo, sino porque la persona prejuiciosa está predispuesta a responder de una ma-nera en particular, irrespectivamente de los hechos. Una distinción tiene que hacerse entre las creencias y actitudes que usualmente van juntas. Las creencias se pueden alte-rar por el argumento racional y el sentido común, pero ha-cer esto no garantiza un cambio de actitud. La gente prejuiciosa tiene el tino de ajustar las creencias para enca-jar sus actitudes.

Allport declara:

El prejuicio es un sentimiento, favorable o desfavorable, hacia una persona o cosa, anterior y no basado en la experiencia real. Pensar mal de otros sin suficiente base."[331]

El prejuicio es una actitud en una mente cerrada que dice: "No me fastidie con los hechos; ya he decidido lo que voy a creer." Ackerman afirma que "Prejuicio es un patrón de hostilidad en las relaciones interpersonales que va dirigido contra un grupo entero, o contra sus miembros individuales; cumple con una función irracional específica del que lo sostiene."[332]

Teorías del prejuicio

Gordon Allport tiene una lista de seis teorías principales de prejuicio:[333]

1. Histórica. Esta teoría asegura que sólo con el estudio del trasfondo total del conflicto (p.ej., anglos y afroamericanos) uno puede entenderlo completamente. Aunque haya cierta verdad en esta teoría, falla en explicar por qué algunas personas llegan a ser prejuiciosas y otras no.

2. Sociocultural. Esta teoría enfatiza el contexto sociocultural en el que las actitudes de prejuicio se desarrollan. Algunos, por ejemplo, piensan que el prejuicio se desarrolla como parte del proceso de la organización. Esto no tiene en cuenta, sin embargo, el prejuicio que se encuentra en las áreas rurales.

3. Situacional. Esta teoría enfatiza el efecto que las fuerzas presentes tienen en el desarrollo del prejuicio. Los niños que crecen rodeados de patrones de prejuicio, simplemente se conforman a éstos. Indudablemente, esto es un factor contribuyente, con todo, se le pueden encontrar excepciones.

4. Sicodinámico. Esta teoría sicológica se basa en la "naturaleza del hombre." Esta teoría afirma que ciertas estructuras del carácter (p.ej., inseguridad, y personalidades ansiosas) desarrollan el prejuicio como un rasgo importante de sus vidas. Una de las debilidades mayores de esta teoría es que no explica por qué tales personalidades expresan su prejuicio sólo contra ciertos grupos o por qué todas las personalidades similares no son perjudicadas.

5. Fenomenológica. Esta teoría sostiene que la conducta de una persona se basa en la manera en que percibe el mundo. Aunque es verdad que la cosmovisión influye en la percepción de la persona, esta teoría no demuestra conclusivamente que todo lo histórico y las fuerzas históricas converjan en un enfoque final.

6. Reputación ganada. Esta teoría sostiene que existen rasgos étnicos, raciales o nacionales que son amenazantes e invitan a la desaprobación, hostilidad y prejuicio. Sin embargo, existen ejemplos numerosos en los cuáles el grupo enfocado no ha hecho nada para ganar esa reputación.

Ninguna teoría comprensiva explica completamente el fenómeno del prejuicio. Aunque algunas de estas teorías contienen un grano de verdad, ninguna es completa y se necesitan muchas explicaciones para tener en cuenta su complejidad.

Maneras en que se adquiere el prejuicio

El prejuicio se adquiere por medio de la interacción social-en el hogar, en la sociedad y en otras experiencias socioculturales.

1. El papel del hogar

El prejuicio no se trasmite biológicamente; se gana. El primer lugar en el cual el prejuicio se aprende es en el hogar. Existen dos maneras en las que el niño adquiere el prejuicio: (1) adoptándolo y (2) desarrollándolo.

Un niño adopta el prejuicio al hablar sobre las actitudes y estereotipos que tiene su familia.

Otro tipo de entrenamiento no transfiere ideas y actitudes directamente al niño, sino que en vez crea una atmósfera en la cual el niño desarrolla el prejuicio como un estilo de vida. A menudo, el modo de criar al niño (la disciplina, el amor, las amenazas) es tal que el niño no puede evitar adquirir sospecha, temor u odios que tarde o temprano se pueden fijar en grupos minoritarios.

2. El papel de la sociedad

Aunque el prejuicio actual o la predisposición para el prejuicio se hayan adquirido en el hogar, se han reforzado en la sociedad. Esto sucede cuando se siguen las costumbres de la sociedad casi inconscientemente. Deseando ser aceptados dentro de su propio grupo, estas personas, a veces, siguen sus prácticas. También sucede cuando se desarrolla el etnocentrismo al considerar nuestro grupo co-mo superior y juzgar a otros grupos culturales por los es-tándares de nuestro grupo.

Allport tiene una lista de diez condiciones socioculturales que parecen producir el prejuicio: 1) Heterogeneidad en la población; 2) Facilidad de movilidad vertical; 3) Rápido cambio social con anomalía presente; 4) Ignorancia y barreras para la comunicación; 5) Densidad relativa del grupo minoritario de la población; 6) La existencia de rivalidades y conflictos realistas; 7) Explotación que sustenta intereses importantes en la comunidad; 8) Sanciones dadas a chivos expiatorios agresivamente; 9) Leyenda y tradición que sostienen la hostilidad; 10) Actitudes desfavorables hacia la asimilación y al pluralismo cultural.[334]

Cuando estas condiciones, o una combinación de las mismas, se encuentran en un medio social, el desarrollo del prejuicio es más probable que ocurra.

Maneras en que actúa el prejuicio

Aunque el prejuicio es una actitud interior, se expresa en una variedad de maneras. Allport cita las siguientes maneras:[335]

1. Antilocución - hablar en contra o contar chistes derrogativos de los miembros de otro grupo cultural entre amigos de la misma mentalidad. Mucha gente nunca va más allá de este grado suave de acción antipática.

2. Evasión - Evadir a los miembros del grupo que disgustan aún al costo de considerable inconveniencia. En este caso, el que lleva el prejuicio no infringe la lastimadura directamente al grupo que le disgusta sino que reacciona con acomodación y retiro.

3. Discriminación - Aquí la persona prejuiciosa hace distinciones detrimentales de una manera activa. Esto involucra exclusión de personas de cierto tipo de casa, empleo, educación, actividades recreativas, oportunidades, hospitales y otros privilegios sociales. La segregación es una forma institucionalizada de discriminación enfocada legalmente o por la costumbre común.

4. Ataque físico - Las condiciones de elevado prejuicio emocional puede llevar a actos de violencia o semi-violencia.

5. Exterminio - Linchar, degüello y saqueo, masacres, y programas hitlerianos de genocidio marcan el grado último de la expresión violenta del prejuicio. Los eventos que se experimentan hoy en Dafur muestran la tendencia de un grupo cultural que busca el exterminio de otro grupo, aún cuando los grupos comparten la afiliación religiosa.

Es importante entender que cada etapa de la conducta prejuiciosa alimenta la siguiente y que desarrolla formas externas desarrolladas sólo cuando las formas más sutiles se permiten florecer. Por ejemplo, menosprecios raciales (p.ej., "chistes étnicos") sin restricción pueden llevar a una conducta discriminatoria (p.ej., escribir en las paredes de las sinagogas, quemar cruces) que puedan conducir a conducta violenta como linchadas, bombazos y otras formas de chivos expiatorios. Los historiadores nos recuerdan del abuso verbal con los judíos alemanes, que aunque liviano en el tiempo de Bismarck, llegaron a ser feroces bajo Hitler, y condujeron a las infames leyes de Nuremburgo que prepararon el camino para el holocausto.[336]

La relación entre prejuicio y discriminación

Cuando actuamos nuestros prejuicios participamos en la discriminación. La discriminación es trato diferente basado en injusta categorización racial, religiosa o étnica. Es la negación de la justicia provocada por el prejuicio. La gente puede ser prejuiciosa sin en realidad discriminar. Peter I. Rose emplea cuatro categorías para ilustrar la relación entre prejuicio y discriminación.[337]

- **Sin prejuicio ni discriminación**—Estas personas sinceramente creen en el credo estadounidense de libertad y equidad para todos y lo practican en toda su extensión. Algunos de ellos tienen la firme creencia que como cristianos tienen que seguir las enseñanzas y el ejemplo de Cristo quien afirmó el valor inherente de todos los seres humanos.

- **Sin prejuicio discriminador**—Estas personas se caracterizan por el dueño de casa, que niega sentimientos personales contra ciertas minorías, pero que las mantiene fuera de sus vecindarios por temor de alterar el carácter de la comunidad. Uno se pregunta si no es un "discriminador prejuicioso subconscientemente." Al no desear tomar la iniciativa para relacionarse con otros grupos culturales o pagar el precio de vivir en la misma comunidad con ellos, la gente, que no se considera prejuiciosa, puede practicar una forma sutil de discriminación.

- **Prejuicioso sin discriminar**—Estos son los "tímidos prejuiciosos" que sienten definitiva hostilidad hacia muchos grupos y acepta los estereotipos de otros, pero que no discriminará abiertamente en contra de las leyes o costumbres.

- **Prejuicioso discriminador**—Estos son los "activos prejuiciosos" que no creen en el credo estadounidense ni actúan de acuerdo con sus preceptos. Pueden participar en acciones directas contra ciertos grupos. Algunos pueden aún intentar encontrar justificación bíblica para sus prácticas discriminatorias.

Es importante notar que el prejuicio, sea que se experimente abierta o encubiertamente, tiene consecuencias negativas. El hecho de que alguno no actúe sus prejuicios no quiere decir que no haya lastimado. La meta, por lo tanto, debe ser la eliminación del prejuicio. Desde la perspectiva cristiana, si el prejuicio nos impide entender y amar a gente de otra cultura, es un serio obstáculo a la implementación de la gran comisión.

Factores que contribuyen a la reducción del prejuicio

Debido al hecho que el prejuicio se aprende y que no se hereda biológicamente, se pueden tomar pasos para reducir, y esperanzadamente, eliminarlo. Allport ha documentado los siguientes métodos que han ayudado a reducir el prejuicio:[338]

- **Método informativo**—Este método imparte conocimiento con conferencias y enseñanzas en libros de texto. Entre más se desarrolle el aprecio por la cultura de otros mayor será la posibilidad para el entendimiento y la comunicación.

- **Método de la experiencia vicaria**—Este método emplea películas, dramas, ficción, y otros medios para invitar a la gente a identificarse con los miembros de un grupo de afuera. Éste va más allá del método informacional e involucra las áreas afectivas de la vida de la persona.

- **Método de estudio/acción comunitaria**—Este método organiza viajes al campo, encuestas del área, trabajo con agencias sociales o programas comunitarios. A menudo, la gente sirve con otros en programas de acción comunitaria en proyectos misioneros, se tiene la oportunidad de intercalar con la gente de diferentes trasfondos culturales.

- **Exhibiciones, festivales, y espectáculos** —Este método anima a una consideración de simpatía en lo tocante a costumbres de los grupos minoritarios y nuestra herencia del viejo mundo. La actividades relacionadas a las celebraciones patrias afirma la herencia cultural de los varios grupos culturales que participen.

- **Proceso de grupo pequeño**—Este método aplica muchos principios de la dinámica de grupo que incluye discusión, sociodrama y entrenamiento de grupo. A menudo por medio de juegos en los cuáles la gente de la cultura dominante se excluye de participar por reglas arbitrarias, por medio de los cuáles entiendan lo que se siente al ser excluidos sin que hayan cometido ninguna falta de su parte.

- **Conferencia individual**—Este método permite una entrevista y consejería terapéutica. Hablar con la gente sobre su peregrinaje cultural buscar relacionarse con la cultura predominante en este país puede ayudar a que se gane valiosa información tanto como establecer relaciones significativas.

Todos estos métodos tienen el potencial para contribuir hacia la reducción del prejuicio, los estudios indican que los métodos que llevan a la *familiaridad* en vez de *verdadero conocimiento* obtienen los mayores resultados. En otras palabras no es realmente un asunto de impartir conocimiento (aunque éste puede ser básico) sino el que capacita a la persona prejuiciosa a familiarizarse con las personas (y situaciones) de un grupo culturalmente diferente. En contraste con contactos casuales, la mayoría de los estudios indican que la verdadera familiaridad disminuye el prejuicio.

La demostración directa de este punto se presenta en la investigación de J. S. Gary y H. A. Thompson.[339] Enfatizan que para ser máximamente efectivos los programas de contacto y familiarización deben ser:

- Conducidos con un sentido de igualdad en la condición social entre los grupos mayoritarios y minoritarios;

- Ocurrir en la búsqueda ordinaria propuesta de metas comunes;

- Evadiendo la artificialidad;

- Ser sancionados por el apoyo institucional (p.ej., la ley, la costumbre o la atmósfera local);

- Conducidos con la percepción de intereses comunes y humanidad común entre los miembros de los dos grupos. Los contactos de buena voluntad sin metas concretas no logran nada. Los grupos minoritarios no ganan nada al persuadir en forma artificial admiración mutua.

¿Cómo pueden los cristianos superar el prejuicio?

Reconocimiento

haya que reconocer que todos nosotros tenemos la tendencia a ser prejuiciosos. Porque la mayoría de nosotros ha crecido en el contexto de un grupo cultural aislado, nuestra tendencia natural es creer que la nuestra es la única cultura válida y que todos las culturas tienen que evaluarse por nuestros estándares.

Como se indicó anteriormente, como niños tomamos de nuestros padres y de la sociedad que nos rodea las ideas y actitudes antes tener la oportunidad de evaluarlas críticamente. El resultado es que aún inconscientemente tenemos prejuicios relacionados con grupos culturales que son diferentes al nuestro.

Es importante señalar que esto le sucede a las personas de todos los grupos culturales. A menudo, el etnocentrismo es un *camino de doble vía*. Si un grupo tiene actitudes negativas hacia otro, lo mismo le sucede al otro grupo. Este no es un asunto exclusivamente de mayoría o de la minoría. Todos tenemos que reconocer que haya mucho en la cultura que nos rodea que alimenta actitudes de prejuicio.

Arrepentimiento

Arrepintámonos si nuestro pecado ha sido el del *orgullo*. haya el lado positivo del orgullo que hace que nos sintamos bien con nosotros mismos. El lado negativo es el de tener que ver para bajo a la gente para así sentirnos superiores.

Aunque ayuda y es necesario tener un sentimiento positivo de nuestro propio grupo cultural, en el momento que empezamos a sentirnos *superiores, críticos, y negativos* hacia personas en otras culturas deshonramos a Dios porque Él es el Padre de todos nosotros. En otras palabras, no podemos llamar a Dios "Padre" si no estamos dispuestos a aceptar a la gente de otras culturas como nuestros *hermanos y hermanas*. Por lo tanto, tenemos que arrepentirnos ante Dios y pedirle que nos perdone del pecado del orgullo que ha hecho que veamos a otros de una manera negativa y sin compasión.

Resolución

Resuelva cultivar amistad con por lo menos *una persona* de ese grupo cultural particular. Cuando se personaliza se deshace el mito. Cuando llega a conocer a alguno de otra cultura personalmente encontrará que se deshace de los mitos que había aprendido de la gente a su alrededor. Decídase a desarrollar una genuina amistad con una persona del grupo o segmento de población con el cual se interesa. Tenga la seguridad que una amistad entre iguales es una en la que aprenden el uno del otro y se afirman el uno la otro.

Resistencia

Resista los esfuerzos de parte de la gente en su grupo cultural para *humillar* o *perpetuar* los estereotipos (por medio de chistes, comentarios sarcásticos) de otro grupo cultural. Algunos chistes son inocentes y genuinamente divertidos. Otros chistes, sin embargo, parecen tener el único propósito de humillar a otros grupos culturales.

Tener en cuenta

Tener en cuenta que tenemos la oportunidad de ejercer una influencia cristiana positiva al establecer puentes entre los grupos culturales. Como cristianos tenemos que estar dispuestos a ir en contra de las tendencias y actitudes no cristianas en nuestra sociedad. Podemos hacerlo cuando decidimos relacionarnos con personas de otras culturas y aún creamos un mejor entendimiento entre los varios grupos culturales.

Obediencia

Obedecer las amonestaciones de la Palabra de Dios. La Biblia condena la:

- Antipatía – "Amar al prójimo como a sí mismo." ¿Quién es mi prójimo? El buen samaritano;
- Antilocución – "No darás falso testimonio";
- Discriminación – Santiago habla en contra del tratamiento preferencial a los ricos";
- Violencia física – Jesús nos enseñó a poner la otra mejilla;
- Exterminación – "No matarás."

Estas prácticas claramente no son bíblicas y no se deben de manifestar en las vidas de los que siguen a Cristo genuinamente.

Allport hace el siguiente comentario sobrio:
> Los Estados Unidos, como un todo, ha sido un establa defensor del derecho de ser lo mismo o diferente, aunque ha quedado corto en muchas de sus

prácticas. El asunto ante nosotros es si progresamos hacia la contínua tolerancia, o si, como en muchas regiones del mundo, se establece una fatal retrogresión. ¿Pueden los ciudadanos aprender a buscar su propio bienestar y crecimiento sin que sea a expensas de su prójimo, sino en acuerdo con el mismo? La familia humana todavía no sabe la respuesta, pero esperamos que sea afirmativa.

Si alguien está en posición de dar una respuesta afirmativa a este desafío, deben de ser los cristianos que toman el mandamiento de Jesús seriamente: "Amar al prójimo como a sí mismo.

Notas

322 Gordon W. Allport, *The Nature of Prejudice*, Garden City, NY: Doubleday Anchor Books, 1958, 405-407.

323 *Fort Worth Star-Telegram*, "Researchers say race isn't base of scientific study," 1995.

324 Allport, 107.

325 Allport, 107.

326 Allport, 108.

327 Allport, 112.

328 "What Color is Black,?" *Newsweek,* Feb., 13, 1995.

329 Allport ,108.

330 James A. Banks, "Reducing Prejudice in Students: Theory, Research, y Strategies," in Kogla Adam Moodley, ed, *Race Relations and Multicultural Education* (Vancouver, BC: Center fo the Study of Curriculum and Instruction, University of British Columbia, 1985), 65-88.

331 Allport, 7.

332 N.W.Ackerman y Marie Jacoba, *Anti-Semitism and Emotional Disorder*, New York: Harper, 1950, 4.

333 Allport, 205-218.

334 Allport, 233.

335 Allport, 14-15.

336 Ibid.

337 Peter I. Rose, *They and We: Racial and Ethnic Relations in United States, 3d ed. (New York: Random House, 1981), 91-94.*

338 Allport, 250.

339 J. S. Gary y A. H. Thompson. "Ethnic prejudices of white and negro college students," *Journal of Abnormal and Social Psychology,* 1953, 48: 311-313. (Cited in Allport, 252).

TERCERA PARTE:
MINISTRANDO ENTRE
LOS HISPANOS

CAPÍTULO 17

ALCANZANDO A LOS HISPANOS PARA CRISTO

Para los cristianos lo más amoroso y la más grande contribución que se pueda hacer a la vida del prójimo es llevarlo a la experiencia personal de salvación en Jesucristo. La advertencia que Jesús le hizo a Nicodemo, "De veras te aseguro que quien no nazca de nuevo no puede ver el reino de Dios," eso sigue siendo verdad hoy. Nada hará mayor impacto en la vida de una persona que recibir a Jesucristo como Salvador y Señor. La seguridad del perdón del pecado, de la presencia de Cristo, y de la vida eterna le dará un sentido de dirección, la disciplina y la confianza para enfrentar los desafíos de la vida con una actitud positivamente constructiva. Guiar a los hispanos a la experiencia personal de salvación en Jesucristo, por lo tanto, les dará valiosos recursos espirituales al enfrentar la transición y la adaptación en este país. Dos de las maneras más efectivas para llevar a los hispanos a la experiencia personal con Cristo es por medio del ministerio basado en la evangelización y por medio de la evangelización personal.

Evangelización basada en ministerio

Una de las mejores maneras de alcanzar a la gente en cualquier comunidad es descubrir las necesidades sentidas, para ministrarles al atender estas necesidades, estableciendo puentes de amistad y entendimiento, y al compartir las buenas nuevas de salvación con una actitud de compasión e interés. Con el uso de la táctica de ministerio total, las necesi dades de muchos hispanos se satisfarán y sus vidas se transformarán al abrirse para tener una relación personal con Jesucristo.

Una encuesta entre los pastores hispanos, conducida por el Research Department of the North American Mission Board, reveló las siguientes necesidades en el orden de prioridad establecido por los pastores.[419] Los porcentajes indican el número de pastores que estuvo de acuerdo que cierta necesidad se debía colocar en un sitio particular en el orden de prioridades.

1. Ayudarles a conseguir trabajo o mejores trabajos 68%
2. Ayudar a los nuevos inmigrantes a establecerse 60.8%
3. Ayudarles a tener acceso a los servicios sociales (cuidado de la salud, seguro social, medicare) 60.8%
4. Programas de consejería 60.8%
5. Inglés o clases de ciudadanía 58.3%
6. Ayudar a los estudiantes que sigan en la escuela 53.3%
7. Programas deportivos de iglesia/comunidad 51.7%
8. Entrenamiento para trabajo 50.0%
9. Programa para adolescentes para después de la escuela 49.2%
10. Programas de rehabilitación de droga/alcohol 45.0%
11. Programa de guardería para niños 45.0%
12. Reducción de la violencia entre las familias 40.85%
13. Distribución de comida 37.5%

14. Programas para los ancianos 32.2%
15. Proveer vivienda para los que no tienen hogar 30.8%
16. Reducción de la violencia en la comunidad (p.ej., pandillas) 29.2%
17. Casa adecuada 25.5%
18. Registrar para votar 20.8%
19. Otras necesidades comunitarias 15.8%

Es probable que el orden de prioridades varíe de una comunidad a otra. Por otra parte, los tipos de necesidades que se incluyen se encuentran en cada comunidad hispana, especialmente las que tienen nuevos inmigrantes. Importa notar que muchas de las necesidades anotadas arriba se relacionan con la adaptación de los nuevos inmigrantes a la vida en este país. Esto es evidente en las primeras cinco necesidades mencionadas en la encuesta: Ayudar a los hispanos a conseguir trabajo o mejores trabajos; ayudar a los nuevos inmigrantes a establecerse; ayudar a que se tenga mejor acceso a los servicios sociales básicos (cuidado de la salud, seguro social, medicare); programas de consejería y clases de inglés o de ciudadanía.

Como cosa dada, los cristianos tienen que ministrar a las necesidades de la gente en el nombre de Cristo (Mateo 24:34-26). Ministerios compasivos aliviarán las necesidades de la gente y edificarán puentes de amistad y entendimiento que facilitarán la comunicación del mensaje de salvación. A una joven, que vino de otro país le ayudó significativamente en su transición una dama cristiana y dijo: "ella edificó un puente de su corazón al mío y Jesús vino a mi vida." Esto resume la evangelización basada en el ministerio.

Evangelización relacional

En un sentido la evangelización basada en el ministerio y la evangelización relacional no se pueden separar porque la una conlleva a la otra. Sin embargo, en este segmento nos enfocaremos en maneras constructivas para cultivar relaciones entre los hispanos. El propósito de este segmento, por lo tanto no consiste en discutir *religión* sino en el enfoque de la *relación* personal con Jesucristo como Salvador y Señor. Jesús aclaró muy bien que la gente tiene que nacer de nuevo a fin de entrar en el reino de Dios (Juan 3:3). En este capítulo nos enfocaremos en los hispanos que no han experimentado el nuevo nacimiento. Algunos de ellos son amigos queridos y gente muy sincera que no tienen un en tendimiento claro de la enseñanza bíblica tocante a la salvación. Es nuestro deber enseñarles que esta experiencia personal con Jesucristo bendice a la gente con el *perdón de los pecados, les da un sentido de propósito en la vida* y *la permanente presencia del Señor*, el poder de vivir victoriosamente y la *esperanza imperecedera* para esta vida y para la eternidad.

Algunos procuran testificarles a los hispanos a*rgumentando, atacando* y *exponiendo* lo que consideran ser las creencias y prácticas equivocadas. En toda mi experiencia misionera, he hallado que en la mayoría de los casos tal metodología ofende y ahuyenta a la gente que de otra manera podría estar dispuesta a escuchar las buenas nuevas de salvación. El tema que gobierna este capítulo, por lo tanto, es "decir la verdad en amor" (Efesios 4:15). Tenemos que decir la verdad de la palabra de Dios, pero tenemos que hacerlo en el espíritu de amor y compasión. Por lo tanto, debemos procurar establecer los puentes de comunicación para que así podamos compartir las enseñanzas bíblicas de la salvación por medio de la fe personal en Jesucristo de tal manera que la gente sea receptiva al mensaje.

Este segmento se enfocará en las enseñanzas bíblicas en lo relacionado con compartir las buenas nuevas de la salvación. También proveerá instrucción en cómo testificar de tal manera que la atención de los oyentes se dirija a Jesucristo y no a los asuntos periféricos que puedan distraerles de llegar a una experiencia de salvación personal en Jesucristo.[342]

El diálogo que Jesús tuvo con la samaritana tiene lecciones valiosas que nos ayudarán como cristianos evangélicos a saber cómo compartir nuestra fe con los que no han experimentado el nuevo nacimiento y que tienen preguntas en los tocante a su relación con Dios. Al estudiar este maravilloso diálogo descubrimos las cosas que Jesús hizo al compartir las lecciones espirituales muy importantes con una persona que tenía una tradición religiosa pero que tenía nociones vagas en cuanto a Dios y cómo relacionarse con Él. Fue obvio de su estilo de vida que tenía serias necesidades espirituales que no sabía como satisfacerlas. Al estudiar cómo Jesús se relacionó con esta mujer, podemos aprender cómo relacionarnos con gente que también tiene necesidades espirituales y que buscan el propósito y significado para sus vidas. El pasaje se encuentra en Juan. 4:4-42.

Jesús cultivó la amistad (4:4-6)

Al salirse de su camino geográficamente

Juan declara que Jesús "tenía que pasar por Samaria," En verdad, muchos de los judíos iban alrededor de Samaria en su camino a Galilea. La afirmación que Jesús "tenía que pasar por Samaria," dice más de su dedicación que de la necesidad geográfica. En otras palabras, Jesús sintió un fuerte deseo de ir para anunciarles el amor de Dios a los samiritanos.

Al salirse de la costumbre social

La samaritana se sorprendió de que Jesús le hablase. No se acostumbraba que un maestro la hablara a una mujer en público. Además como se indica (Juan 4:9), no se acostumbraba que los judíos tuvieran trato social con los samaritanos. El comentario de Juan parece ser una débil afirmación. Es realidad que los judíos y los samaritanos se odiaban (Nehemías 4; Esdras 4). Una larga historia de odio existió entre estos dos grupos. A pesar de esto, Jesús estuvo dispuesto a salirse de las costumbres sociales a fin de anunciarle a la samaritana que Dios la amaba, que estaba dispuesto a perdonarla y que deseaba proveerle los recursos espirituales para que pudiera vivir una vida llena de gozo y comunión.

Aplicación

Si vamos a seguir el ejemplo de Jesús y a compartir con los que tienen serias preguntas de su relación con Dios, tenemos que cultivar amistades. Una genuina amistad puede ser el puente que supera la sospecha, el temor y las dudas. Al desarrollar una amistad, podemos también estar bien conscientes de las necesidades espirituales de la gente y tener un mejor entendimiento de cómo compartir las buenas nuevas de la salvación con ellos.

A menudo, para lograr esto, se necesita estar dispuesto a salir de lo familiar geográfica y socialmente. Se puede estar tan cómodos dentro de nuestro círculo de amigos en la iglesia que no hacemos ningún esfuerzo para conocer gente que no ha invitado a Cristo en sus vidas. Por lo tanto, tenemos que desarrollar la intención de cultivar amistades ministrándoles de alguna manera que nos sea posible, y en el proceso, compartirles lo que Jesucristo significa para nosotros y también cómo tener relación con Él. Podemos hacer esto con amistades en el trabajo, en la escuela, y en nuestro vecindario. Es posible invitarlos a una comida en casa, a un evento deportivo y otras actividades interesantes que nos ayuden a cultivar estas amistades.

Jesús creó interés (4:7-15)

Jesús creó interés al empezar con una necesidad sentida.

La samaritana vino al pozo a sacar agua. Eso era lo que ocupaba su mente en ese momento. Por lo tanto, Jesús inició su conversación al pedirle que le diera de beber. En otras palabras, Jesús no simplemente empezó a hablarle de asuntos espirituales sin ninguna otra relación. Ella vino a sacar agua, por eso Jesús usó eso como el punto inicial en la conversación. A menudo la gente tiene necesidades materiales (comida, ropa, etc.) que se pueden satisfacer por medio del ministerio. Al hacer esto puede ser el punto inicial del cultivo de nuestra amistad.

Jesús creó el interés al relacionarlo con la necesidad sentida.

La samaritana le preguntó a Jesús, "¿Cómo se te ocurre pedirme agua, si tú eres judío y yo soy samaritana?" (v. 9). Jesús le respondió: "Si supieras lo que Dios puede dar, y conocieras al te está pidiendo agua, Contestó Jesús, tú le habrías pedido a él , y él te habría dado agua que da vida" (v. 10).

En este punto Jesús cambió el enfoque del agua material al agua espiritual. En otras palabras, le decía, usted vino a sacar agua para su sed física, pero yo tengo agua que calma la sed de su alma. Al hablarle del agua de la vida, una nueva posibilidad empezó a alumbrar en ella: ¿Cómo podría esta agua de la que le hablaba Jesús calmar los deseos más profundos de su alma? Entre más hablaba Jesús, más curiosa llegó a estar la samaritana.

Aplicación:

Como Jesús, a menudo podemos crear interés en el evangelio al empezar con las necesidades sentidas. Los sicólogos nos dicen que algunas de la necesidades básicas de los humanos son: (1) amar y ser amado; (2) sentirse seguro; (3) vencer el sentimiento de culpa; y (4) tener seguridad en cuanto al futuro. Al cultivar una amistad, estamos en una mejor posición para crear el interés espiritual en asuntos que ayudarán a ver la contribución que Jesús hace en sus vidas. Una manera de hacerlo es compartiendo nuestro testimonio de cómo Jesús ha cambiado nuestras vidas hacia lo mejor.

Jesús comprendió su situación
(4:16-19)

Jesús no condenó a la samaritana.

Con la continuación de la conversación, Jesús le dijo, "Ve a llamar a tu esposo." Cuando dijo que no tenía esposo, Jesús compasivamente la confrontó con la triste historia de su vida. Cinco veces había buscado felicidad sólo para terminar en desilusión y desesperación. Jesús no aprobaba su estilo de vida, pero tuvo que haber sido el tono de compasión en su voz y una expresión de cuidado en su cara cuando trató con este delicado tema. Es obvio que no se sintió condenada o rechazada por Jesús porque regresó. Cuando fue a la villa, les contó a los habitantes que Jesús "Le había dicho todo lo que había hecho" (v. 39). La implicación es que a pesar de esto, Jesús todavía le mostró compasión.

Jesús encontró algo positivo que decir de ella

Cuando ella dijo: "No tengo esposo," Jesús replicó: "Bien has dicho que no tienes esposo" (Jn. 4:18). Al despertar en ella interés en un nuevo estilo de vida, Jesús mantuvo el diálogo en una nota positiva. Ella continuó escuchando al sentir que Él estaba dispuesto a ver lo mejor en ella. Jesús halló un fragmento redimible en la vida de la samaritana para edificar sobre eso.

Aplicación
Podemos estar en mejor posición para testificarle a la gente evitando un espíritu de condenación. Aunque no estemos de acuerdo con su estilo de vida, no podemos esperar que actúen como cristianos que han nacido de nuevo hasta cuando lo sean. A menudo las personas que no han tenido una experiencia personal de salvación tienen un sentido de condenación y rechazo de parte de los que tratan de testificarles.

Tenemos que recordar que es la obra del Espíritu Santo la que obra convicción. Tenemos que evitar un espíritu de crítica y condenación al compartir las buenas nuevas de la salvación con los que no han aceptado a Cristo como su Salvador. Si sienten el amor de Jesús en nuestros corazones, serán atraídos a Él.

Jesús se concentró en lo que era esencial para la salvación (4:19-26)

Jesús evitó discutir religión. Los samaritanos estaban equivocados en varios puntos religiosos. Sólo aceptaron los primeros cinco libros del Antiguo Testamento. También creían que Abraham había ofrecido a Isaac en su monte (Guerizin) en vez de Sión. Este es el motivo por el cual la samaritana preguntaba dónde debía adorar. Aunque Jesús fue muy claro en explicarle que "la salvación provie-ne de los judíos" (v. 22), no gastó tiempo en tratar de co-rregir a la samaritana en cada punto doctrinal antes de compartirle el evangelio. En otras palabras, Jesús no fue distraído por una discusión sobre religión con ella.

Jesús se enfocó en la relación.

La samaritana preguntó: "¿En cuál tradición religiosa debía adorar a Dios, en Sión o Guerisin? Jesús le respondió que la *relación* es más importante que la tradición, "los verdaderos adoradores rendirán culto al Padre en *espíritu* y en *verdad* (v. 23). Los verdaderos adoradores son los que conocen la verdad de Dios y tienen una relación especial con Él.

Aplicación:

Si vamos a seguir el ejemplo de Jesús, no gastaremos tiempo en discutir religión. Tenemos que enfocarnos en la relación. Nuestra pregunta no debe ser "¿A cuál religión pertenece? sino en vez "¿Cuál es su relación personal con Cristo?"

Mucha gente opera bajo la falsa presuposición que si le pueden probar a la gente en lo que están equivocados, automáticamente desearán invitar a Jesús a sus vidas. A menudo, lo opuesto es verdad. Si entran en una discusión acalorada sobre creencias religiosas, corren el riesgo de ahuyentar a la gente o por lo menos de desviarse y no enfocarse en Jesús después de todo. Más tarde en el proceso de formar discípulos habrá tiempo para estudiar lo que la Biblia dice sobre ciertas doctrinas. Mientras compartamos nuestra fe, tenemos que enfocarnos en Jesús. Él dijo: "cuando sea levantado de la tierra, atraeré a todos a mí mismo." Enfoquémonos en nuestra relación con Jesucristo.

Jesús se comunicó pacientemente
(Juan 4:15-29) Al dialogar con Jesús aumentó el entendimiento en la mujer

Al principio la samaritana no entendió completamente de lo que Jesús estaba hablando. Esto es evidente en el versículo 15 cuando dice "Señor, dame de esa agua para que no vuelva a tener sed ni siga viniendo aquí a sacarla." Todavía pensaba del agua física. No fue sino hasta cuando dijo, "Sé que viene el Mesías, al que llaman el Cristo, respondió la mujer. Cuando él venga nos explicará todas las cosas," (v. 25) que Jesús dijo, "Ese soy yo, el que habla contigo" (v. 28). La manera en que el diálogo progresó se indica en los términos que usó para referirse a Él.

La manera en que se refirió a Jesús muestra este cambio

Primero lo llamó **"judío,"** miembro del grupo que ella odiaba. Lucía y sonaba como judío. Su apariencia era lo único que sabía de él. Para ella, por lo tanto, Jesús era un judío común y ordinario (v. 9).

Luego se refirió a él como **"señor"** persona que demandaba respeto (v. 11). Al escucharlo, se empezó a dar cuenta que este era un judío diferente. Él la trataba con respeto, así para reciprocar lo vio como una persona respetable.

Entonces ella le declaró: "me doy cuenta que eres '**profeta**'" (v. 19). En otras palabras, "Eres un hombre enviado por Dios." Cuando se dio cuenta que Jesús sabía todo en cuanto a ella, concluyó que él tenía que ser una persona en co-munión con Dios de una manera extraordinaria. No era un hombre común y corriente.

Finalmente se refirió a Él como al "**Mesías**" (v. 29). Jesús pacientemente se comunicó hasta que ella pudo entender que Él era el Mesías por quien la gente estaba esperando. Es obvio que su entendimiento de quién era Jesús progresó mientras Jesús dialogaba con ella, respondió sus preguntas y demostró una clase extraordinaria de compasión y amor.

Aplicación

La gente que no ha crecido en un medio evangélico a menudo no entiende su necesidad de tener una relación personal con Jesucristo. Debemos comunicarnos pacientemente hasta que puedan entender lo que la Biblia enseña sobre la experiencia personal de salvación en Jesucirsto. Puede que tome un largo tiempo para que entiendan de lo que trata la salvación y hacer una decisión para recibir a Cristo. Por lo tanto, tenemos que ser pacientes y permitir que el Espíritu Santo obre en sus corazones. Por consi-guiente, es contraproducente presionarlos a que hagan una decisión para recibir a Cristo cuando aún no entienden de lo que se trata o cuando aún tienen preguntas y dudas en sus mentes.

Repaso

Tenemos que salir de nuestra vía geográfica y social si vamos a convencer a los hispanos a una experiencia personal de salvación en Jesucristo. Esto significa que intencionalmente tenemos que cultivar genuinas amistades y establecer puentes de comunicación.

Tenemos que crear interés en los asuntos espirituales al relacionarnos con las necesidades **sentidas**. Cuando estamos dispuestos a escuchar a la gente hablar de sus problemas, ansiedades y necesidades, estamos en mejor posición para compartirles de la fe personal en Jesucristo que les puede dar paz, felicidad y esperanza, no sólo en esta vida sino en la eternidad.

Tenemos que evitar el espíritu de condenación para ayudarles a ver lo que pueden llegar a ser por medio de la gracia y el poder de Jesucristo. Cuando se critica y se ataca a la gente, se sienten ofendidos y se ponen a la defensiva. Si sienten el amor de Cristo en sus corazones, serán atraídos a Él.

Tenemos que concentrarnos en lo que es esencial para la salvación. Habrá ocasiones cuando la gente tiene preguntas sobre las doctrinas de la iglesia católica romana. En estos casos, podemos indicarles lo que la Biblia dice sobre esas doctrinas. Sin embargo, tenemos que evitar la práctica de tratar de "corregirlos en cada una de las doctrinas" antes de convencerlos de tener una experiencia personal de salvación en Jesucristo. Cuando el carcelero de Filipo le preguntó a Pablo, "¿qué tengo que hacer para ser salvo?" Su respuesta fue "Cree en el Señor Jesús; así tú y tu familia serán salvos" (Hechos 16:31). Pablo no trató con todas las doctrinas en ese instante. Simplemente, se enfocó en llevar al carcelero a Cristo. Sabía que posteriormente sería el tiempo de formarlo como discípulo. El punto inicial fue llevarlo a una fe personal en Cristo.

Tenemos que comunicarnos pacientemente, permitiendo que el Espíritu Santo obre en las mentes de estas personas. A menudo, los cristianos evangélicos cometen el error de presionar a sus amigos y amados a hacer una decisión por Cristo. Aunque los admiramos por su sentido de urgencia, tenemos que advertirles que este método puede resultar contradicho. La gente que se siente presionada puede llegar a ser totalmente resistente y aún antagonista. Generalmente no resiste a Cristo sino a los métodos de gente bien intencionada, pero que los usa rudamente. Tenemos que comunicarnos pacientemente mientras que la gente gana un entendimiento gradual de la persona y misión de Jesucristo.

Sugerencias prácticas

A pesar del hecho de que muchos hispanos tienen un trasfondo católicorromano, haya algunas cosas que los cristianos evangélicos deben tener en cuenta cuando procuran convencerlos de una experiencia de la salvación personal en Jesucristo. Empezaremos con una lista de cosas que los evangélicos no deben hacer. Luego trataremos con algunas cosas que deben hacer; la meta no es ganar argumentos sino ganar a la gente para Cristo.

Cosas que no debemos hacer

Simplemente haya cosas que no debemos hacer porque usualmente ofenden a la gente, los ponen a la defensiva, y nos distraen del enfoque en su relación con Cristo.

No critique a la iglesia católica, a sus doctrinas, a sus prácticas, o a sus miembros.

Aún si se siente que se tiene un punto válido, es contraproductivo criticar por dos razones: (1) Ese no es el Espíritu de Cristo; (2) sólo se antagoniza la gente. Muchos hispanos se abrirán a la conversación de las cosas que conocen relacionadas con Dios y Jesucristo. Sin embargo, no responden si son criticados en sus creencias y prácticas. Esto sólo causará que se pongan a la defensiva o aún a que experimenten sentimientos heridos.

No ridiculice ninguna de las prácticas de la iglesia católica

Algunos cristianos evangélicos también se inclinan a burlarse de los sacramentales católicos (imágenes, estatuas, crucifijos etc.) y prácticas. Estas cosas son muy queridas para los hispanos católicos. Si son heridos, tendrán un oído sordo a lo que decimos y quizá eviten nuestra compañía. Absolutamente, no existe excusa para mostrar una falta de respeto a los hispanos católicos, sus creencias, y sus prácticas. Si son tratados con respeto, en muchos casos responderán de igual manera. Necesariamente, no tenemos que estar de acuerdo con sus creencias para establecer amistades y compartirles lo que la Biblia enseña de la salvación en Jesucristo.

No ser negativos sólo porque se difiere con alguno

Se puede estar en desacuerdo sin ser desagradable. Piense, que si hubiera crecido en el mismo medio, probablemente hubiera tenido las mismas creencias de ellos. Con oración puede indicar lo que la Biblia dice en vez de tratar de ganar el argumento. Una actitud negativa traerá en sí una respuesta negativa al mensaje de la salvación.

Cosas que debemos hacer

Estas son las cosas que debemos hacer para establecer un puente de respeto, aprecio y comunicación.

Amar a nuestros amigos hispanos.

Busque oportunidades para demostrar su amor en maneras prácticas. Recuerde, cada persona que conoce es una por la que Cristo murió en la cruz. Ore que al dialogar con ellos, sientan el amor de Cristo de manera tangible y que se conviertan a Él.

Orar con y por nuestros amigos hispanos

Muchos de ellos jamás han tenido la experiencia de alguno que ore por ellos por nombre. Mencione necesidades específicas. Diga: "Señor, oro por (nombre). Tú sabes que tiene esta necesidad (mencione la necesidad) y prometes oír nuestras oraciones. Bendice a (nombre) y ayúdalo." "Si desea puede empezar con el Padrenuestro. Éste a menudo provee un puente porque la mayoría de hispanos católicos están familiarizados con esta bella oración bíblica.

Vea lo mejor en ellos

Cuando alguno le diga, "Soy católico," esté en una disposición espiritual y emocional para decirles: "me da mucho gusto conocerle." Permita que el amor de Cristo fluya a través de usted. Recuerde, a todos los que conoce son personas por las que Cristo murió. Muchos de ellos sinceramente tratan de acercarse a Dios.

Trate de ponerse en su lugar (1 Corintios 9:19-23)

Encuentre la razón, ¿Cómo iré de la posición tradicional a la bíblica? Muchos hispanos católicos tienen un conocimiento muy limitado de la Biblia. Algunas de las cosas que les diga sobre la Biblia pueden ser enteramente nuevas. En otras enseñanzas pueden tener un entendimiento limitado, pero, puede servir como un puente para llevarlos a un entendimiento más claro de la Palabra de Dios.

Preparación para testificar

Prepare su testimonio

Una de las herramientas más poderosas al testificar es compartir nuestro testimonio. La gente generalmente escuchará cuando compartimos la gran contribución que Cristo ha hecho en nuestras vidas. Cuando el apóstol Pablo (Hechos 26) compartió su testimonio, generalmente usó el siguiente bosquejo:

1. Cómo era mi vida antes de conocer a Cristo.
2. Cómo vine a conocer a Cristo.
3. Cómo Cristo me ayuda a enfrentar la vida hoy.
4. Cómo puede conocer a Cristo usted también.

Practique su testimonio

Brevemente escriba un párrafo bajo cada uno de los puntos anteriores contando cómo conoció a Jesucristo como su Salvador personal. Después de que haya preparado su testimonio, tome tiempo para compartirlo con alguien en su grupo. Cuando comparte su testimonio con un amigo, hable de las dudas y temores que tuvo, luego comparta con entusiasmo la diferencia que su fe personal en Cristo ha hecho en su vida.

Preparación para presentar el evangelio

Algunas guías que nos ayudan a convencer a nuestros amigos católicos a experimentar la salvación personal en Cristo.

1. No discuta religión. Su propósito principal es llevar a la persona a Cristo.
2. Presente el evangelio con sencillez y buena lógica.
3. Al estudiar la Biblia juntos, deje que su amigo hispano descubra lo que dice la Biblia. Anímele a leer los versículos, a pensar en su significado, y deje que la Palabra de Dios le hable.[343]
4. Concéntrese sólo en los asuntos esenciales para la salvación. No discuta otros asuntos.
5. No pregunte: "¿Es usted cristiano? o "¿Es salvo?" La pregunta debe ser: "¿Cuál es su relación perso-

nal con Jesucristo?"

6. Si es necesario use la Biblia católica o una versión aceptable para los católicos tal como *Dios Habla Hoy.*

7. Enfatice que un regalo no se posee hasta cuando se recibe (Romanos 6:23; Juan. 1:12)

Marque el Nuevo Testamento

Una de las mejores maneras de presentar el plan de salvación a los hispanos católicos es con el uso de un Nuevo Testamento marcado. Éste les ayuda a leer los versículos directamente de la Palabra de Dios. También ayuda darle un nuevo testamento al simpatizante. Han habido numerosas ocasiones cuando los interesados no han entendido el significado completo de los pasajes hasta que los han leído varias veces en un período de tiempo extendido.

1. En la primera página del Nuevo Testamento escriba la pregunta: "¿Cuál es su relación personal con Cristo?" Luego indique: "Vaya a la página _ ."

2. Después de ir a la página _ donde se encuentra Juan 10:10:
   a. Coloree el versículo con un marcador amarillo claro.
   b. Escriba en el tope de la página la pregunta #1: "¿Por qué vino Cristo?"
   c. Escriba abajo en la página, "Vaya a la página _."

3. Repita los pasos 1-3 para cada versículo que use en la presentación del evangelio escribiendo las preguntas apropiadas del evangelio (vea la siguiente sección).

4. Escriba en la última página del Nuevo Testamento:

Preguntas para usarse

1. ¿Por qué vino Cristo? (Juan 10:10)
2. ¿Por qué no tengo este regalo? (Romanos 3:23)
3. ¿Cuál es el resultado del pecado? (Romanos 6:23a)
4. ¿Cuál es el regalo de Dios? (Romanos 6:23b)
5. ¿Cómo hizo Dios posible este regalo? (Romanos 5:8)
6. ¿Podemos ganarnos este regalo? (Efesios. 2:8-9)
7. ¿Cómo puede este regalo ser nuestro? (Juan. 1:12)
8. ¿Cómo recibió este regalo el ladrón en la cruz? (Lucas 23:39-43)
9. ¿Podemos estar seguros que tenemos este regalo? (Juan. 5:24)
10. ¿Abrirá usted la puerta de su vida a Cristo? (Apocalipsis 3:20)

Presentación del evangelio

Empiece con la pregunta, "¿Cuál es su relación con Cristo?" Explique, "no vamos a hablar de religión; sólo deseamos encontrar lo que la Biblia dice de nuestra relación con Cristo." Guíe desde allí a las preguntas encontradas en su Nuevo Testamento marcado.

Después que ha estudiado el plan de salvación con su amigo católico, haga lo siguiente:

Pida que su amigo ore la oración de aceptación con

usted.

Si su amigo no está listo todavía, haga estas cosas:

Ore por su amigo. Empiece con el Padrenuestro.

Luego pídale a Dios que le ayude a su amigo a aprender las cosas que Él desea que su amigo sepa. Ore por alguna necesidad que él pueda tener. (Sugerencia: Haga la oración tan personal como sea posible. Puede tomarse de la mano con su amigo.)

Déle un Nuevo Testamento a su amigo como un regalo. Sugiera que relea las porciones estudiadas de la Biblia. Pída que firme su nombre cuando haya hecho la decisión de recibir a Cristo.

MI DECISIÓN DE RECIBIR A CRISTO

Delante de Dios admito que soy pecador y que Jesucristo murió por mis pecados. Ahora abro la puerta de mi vida a Cristo y recibo Su regalo de la Salvación.

Nombre _____

Fecha _____

La meta de este capítulo ha sido enfocarnos en la necesidad de guiar a los hispanos a una experiencia personal de

la salvación en Jesucristo. Hemos compartido información provista por algunos líderes católicorromanos en lo tacante al número de hispanos que se han unido a las iglesias evangélicas. Sin embargo, el propósito no es conseguir que los hispanos de unan a las iglesias evangélicas sino estar seguros que han nacido de nuevo. Esto se logra me-jor al atender el consejo de Pedro quien dijo: "Más bien, honren en su corazón a Cristo como Señor. Estén siempre prepa-rados para responder a todo el que les pida razón de la esperanza que haya en ustedes. Pero háganlo con gentile-za y respeto, manteniendo la conciencia limpia, para que los que hablan mal de la buena conducta de ustedes en Cristo, se avergüencen de sus calumnias."
(1 Pedro 3:15-16)

Notas

[341] Esta encuesta fue hecha por Richie Stanley, Bob Sena, y Daniel R. Sánchez, en Noviembre del 2004.

[342] Este material fue tomado de Daniel R. Sánchez, Rudolf González, *Sharing the Good News With Roman Catholic Friends*, 2004, Church Starting Network,

[343] Para una serie de estudios evangelizadores de la Biblia vea   Daniel R. Sánchez, *Gospel In the Rosary*, 2004, Church Starting Network.

CAPÍTULO 18
Sembrando iglesias hispanas

La declaración anterior (capítulo 6), que afirmó que los hispanos mostraban más receptividad al mensaje del evangelio que en cualquier momento anterior en la historia de este país[344] tiene implicaciones significativas para la siembra iglesias contemporáneas.[345] Más iglesias se originan al presente entre los hispanos que antes en la historia de este país.[346] En efecto, el siglo veintiuno tiene el potencial de ser el más productivo en la historia de la siembra de iglesias hispanas en los Estados Unidos. Este hecho anima a los cristianos evangélicos a la luz del hecho que los hispanos son el grupo étnico de mayor aumento en los Estados Unidos hoy.[347]

Para aprovechar esta oportunidad que el Señor nos da al máximo, tenemos que asumir la tarea de sembrar iglesias entre los hispanos de la misma manera que los misioneros diseñan estrategias para alcanzar los grupos en otras regiones del mundo.[348] Este esfuerzo involucra:

- Establecer una sólida base bíblica,
- Estar completamente familiarizado con las características de la cultura hispana,
- Diseñar estrategias culturalmente apropiadas para la siembra de iglesias.

Este capítulo considera estos asuntos en un esfuerzo de informar e inspirarnos a responder a este desafío de una manera que alcance discípulos hispanos en números sin precedente en el contexto bíblicamente centrado, culturalmente relevante, que reproduce iglesias para la honra y gloria de Dios.

Base bíblica para la siembra de iglesias hispanas

La Biblia claramente revela que este es el deseo de Dios para cada persona sobre la faz de la tierra, tener una oportunidad de oír y responder al mensaje de la salvación en Jesucristo. Este es el reflejo de la encarnación de Jesús, Su mandato misionero, y el establecimiento de Su iglesia. Un examen de las implicaciones culturales de estas verdades nos motiva y guía hacia el desarrollo de la estrategias para sembrar iglesias entre los hispanos.

El mandato bíblico

Antes de comunicar el mandato misionero, Jesús proveyó un ejemplo supremo de identificación cultural. "Y el Verbo se hizo carne y habitó entre nosotros... lleno de gracia y de verdad" (Juan 1:14). Jesus "tomando la naturaleza de siervo y haciéndose semejante a los seres humanos" (Filipenses 2:7).

Charles Chaney indica las implicaciones culturales de la encarnación de Jesucristo cuando declara:

> Esta intrusión de la Divinidad al contexto de la historia humana ha significado la identificación de Jesús con las necesidades, heridas, y esperanzas de hombres y mujeres por casi dos mil años. Jesús respondió a las necesidades de la gente dentro de sus contextos culturales y adaptó su método singularmente para ellos. Él basó su método en el entendimiento de sus valores, actitudes y conversaciones.[349]

En la gran comisión, Jesús dijo: "hagan discípulos de todas

las naciones." La palabra para "todas las naciones" en el griego es "*ta ethne*" la raíz de donde tenemos la palabra "étnico." Este término significa "grupo de gente."[350] A fin de implementar este mandato, los seguidores de Cristo tienen que cruzar los límites lingüísticos, raciales, culturales, religiosos y geográficos con el mensaje de salvación. Cada barrera al evangelio tiene que ser superada con el establecimiento de iglesias que estén cerca de los inconversos, no sólo geográfica sino culturalmente. Esto se aplica a las comunidades hispanas tanto como de otros grupos socioculturales.

Modelos bíblicos

La Biblia directamente considera la importancia de la evangelización y la siembra de iglesias en el proceso de "hacer discípulos" de todos los pueblos. Dos excelentes ejemplos son el compañerismo de Jerusalén y la iglesia en Antioquía.

La iglesia en Jerusalén

La admirable experiencia entre los cristianos en Jerusalén en los primeros días del movimiento cristiano fue el que al-canzó a los inconversos (Hechos 2:1-4:36). Este compa-ñerismo demostró las funciones de una iglesia que es capaz de alcanzar al mundo. La iglesia se ocupó en la: proclamación, incorporación, indoctrinación, adoración, confirmación que el Señor estaba en medio de ellos, identificación cultural, propagación que demostró que la gente se salvaba.[351]

Los sembradores de iglesias hispanas aprenderán del compañerismo en Jerusalén que la iglesia se edifica sobre el fundamento de los creyentes uniéndose sin ningún poder jerárquico que dictaba o controlaba. Más importante, esta congregación indica que las congregaciones se tienen que edificar sobre fuertes bases doctrinales y continuar en compañerismo, compartiendo y testificando (Hechos 2:40-47). Las iglesias hispanas que se comienzan y se comprometen a la realización de las funciones dentro de ellas mismas, como se puede apreciar en el ejemplo en Jerusalén, crecerán fuertes y naturalmente se reproducirán. El compa-ñerismo de Jerusalén compartió su gente con otras regio-nes. El evangelio fue de Jerusalén a Samaria, a Etiopía y a Antioquía. De Antioquía el mensaje se esparció a la totalidad del imperio romano. Las evidencias fuertemente sugieren que desde Jerusalén se extendió el evangelio a otras vastas regiones del mundo. El factor más importante de seguro es el hecho de que el compañerismo de Jerusalén fue una iglesia reproductora y las iglesias hispanas hoy deben imitar esa práctica.

La iglesia en Antioquía

Como segundo ejemplo, la iglesia de Antioquía, fue comenzada por los refugiados "que se habían dispersado a causa de la persecución que se desató por el caso de Esteban" (Hechos 11:19). Estos judíos cristianos habían huido de Jerusalén pero no vacilaron en predicar el evangelio en Antioquía. Primero salieron "sin anunciar el mensaje excepto a los judíos" (v. 19). Era natural que ellos se concentraran en su propio grupo social, ellos entendían su idioma y cultura. Sin embargo, su visión se ensanchó por otros refugiados judíos cristianos (originarios de Chipre y Cirene) que llegaron a Antioquía y "comenzaron a hablarles también a los de lengua griega, anunciándoles también las buenas nuevas acerca del Señor Jesús" (Hechos 11:20).

236

Es evidente que esto complacía al Señor, porque el versículo 21 declara que "El poder del Señor estaba con ellos, y un gran número creyó y se convirtió al Señor." Como resultado de esto, Antioquía vino a ser una congregación multicultural (Hechos 13:1).[352] Esta iglesia fue la primera en enviar un equipo misionero (Bernabé y Pablo) a sembrar iglesias en el mundo gentil. Este equipo tenía la libertad de sembrar iglesias que fueran doctrinalmente sanas, con todo, diferentes en la cultura y en el idioma de la iglesia que los enviaba. En adición a esto, la iglesia en Antioquía compartía sus recursos financieros. Cuando los miembros de esta iglesia recibieron el reporte de la hambruna en Judea, recogieron una ofrenda y la enviaron a su iglesia hermana en Jerusalén (Hechos 11:28, 29). En adición a esto, la iglesia de Antioquía envió delegados para que participaran en el concilio en Jerusalén (Hechos 15:2). La iglesia en Antioquía es un ejemplo inspirador de una congregación que tomó la gran comisión seriamente, alcanzó fuera de su propio grupo, expandió su visión para incluir a otros grupos culturales dentro de su propia ciudad, enviaron el equipo misionero para sembrar iglesias contextualizadas en Asía Menor y Europa, compartió recursos financieros con sus iglesias hermanas, y envia-ron delegados al concilio en Jerusalén para considerar el asunto del estado de los cristianos gentiles. La congregación en Antioquía, por lo tanto, fue una iglesia evangelizadora, misionera, generosa, y cooperadora. Esta no existía en aislamiento sino en una relación fraternal con otras iglesias que tenían la misma tarea de cumplir la gran comisión. La iglesia en Antioquía provee un maravilloso ejemplo para los hispanoamericanos que se encuentran en medio de una transición de esparcimiento. Estos primeros cristianos habían hucho de la persecución, se desarraigaron cultural y economicente, y enfrentaron el desafío intimidante de establecerse como un grupo minoritario en una nueva región geográfica. Sin embargo, estos cristianos no gastaron todo su tiempo en sentirse tristes por sí mismos o simplemente enfocándose en su recuperación social y económica, por el contrario, hicieron su tarea gozosamente compartiendo las buenas nuevas de la salvación primero a los miembros de su propio grupo cultural, luego con otros grupos locales (griegos), y finalmente enviaron un equipo misionero al Asia Menor y a Europa.

Siguiendo el ejemplo de la iglesia en Antioquía, las iglesias contemporáneas de cada cultura necesitan estar abiertas para alcanzar a todos los que puedan por medio de las congregaciones existentes. De igual manera, estas congregaciones tienen que hacer las adaptaciones estratégicas necesarias para alcanzar a los que respondan mejor en congregaciones que usen el idioma del corazón y reflejen su cultura. En adición, estas congregaciones deben dar pasos para ir más allá hasta "los confines de la tierra."

Dimensiones culturales de la siembra de iglesias hispanas

Los métodos más efectivos en la siembra de iglesias hispanas que se usan hoy son los que toman en cuenta las características culturales del grupo de enfoque. Entre los factores que tienen que considerarse, están el trasfondo religioso, las relaciones personales, los vínculos familiares y las etapas de asimilación.

El trasfondo religioso

Entender el trasfondo religioso de la comunidad hispana tiene implicaciones significativas para el desarrollo de las estrategias de la siembra de iglesias. Aunque un gran porcentaje de hispanos no se involucran activamente en la iglesia católicoromana, a menudo experimentan presiones de sus familias y amigos cuando participan en actividades de alcance evangelizador. También pueden pasar por períodos de dudas y confusión cuando empiezan a comparar lo que aprenden de la Biblia en comparación con distinción de sus tradiciones religiosas.

Los esfuerzos de guiar a los hispanos a una fe personal en Cristo tienen que ir acompañados de mucha oración, estudio, amor, y paciencia. Un entendimiento del concepto católicorromano de la salvación (por medio de la iglesia y de los sacramentos) y una actitud que establece puentes de comunicación (sin crítica, ridículo y presión) es absolutamente esencial[353] A menudo, aún después que una persona ha indicado interés en una relación personal con Jesucristo, puede tomar meses o aún años para que tome la decisión de bautizarse y llegar a ser miembro de una iglesia evangélica. Muchos hispanos pasan por un peregrinaje que involucra descubrimiento, deliberación, decisión, disonancia y la formación como discípulo.[354] Este peregrinaje se tiene que tener en cuenta en el diseño de las estrategias evangelizadoras y en establecer líneas de tiempo para los esfuerzos de la siembra de iglesias entre los hispanos.

Las relaciones personales

Como muchos hispanos que no tienen un trasfondo evangélico, a menudo, experimentan aprensión y presión cuando se les invita a una "iglesia protestante." Este obstáculo se supera mejor por medio del establecimiento de una amistad genuina y del uso de actividades de cultivo evangelizador. En base individual, haya muchas cosas que se pueden hacer para establecer puentes de comunicación. Éstas incluyen: tenerlos como invitados en nuestro hogar para una comida, invitarlos para eventos deportivos o artísticos, y mostrarnos amigos cuando tienen necesidades, cuando sean grupos, actividades tales como: la fiesta de vecindario; cantatas, dramas; (p.ej., en navidad o resurrección); clubes bíblicos de patio; escuela bíblica de vacaciones, artes y festivales de artesanías; festivales de cine (relacionados con el hogar y la familia); la película de Jesús (presentada en un lugar público o en hogares); serán excelentes medios para establecer un puente entre la persona del enfoque y la iglesia.[355] Estudios bíblicos en el hogar se han probado ser los mejores métodos en alcanzar a los hispanos en este país y en todo el mundo.[356]

Los vínculos familiares

Los hispanos generalmente tienen fuertes vínculos familiares que van más allá de la familia nuclear a la extendida. Alex D. Montoya explica la importancia de la familia:

> La familia es la unidad principal en la comunidad hispana, superando a la iglesia, los partidos políticos o cualquier otro grupo. Los hispanos piensan y actúan como una unidad familiar… Al evangelizarlos, esta estructura puede ser una ayuda o un impedimento. Si tratamos de convencer a un miembro de la familia, los vínculos familiares y la presión pueden hacer muy difícil que la persona haga una decisión para Cristo independientemente de toda la familia. Pero toda la familia puede venir a Cristo cuando el miembro mayor de la familia se gana primero.[357]

Debido al papel que juega la familia en la comunidad hispana, los estilos de hacer decisiones se tienen que tomar en cuenta en las estrategias de la siembra de iglesias. Si los niños o la juventud hacen decisión para Cristo, puede tomar un tiempo para alcanzar a sus padres. Si la esposa hace decisión por Cristo puede tomar algún tiempo antes que su esposo llegue a ser creyente. Durante este tiempo, la familia de la iglesia tiene que rodear a los nuevos creyentes con amor genuino y compañerismo para alcanzar a sus amados sin ahuyentarlos.[358]

Los rasgos emocionales

Otra característica de la cultura hispana es la importancia del papel que las emociones juegan en sus vidas diarias. Montoya describe esto cuando afirma:

> Los hispanos son gente de corazón... Si algo no es del corazón, entonces es difícil aceptar... Toda la cultura está permeada con lo que afecta el corazón no sólo la cabeza... Una verdad envuelta en lógica fría sin el calor de la vida y las emociones no es muy bien recibida.[359]

Esta característica tiene implicaciones significativas para las actividades de la siembra de iglesias. Los métodos de alcance que se usan en el tipo de congregaciones que se establezcan tienen que reflejar tanto las dimensiones afectivas como las congnitivas de la vida cristiana. Esto quedó claro en la encuesta de la respuesta de los hispanos a los esfuerzos evangelizadores. Al describir lo que atraía a los hispanos a las congregaciones hispanas Tapia hace las siguientes afirmaciones:

1. Encontraron un profundo involucramiento con su fe y la Biblia
2. Servicios de adoración relevantes
3. Ministros dedicados y comprensivos
4. Un laicado que igualmente se interesa con la adoración y con su crecimiento espiritual e inte-

rés por otros…

5. Libertad para orar y predicar en el estilo apropiado a su trasfondo cultural es lo que también invita a los hispanos...

6. Los sermones son prácticos, hablan a los asuntos del día…

7. Oraciones enfocadas sobre necesidades específicas tales como trabajos o salud...

8. El énfasis de las iglesias evangélicas en la relación personal con Dios y en el compañerismo de los creyentes es una invitación para intimidad entre el nivel divino y humano.[360]

Debido a estas observaciones, es muy importante hacer provisión para las adaptaciones culturales en la siembra de iglesias hispanas. Tocante a los servicios de adoración, el estilo de la música y los instrumentos que se usen reflejarán la cultura de la congregación hispana. Al seleccionarlos se tiene que distinguir entre el *significado* y la *forma*. El significado de las alabanzas tienen que ser válidas teológicamente, pero tiene que existir flexibilidad en el estilo (la forma) de la música. En la mayoría de los casos la medida en que el servicio de adoración refleje la cultura del grupo del enfoque tendrá un efecto directo en la manera en la cual responderán al evangelio en el esfuerzo de sembrar una iglesia.

El sermón tanto como la música en la iglesia hispana se tiene que sentir y ser entendido. La gente en las iglesias hispanas responden mejor si el sermón toca sus emociones tanto como su intelecto. Por lo tanto, el ministro no tiene que temer el mostrar emociones genuinas mientras que predica. Comunicar gozo, tristeza, compasión y otras emociones por medio de las palabras que usa; las expresiones faciales y el tono de la voz le ayudan al que escucha a sentir tanto como a entender los pensamientos que se expresan.

El uso de ilustraciones cuidadosamente seleccionadas también ayuda a los que escuchan a comprender e internalizar el mensaje del evangelio. Los sermones en parábolas claves (p.ej., el hijo pródigo), en personas cuyas vidas Cristo cambió (p.ej., la samaritana), y en eventos claves de la vida de Cristo (p.ej., nacimiento, milagros, muerte, resurrección y ascensión) pueden establecer puentes entre la experiencia religiosa de los hispanos y lo que tiene que saber de la experiencia de la salvación personal en Jesucristo.[361]

Estrategias para sembrar iglesias hispanas

Existe un sentido en el que la siembra de iglesias en la comunidad hispana tiene mucho en común con la siembra de la iglesia en general. En todos los tipos de siembra de iglesias haya pasos básicos que seguir. Sin embargo, haya características únicas pertinentes a la comunidad hispana que tienen que tenerse en cuenta si los esfuerzos de la siembra de iglesias van a ser eficaces. Para facilitar esta discusión, usaremos algunos de los pasos claves en el "Pauline Cycle"[362] de David Hesselgrave y resaltar las adaptaciones culturales que se necesiten.

Comisionar a los sembradores de iglesias

A fin de comenzar iglesias, los sembradores de iglesias tienen que ser llamados por el Señor y apartados por las iglesias. Esto significa que las iglesias y los sembradores de iglesias potenciales tienen que captar la visión de lo que el Señor desea que hagan. Varias cosas pueden contribuir a esto. Una iglesia puede captar la visión al estudiar la Biblia y orar. Estudio del Nuevo Testamento (especialmente el libro de los Hechos) le ayudará a la iglesia a llegar a la convicción que es la voluntad de Dios que siembren una nueva iglesia. Cuando en la iglesia de Antioquía "ayunaban y participaban en el culto al Señor" captaron la visión de la voluntad de Dios en lo que tenía que ver con la obra misio nera (Hechos 13:2). Un estudio de la iglesia en Antioquía misma puede proveer la motivación para que las congregaciones alcancen más allá de su propio grupo a otros grupos culturales en la comunidad tanto como globalmente.

Contacto con el grupo del enfoque

Antes de contactar una audiencia, tiene que entenderse claramente sus características socioculturales. Algunos de los pasos normales para lograr la tarea involucran:

- un análisis demográfico
- una encuesta religiosa
- una encuesta de la gente en la comunidad

Analice el grupo del enfoque

Un análisis demográfico puede ser de gran ayuda a la iglesia porque le puede dar una idea del potencial que existe en esa comunidad para sembrar una congregación. Un análisis completo puede incluir los siguientes factores: el número de habitantes; los grupos socioeconómicos; los tipos de viviendas; el nivel educativo; los tipos de empleo; y los tipos de estructuras familiares. En adición a esto, el sembrador de iglesias en un medio hispano tiene que tener información del origen geográfico de los varios grupos subculturales (p.ej., Cuba, Puerto Rico, México, América Cen-tral y Sudamérica, etc.), de su modo de entrar a este país (anexación, inmigración, refugiado, etc.), de la longitud de su residencia en este país (primera, segunda, tercera, etc. generación), y del idioma usado por cada grupo (español, inglés, bilingüe). Estos factores tienen implicaciones significativas para las decisiones que se hagan tocantes al li-derazgo pastoral, estilos de adoración, métodos de alcance y modelos congregacionales.

Encuentre la persona de paz

Una de las cosas más importantes de tener en cuenta al determinar dónde sembrar una iglesia hispana es el descubrir la gente receptiva a la idea de sembrar una nueva iglesia en su comunidad. En Mateo 10 Jesús instruyó a Sus discípulos que al entrar en una ciudad se dedicaran a encontrar "la persona de paz." Una vez que hubiesen encontrado esa persona debían permanecer en su hogar y usarlo como base para la evangelización de la ciudad.

Encontrar una persona (o personas de paz) en la comunidad hispana es crucial en la estrategia. Las encuestas que típicamente se usan pueden proveerle al sembrador de iglesias la información vital sobre la comunidad. Sin embargo, a menudo no es asunto de enfocarse en el área con la mayor concentración numérica sino una donde la receptividad espiritual es mayor. Como los hispanos colocan fuerte énfasis en los vínculos de familiaridad y amistad, encontrar la persona de paz en una comunidad puede abrir la puerta para las cadenas que serán de gran ayuda para alcanzar a la gente con el evangelio y sembrar una nueva congregación.

También los miembros de la iglesia pueden captar la visión al participar en caminatas de oración. Cuando vean a los niños jugando en las calles sin supervisión, ancianos sentados en el frente de sus casas simplemente pasando el tiempo del día, y la juventud en las esquinas de las calles, regresan con una nueva visión de lo que su iglesia debería de estar haciendo para alcanzar a esta gente con el evangelio. El ministerio de visitación a puntos en la comunidad también puede ayudar a los miembros de la iglesia a que capten la visión de la siembra de iglesias. Una iglesia que ha establecido cientos de unidades (estudio bíblico en los hogares, centros de ministerio, y misiones, especialmente en comunidades de apartamentos) tiene la práctica de llevar a los miembros claves de la iglesia cada domingo para visitar las iglesias en los hogares durante la hora de la escuela dominical.[363] Son invariablemente tocados cuando ven a los niños, la juventud y los adultos que participan en la adoración y estudio bíblico y dando testimonio de cómo estos ministerios han cambiado sus vidas.

Comunique el evangelio

Comunicar el mensaje de salvación de manera que se relacione con el grupo del enfoque es de suma importancia. La estrategia que los sembradores de iglesias tienen que emplear en las comunidades hispanas debe ser una que cultiva la amistad y siembra la semilla del evangelio. Para los niños y la juventud, la escuela bíblica de vacaciones, los clubes bíblicos de patio, las actividades para grupos recreativos; tutores voluntarios; festivales musicales y de arte; festivales de artesanías pueden ser muy efectivos. Para adultos haya series de video (especialmente sobre el matrimonio y la familia, el video de Jesús) en los hogares o en edificios públicos. El inglés como segundo idioma, cla-ses especializadas (p.ej., cocina, costura, preparación para trabajo), dramas (especialmente en navidad y resurrección), y encuestas de oración pueden ayudar a establecer puentes para la comunicación del evangelio.

Un toque personal es también necesario en los esfuerzos de los medio de comunicación. El sembrador de iglesias hispano, por ejemplo, tratará de usar algunos de los métodos publicitarios de los medios de comunicación que los sembradores de iglesias anglo han usado exitosamente. Han descubierto que los métodos recomendados (correo directo, anuncios en el periódico, radio, televisión), llamadas personales por teléfono, visitas en los hogares y otras actividades para actividades de cultivo han sido de ayuda. En adición a estos medios, sin embargo, otras prácticas han sido necesarias a fin de conseguir que los hispanos respondan y asistan al primer servicio público. Todos estos métodos se han precedido por seis meses de estudio de la Biblia en los hogares. Métodos de comunicación culturalmente apropiada (y la paciencia y entendimiento de la iglesia auspiciosa) han contribuido al crecimiento de esta iglesia.

Guíe a los oyentes a la conversión

Uno de los conceptos más difíciles para los hispanos que no son evangélicos es el de la relación personal con Jesucristo por la gracia por medio de la fe solamente.
Esta doctrina tiene que ser enfocada en el esfuerzo de testificar con la intención de sembrar iglesias hispanas. Se tiene que tener en cuenta, sin embargo, que aún después de que han experimentado la salvación en Cristo, debido a sus tradiciones religiosas, presiones sociales, y, a menudo, el limitado conocimiento de la Biblia, puede tomar un tiem-

po para que entiendan las implicaciones de su conversión para los aspectos de su vocación, finanzas, asuntos domésticos, sociales y aspectos espirituales. Este hecho significa que la formación del discípulo tiene que verse como una parte integral de la evangelización en los esfuerzos de sembrar iglesias hispanas. La formación discipular tiene que tratar con "desligarse" (lo previo cultural no bíblico y las prácticas religiosas) tanto como "ligarse" (el nuevo estilo de vida cristiano) aspectos de su nuevo caminar con el Señor (Colosenses 3:8-0). Ayudarles a los hispanos a entender las implicaciones de su conversión es esencial cuando el grupo se moviliza hacia la fase congregacional.

Congregue a los creyentes

Pablo sabía que a fin de formar discípulos adecuadamente a los convertidos tenía que reunirlos en congregaciones. La pregunta que los sembradores de iglesias hacen es: ¿Qué modelo se debe seguir al establecer la nueva congregación? En el capitulo 12 el doctor Bob Sena bosquejó los diferentes tipos de iglesias que se necesitan para los hispanos en las varias etapas de asimilación en la cultura predominante. En adición a las consideraciones sociolingüísticas, el modelo de sembrar iglesias que se emplea tendrá implicaciones significativas en la efectividad del esfuerzo de sembrar iglesias. haya varios modelos que se usan en el establecimiento de iglesias nuevas.[364] Existen algunos métodos tradicionales que se han usado con gran éxito. También algunos métodos innovativos se emplean para comenzar el mayor número posible de congregaciones. En este segmento discutiremos los métodos tradicionales y los innovativos.

Métodos tradicionales de sembrar iglesias

En el ministerio de sembrar nuevas congregaciones, los líderes de la iglesia tienen que descubrir y emplear varios modelos o métodos, todos con efectividad. Algunos modelos proveerán entrada a algunos grupos y otros métodos se probarán más eficaces en diferentes circunstancias. Entre los modelos más efectivos para sembrar iglesias en general y entre los hispanos en particular son los siguientes.

Modelo uno: "Iglesia madre"

El modelo de "iglesia madre o congregación hija" es un método usado frecuentemente. A una congregación se puede sembrar dentro del edificio de la iglesia madre o en otro edificio. En este modelo la iglesia madre asume la responsabilidad de la nueva congregación y vigila sobre su desarrollo financiero y sanidad doctrinal. La iglesia madre puede ser anglo, hispana, o de otra cultura y la congregación hija también puede ser de cualquiera de estas culturas.[365] Una debilidad en este método, sin embargo, se desarrolla si los líderes insisten en que esta es la única manera y que las nuevas iglesias no se pueden sembrar sin una iglesia madre.

Modelo dos: "Múltiple auspicio"

El modelo de varias iglesias que auspician una nueva congregación ayuda donde haya pocas iglesias establecidas que no cuentan con suficientes finanzas para auspiciar una congregación por sí mismas. Una posible aplicación de este modelo es el de establecer una sociedad entre una iglesia auspiciosa (anglo o de otra cultura) y una congregación hispana para sembrar una nueva congregación hispana. Esto tiene la ventaja de combinar recursos financieros y de personales de la nueva congregación. La combinación de sus recursos con el conocimiento y pesonal de una iglesia hispana existente puede resultar en la formación de un excelente equipo sembrador de iglesias.

Métodos innovativos para sembrar iglesias

Modelo tres: "Multicongregacional"

El modelo multicongregacional (una iglesia, varias congregaciones) es especialmente apropiado para áreas urbanas en las cuáles la propiedad es extremadamente costosa. Estas congregaciones juntas por un acuerdo de consorcio, pueden compartir los recursos (p.ej., financieros, personal, edificio, equipo), haciendo provisión para los servicios de adoración en los diferentes idiomas, y juntos planean las actividades (p.ej., compañerismo, Cena del Señor) para enfatizar la unidad en medio de la diversidad.

Una adaptación de este modelo se puede usar en las áreas donde las iglesias anglo (o de otra cultura) se dan cuenta que su comunidad es casi totalmente hispana.[366] Si haya aún suficiente membresía anglo (o de otra cultura) dedicada al ministerio en esa comunidad, sembrar una congregación hispana dentro del edificio de la congregación existente puede ser una opción excelente. El grado de asimilación hispana y el uso del idioma inglés tiene que considerarse al decidir el tipo de iglesia que se necesita.

Modelo cuatro: Movimientos de sembrar iglesias

En su libro, *Church Planting Movements: How God es Redeeming a Lost World*, David Garrison reporta que una de las estrategias misioneras asignadas a un grupo North Indian se encontró sólo con 28 iglesias entre ellos en 1989. Para el año 2000, un movimiento de sembrar iglesia había surgido que elevó el número de iglesias a más de 4,500 con un estimado de 300,000 creyentes.[367] "Cada mes," David Garrison afirma, "un estimado de 1,200 iglesias nuevas se sembraron en África.[368] Durante la década pasada en un país de Latinoamérica, a pesar de las persecuciones despiadadas del gobierno, los bautistas crecieron de 235 iglesias a más de 4,000 iglesias con más de 30,000 convertidos que esperan el bautismo.[369] Aún entre "los últimos gigantes" (el mundo musulmán), cosas maravillosas están sucediendo. Garrison reporta que en un país musulmán de Asia, más de 150,000 han abrazado a Jesucristo y se reúnen en más de 3,000 grupos de Jesús locales .[370] Explica que por medio de la evangelización contextualizada y el uso de iglesias en los hogares "más musulmanes han venido a Jesucristo en las dos décadas pasadas que en cualquier otro tiempo en la historia."[371]

Garrison define el movimiento de sembrar iglesias como *"Un rápido aumento exponencial de iglesias indígenas que siembran iglesias dentro de un grupo de gente dada o segmento de población*.[372] Explica que éstos no son avivamientos, evangelización masiva, movimientos de gentes, o simplemente siembra de iglesias. Afirma que los movimientos de sembrar iglesias se caracterizan por diez elementos esenciales:[373]

1. **Oración.** La oración es fundamental en cada movimiento de siembra de iglesias. Es típicamente el primer elemento en una estrategia del plan maestro, y es la vitalidad de la vida de oración misionera la que guía a su imitación en la vida de la nueva iglesia y de su líder.

2. **Abundante siembra del evangelio.** Un movimiento de sembrar iglesias no emerge donde la evangelización es rara o está ausente. La ley de la siega se aplica bien: *"si siembra abundantemente también segará abundantemente."*

3. **Proponerse a sembrar iglesias.** En cada movimiento de siembra de iglesias alguno implementa una estrategia deliberada antes de que éste pueda progresar.

4. **Autoridad espiritual.** Los movimientos de siembra de iglesias se fundamentan sólidamente en la Palabra de Dios. Aún cuando la Biblia no se haya traducido al idioma del corazón, su autoridad es incuestionable.

5. **Líderes locales.** En los movimientos de siembra de iglesias, los misioneros van al lado de los creyentes locales cultivando y estableciendo liderazgo local en vez de hacerlo ellos mismos.

6. **Liderazgo láico.** Los movimientos de siembra de iglesias son impulsados por líderes laicos. Estos líderes algunas veces son bivocacionales y siempre vienen del perfil general de la gente que se está alcanzando. Confianza en el liderazgo laico asegura el número mayor de sembradores de iglesias posible y de líderes de iglesias celulares.

7. **Iglesias en casas o celulares.** En un movimiento de siembra de iglesias se empieza con pequeñas iglesias

celulares reproducibles de 10-30 miembros que se reúnen en hogares o en locales para negocios pequeños.
haya ventajas distintivas al usar las iglesias de casa: 1)
Ayudan a vencer los temores/prejuicios; 2) Están cerca; 3) Emplean una estructura simple; 4) Son culturalmente relevantes; 5) Animan a la participación; 6) Desarrollan líderes; y 7) Son fácilmente reproducidas.

8. **Iglesias que siembran iglesias.** Cuando el movimiento de siembra de iglesias entra en una fase multiplica-
dora de reproducción, las iglesias mismas siembran
nuevas iglesias. Nada descalifica a los creyentes líderes locales de ganar a los inconversos y de sembrar
nuevas iglesias.

9. **Reproducción rápida.** La reproducción rápida es evidencia que las iglesias están libres de elementos no
esenciales y los laicos con poder participan en la obra
de Dios.

10. **Iglesias saludables.** El movimiento de siembra de iglesias consiste de iglesias saludables que cumplen los cinco propósitos de: 1) adoración, 2) evangelización y misiones, 3) educación y formación de discípulos, 4) ministerio, y 5) compañerismo.

En adición a la discusión de los elementos esenciales,
Garrison provee información valiosa de los movimientos de
siembra de iglesias cuando discute los factores comunes y
da consejo práctico de maneras para ser instrumento en
empezar y animar estos movimientos.

En su libro, *House Church Networks: A Church de a New
Generation*, Larry Kreider describe lo que está empezando
a tener lugar en los Estados Unidos:

De nuevo está sucediendo, Una nueva especie de

iglesia emerge en todos los Estados Unidos. Tanto en las ciudades grandes como en zonas rurales, una clase única en la vida de la iglesia se asoma por medio de un crecimiento fresco de nuevas siembras en la superficie del terreno. Hambre por la comunidad y relaciones, la gente aprende los valores del reino en participación de primera mano... Dentro de los siguientes diez a quince años, creo que estas redes de iglesias en las casas se tendrán en el panorama de los Estados Unidos, lo mismo que lo que ya observamos que sucede en otras naciones del mundo.[374]

Daniel Sánchez, en su volumen, *Church Planting Movements in North America,* sugiere que los movimientos de multiplicación de iglesias puede ser el mejor término para estos avances en la evangelización y siembra de iglesias. Sánchez ha reunido información que indica que tales movimientos son posibles, deseables y en verdad están sucediendo.

Brent S. Ray y Ebbie C. Smith concurren en el uso del término, movimiento de multiplicación de iglesias. Estos escritores enfatizan que los métodos que guían a las iglesias en las casas, prefieren el término 'iglesias básicas' y 'movimientos de multiplicación de iglesias,' no son sólo los medios posibles de la evangelización y siembra de iglesias. Llaman a un movimiento cristiano para aceptar estas prácticas como válidas y aceptables medios para el avance del evangelio.[375]El Señor puede usar los movimientos de siembra de iglesias tanto aquí en los Estados Unidos como alrededor del mundo. Entender los principios básicos que contribuyen a la siembra y desarrollo del movimiento de implantar iglesias es el punto de arranque .[376]

Modelo Seis: Iglesias de Grupos Celulares

Las iglesias hispanas más grandes en Latinoamérica y en los Estados Unidos son de grupos celulares. Varios factores contribuyen a esto. Primero, en lo que tiene que ver con la primera visita, los hispanos se sienten más cómodos con la idea de ir a una casa de un pariente o amigo íntimo que de ir a una iglesia evangélica. En este sentido, el hogar viene a ser el puente para la iglesia. Segundo, el fuerte énfasis de la cultura hispana en las relaciones sociales centradas en la familia y amigos íntimos se presta al establecimiento de grupos celulares. Tercero, los hispanos que no han crecido en hogares evangélicos están menos acostumbrados a la idea de hablar en grupos grandes de gente. Por lo tanto, el hogar les provee el medio seguro para hacer preguntas y expresar opiniones. A menudo, esto guía al desarrollo de habilidades de liderazgo que ayudarán en el crecimiento y multiplicación de grupos celulares en los hogares. Cuarto, los grupos celulares necesitan que los láicos locales asuman las posiciones de liderazgo. Esto contribuye a la participación de más láicos en el liderazgo que otros modelos de congregaciones. Quinto, el modelo basado en la célula no requiere esas significativas sumas de dinero que se emplean en los grandes edificios educacionales. Esto hace posible que las congregaciones experimenten un crecimiento exponencial aún si no tienen recursos financieros o se localizan donde las autoridades gubernamentales no permiten la construcción de edificios para iglesias.

Definición

Hay una diferencia entre las iglesias que tienen grupos

celulares. Las iglesias que tienen células son esencialmente las que usan los grupos celulares como uno de sus
métodos para la evangelización y la formación de discípulos. El método de la célula es sólo uno de los que emplea
para adelantar su ministerio. Algunas de éstas son para
algunos extensión de programas basados en las iglesias.
Esto significa que hacen su ministerio por medio de una
variedad de programas que se han establecido, tales
como: la escuela dominical, programas para varones, programas para damas, programas para la juventud, programas para niños, etc. En un sentido la célula es principalmente otro de los programas que la iglesia emplea. El
grupo celular, por otra parte, no es una iglesia que usa las
células sino que las células son la iglesia. Aunque tienen
ocasiones en las cuáles éstos grupos se reúnen para la
celebración, las funciones principales de la iglesia se realizan por medio de las células.

Proponentes de las estrategias
de los grupos celulares

Paul Yonggi Cho

Tal vez uno de los primeros proponentes de las estrategias
del grupo celular fue el doctor Paul Yonggi Cho, pastor de la
Full Gospel Central Church en Seul, Corea. En su libro,
Successful Home Cell Groups, el doctor Cho comparte su
peregrinaje espiritual de estar seriamente enfermo, que facilitó el intenso estudio del libro de los Hechos, y lo llevó a
una estrategia que involucra el uso de los láicos en sus
hogares para la evangelización, la formación de discípulos
y el fortalecimiento de los ministerios. Él declara:

Generalmente la idea se empezó a formar en mi

mente: Supongamos que suelto a mis diáconos para que abran sus hogares como iglesias de casa. Supongamos que enseñan a la gente, oran por ellos para ser sanados y los ayudan, y supongamos que la gente se ayuda mutuamente de la misma manera en esos grupos celulares de hogar. La iglesia florecería en los hogares, y los miembros aún podrían evangelizar al invitar a sus amigos y vecinos a las reuniones. Luego el domingo los podrían traer al edificio de la iglesia para el servicio de adoración. Esto me liberaría de visitar y aconsejar y de otros trabajos que consumen tiempo. De esta manera, el pastor tendría tiempo para enseñar, predicar, y equipar a los líderes láicos para el ministerio.[377]

En este breve párrafo, el doctor Cho sintetiza los conceptos principales relacionados con los grupos celulares. Estos son grupos pequeños que se reúnen en los hogares (y otros lugares) con el propósito de evangelizar, formar discípulos, alimentar, ministrar, dar cuentas mutuamente y orar. La manera en que estos grupos realizan sus actividades variará significativamente de una cultura a otra. La cosa importante es enfocarse en los principios que se emplean y aplicarlos de una manera contextualizada a las diferentes situaciones culturales.

Ralph Neighbour

En el escenario en los Estados Unidos, uno de los proponentes de los grupos celulares más efectivo y entusiasta es Ralph Neighbor. Afirma que existe una diferencia radical entre una iglesia que usa grupos pequeños y los grupos celulares. El primero incorpora células en sus programas, sacados de su tradición. El segundo edifica su eclesiología en los principios del Nuevo Testamento. En una iglesia que tiene células, las células son sólo uno de sus programas.

En la iglesia celular, la célula es la iglesia.[378] Él explica que haya tres funciones y tres estructuras que caracterizan a la iglesia celular: 1) Comunidad: el grupo celular; 2) Celebración: todos los grupos celulares; 3) Coordinación: los grupos celulares se reúnen por "congregaciones" o "subzonas."

Neighbour explica que cada tarea de la iglesia se realiza por medio de la comunidad cristiana básica, la célula. Todo lo que hace la iglesia, lo hace por medio de estas unidades. Él describe las característico de la vida celular: 1) íntima: ayudarse el uno al otro; 2) de la boca al oído, modelando, se forman los valores personales; 3) se acostumbra a edificar a otro en la reunión del grupo celular; 4) modela la vida de los creyentes; 5) servidores se desarrollan en las células; 6) se prueban y se les separa; 7) se hace un fuerte énfasis en la oración y el ayuno; 8) se aplica la Biblia a las necesidades y relaciones; 9) los miembros de la célula se edifican el uno al otro y se coloca la gente en comunidades que ministran a otros que resulta en servicio total, ministrar y mayordomía. Neighbor concluye que la frase clave de los grupos celulares es "vayan y hagan discípulos."

Neighbour basa su estrategia de grupo celular en la convicción teológica que siempre haya los que son llamados para servir de una manera más radical y también para guiar y "gobernar" (palabra de la Biblia) en las asambleas de los creyentes, *pero todos somos capaces de tener una completa relación con Dios y de pasarla a otros*" (la cursiva es mía).

Otros proponentes
Otros proponentes del método de grupos celulares incluye tales personas como Rick Warren con su método de la igle-

sia impulsada por el propósito. Dale E. Galloway quien diseñó la estrategia de su visión 20/20.[379] Y otros nume-rotos proponentes en diferentes partes del mundo.

Al revisar los varios modelos para la implementación de los métodos de grupos celulares, una palabra de advertencia se hace necesaria. Los que son tentados a transplantar réplicas exactas de los modelos que se han usado en otras partes están usualmente destinados al fracaso en sus intentos. La razón de esto es que las diferencias culturales, doctrinales, de estilo de liderazgo y aún de personalidades tienen que tenerse en cuenta. Por ejemplo, muchos que trataron de transplantar el modelo del doctor Cho a los Estados Unidos encontraron que haya diferencias significativas entre la cultura coreana y la estadounidense que milita en contra de una total aceptación de la gente de los Estados Unidos. Los modelos contextualizados, por lo tanto, tienen que ser diseñados para las varias situaciones en las que se van a usar las estrategias del grupo celular.

Implicaciones metodológicas para la siembra de iglesias hispanas

Debido a la entrada continua desde Latinoamérica, las iglesias de habla hispana se continuarán necesitando en el futuro. Tenemos que recordar que la mitad del aumento de la población de los hispanoamericanos se debe a la inmigración. También tenemos que saber que tan pronto como los hijos empiezan a ver la televisión y a asistir a la escuela empiezan la experiencia del proceso de aculturación.

El hecho que los hispanoamericanos vengan a ser más pluralistas culturalmente no significa que estén abandonando sus valores culturales. Las iglesias deben tener esto en cuenta en su adoración, compañerismo, liderazgo y patrones organizacionales. En otras palabras, estas iglesias tienen que reflejar las mezclas culturales de sus miembros.

Las iglesias hispanas tienen que ser de cruce generacional. Debido al hecho de que la familia continúa siendo un importante factor en las vidas de los hispanoamericanos, las iglesias que asisten tendrán que hacer provisión para los padres, los niños y para los abuelos que puedan no ser fluentes en inglés. Algunas iglesias han optado por tener dos servicios, uno en inglés y el otro en español.

Las iglesias anglo que deseen alcanzar a los hispanoamericanos en grandes números tendrán que adaptar algo de su adoración, compañerismo y patrones de liderazgo. Tendrán que estar dispuestas a incorporar algunos de los elementos culturales de los hispanoamericanos en la vida de la iglesia, así enriqueciendo el compañerismo y ayudando a todos a sentirse cultural y espiritualmente en casa.

Debido al explosivo crecimiento y a la expansión sin precedentes de la población hispana en los Estados Unidos las estrategias para la multiplicación exponencial de la iglesia se hacen necesarias. Aunque deseamos afirmar cualquier tipo siembra de iglesia saludable bíblicamente entre los hispanos, es razonable que por lo menos usemos estrategias de multiplicación rápida de la siembra de éstas. Porque de otro modo, vamos a quedar mucho más atrás en nuestro intento de guiar a los hispanos a la fe personal en Cristo y en la formación de discípulos en congregaciones saludales bíblica y culturalmente contextualizadas.

En un artículo en *Christianity Today* titulado: *"Vivan Los Evangélicos,"* Andrés Tapia afirma que "los hispanos estadounidenses son el segmento que crece más rápidamente de la iglesia protestante."[380] Añade que si no fuese por el crecimiento hispano el crecimiento de algunas denominaciones no mostraría ningún aumento en la década pasada.[381] Aunque le damos gracias al Señor que muchos hispanos están llegando a una experiencia personal de la salvación en Jesucristo, obviamente, podemos hacer mucho más para alcanzar los millones que no han nacido de nuevo.

La siembra de iglesias hispanas es uno de los más grandes y emocionantes desafíos que los evangélicos enfrentan hoy. En este capítulo hemos discutido la importancia de establecer un fundamento bíblicamente sólido, la necesidad para entender las características culturales y lo valioso de usar estrategias relevantes culturalmente en la siembra de nuevas iglesias entre los hispanos. El crecimiento explosivo de la comunidad hispana nos brinda una oportunidad sin precedentes para sembrar miles de iglesias entre los hispanos en este nuevo siglo. Quiera Dios ayudarnos a responder a este desafío. En el siguiente capítulo vamos a discutir cómo capacitar a las iglesias hispanas para que crezcan y lleguen a ser más efectivas en ministrar a sus comunidades.

Notas

[344] Reverend Andrew M. Greeley, "Defection Among Hispanics" (Updated), *America, (September, 27, 1997),* 12-13.

[345] Este capítulo es una expansión del capítulo 1 que escribí titulado, "Starting Churches in the Hispanic Community," en Richard H. Harris, ed., *Reaching a Nation Through Church Planting,* Alpharetta: North American Mission Board, 2002.

[346] Vea, Andrés Tapia, "Vivan Los Evangélicos," *Christianity Today* (October 28, 1991),18, y Rodolpho Carrasco, "Reaching out to Latinos," *Christianity Today,* (September 6, 1999), 32-36.

[347] Brook Larmer, "Society," *Newsweek,* (July 12, 1999), 48.

[348] See Paul G. Hiebert, *Anthropological Insights of Missionaries* (Grand

Rapids: Baker Book House, 1985). Tom A. Steffen, *Passing the Baton* (La Habra: Hiapano de Organizational & Ministry Development, 1993).

349. Charles L. Chaney, *Church Planting at the End of the Twentieth Century* (Wheaton: Tyndale house Publishers, Inc., 1991), 133-34.

350. R.C.H. Lenski, *Interpretation Of St. Matthew's Gospel* (Minneapolis: Augsburg Publishing House, 1961), 1173.

351. Daniel R. Sánchez, Ebbie C. Smith, y Curtis E. Watke, *Starting Reproduction Congregation: A Gudebook de Contextual New Church Development* (Ft. Worth: Church Starting Network, 2001), 28-30.352- Thom Hopler, *A World of Difference* (Downers Grove: Inter Varsity Press, 1981), 109, indica que Simeón was negro, Lucio era griego y Manaen era judío.

353. Para más información vea Daniel R. Sánchez, Rodolfo González, *Sharing the Good News With Roman Catholic Friends*, 2004, Church Starting Network, , La versión española es *Cómo Testificar a Sus Amigos Católicos* (El Paso:Casa Bautista de Publicaciones, 1998).

354. Vea Daniel R. Sánchez, Rudolf Gonzalez, *Sharingt the Good News With Roman Catholic Friends*, 2004, Church Starting Network, Esto es una adaptación del proceso descrito por David Hesselgrave, en *Planting Churches Cross-culturally* (Grand Rapids: Baker Books, 2000).

355. Para otras ideas de cultivar vea a Steve Sjogren, *Conspiracy of Kindness (Ann Arbor: Servant Publications, 1993).*

356. David Garrison, *Church Planting Movements,* (Richmond: International Mission Board, n,d,), 11-16. . Para estudios bíblicos especialmente diseñados vea, Daniel R. Sánchez y Jorge Pastor, *Evangelicemos a Nuestros Amigos* (Birmingham: Woman's Missionary Union, 2000). Para materiales bilingües vea Ted Lindwall, *ROCKs y Friendship Groups,* (Church Starts International, P.O. Box, 177, Henrietta, Texas, 76365). También vea a Charles Brock, *I Have Been Born Again, What Next?* Church Growth International, P. O. Box 428C, Neosho, Missouri.

357. Alex D. Montoya, *Hispanic Ministry in North America (Grand Rapids: Zondervan, 1987), 14,15.*

358. Don Wilkerson, *Bring Your Loved Ones To Christ (*Old Tappan: Fleming H. Revell, 1979).

359. Alex D. Montoya, *Hispanic Ministry in North America (Grand Rapids: Zondervan Publishing House, 1987), 18.*

360. Andrés Tapia, "Viva Los Evangélicos," *Christianity Today* (October 28, 1991),19-21.

361. Para una discusión más completa vea a Daniel R. Sánchez, "Preparing for a Revival Meeting in an Hispanic Church, in Dan R. Crawford, *Before Revival Begins,* (Fort Worth: Scripta Publishing Inc., 1996), 111-121.

362. David Hesselgrave, *Planting Churches Cross-Culturally* (Grand

Rapids: Baker Book House, 1980).

[363] Erma Holt Mathis, *The Mission Arlington Story: Tillie's Vision* (Forth Worth: Scripta Publishing Inc., 1996).

[364] Para una más extensa discusión en modelos de siembra de iglesias vea a, Daniel R. Sánchez, Curt Watke, Ebbie Smith, *Starting Reproducing Congregations* (ChurchStartingDotCom: Forthcoming Publication).

[365] J Timothy Ahlen y J.V. Thomas, *One Church, Many Congregations* (Nashville: Abingdon Press, 1999).

[366] Para más información vea, 444. Harvey Kneisel, *New Life the Declining Churches* (Houston: Macedonian Call Foundation, 1995).

[367] David Garrison, *Church Planting Movements: How God is Redeeming a Lost World,* Richmond: WIG Take Resources, 2004, 17

[368] Ibid., [369] Ibid., [370] Ibid., [371] Ibid.,

[372] David Garrison, *Church Planting Movements* (Richmond: International Mission Board, n.d.), 7.

[373] Ibid., 33-36.

[374] Larry Krieder, *House Church Networks: A church of a new generation,* Ephrata, PA: House to House Publications, 2001, 2.

[375] Brent S. Ray y Ebbie C. Smith, Basic Churches are Real Churches: Biblical Support of Simple Churches, Organic Churches, House Churches y Congregations That Grow Out Of Church Multiplication Movements (Ft. Worth: Church Starting Network, 2006), 14.

[376] Rad Zdero,The *Global House Church Movement, Pasadena: William Carey Library, 2004.*

[377] Paul Yonggi Cho, *Successful Home Cell Groups*, South Plainfield, NJ: Bridge Publishing Inc., 1981, 19

[378] Ralph Neighbour, TOUCH Outreach Ministries Inc., Power Point presentations, 2003.

[379] Dale E. Galloway, *20/20 Vision: How To Create A Successful Church With Lay Pastors y Cell Groups*, Portland: Scott Publishing Company, 1986,

[380] Tapia, op. cit., p. 18.

[381] Ibid., p. 20.

CAPÍTULO 19

Crecimiento de la iglesia entre los hispanos

Después que la iglesia se ha establecido, una de las tareas más desafiantes es dirigir la congregación al continuo cre-cimiento. Como este libro se enfoca en la siembra de iglesias hispanas, es instructivo estudiar los factores de crecimiento de las iglesias hispanas existentes. Recientemente, un estudio de las diez iglesias hispanas de más rápido crecimiento en Texas, fue conducido por dos de los autores de este libro, los doctores Daniel Sánchez y Ebbie Smith. El estudio usó cuatro recursos de información: (1) un análisis demográfico; (2) un análisis estadístico (de la Associational Annual Letter); (3) una encuesta al pastor y a miembros claves; y (4) una visita a los lugares por miembros del personal del Scarborough Institute.[382]

El análisis comparativo de los reportes, las entrevistas y la información de las visitas a los lugares de las iglesias reveló varias cosas en común en estas congregaciones que parecen haber contribuido a su crecimiento. En adición al criterio de crecimiento, se le prestó atención a las áreas geográficas en la selección de estas iglesias. Los autores de este reporte entienden completamente que el crecimiento de la iglesia es sólo el resultado de la acción del Espíritu Santo. También entienden que el Espíritu obra por medio de varias estrategias, circunstancias y métodos. Aunque muchos factores diferentes surgieron en este estudio que ayudaron al crecimiento, incluimos en este reporte los factores más singificativos que parecen contribuir más directamente al crecimiento de estas congregaciones.

Liderazgo pastoral

Esta encuesta confirmó un principio largamente estableci-do del crecimiento de la iglesia: "el liderazgo pastoral es, o por lo menos será, la clave al crecimiento de cualquier igle-sia." Esta encuesta confirmó la importancia del liderazgo pastoral para el crecimiento de la iglesia, e indicó este prin-cipio general tanto en las iglesias hispanas como en otras. Fue obvio que estos pastores tenían varias características en común.

Los pastores tienen una visión para crecimiento

Invariablemente, estos pastores, de una u otra manera, die-ron evidencia de tener una visión clara para el crecimiento de la iglesia y una disposición en pagar el precio para la realización de este crecimiento. En cada uno de ellos, aun-que expresaban gratitud por el crecimiento que experimen-taban, también indicaban que el presente crecimiento sólo rascaba la superficie de lo que se podría hacer. Ninguno de estos pastores estaba satisfecho con los presentes logros de la iglesia.

Las visiónes de los pastores se reconocen y se expresan claramente por medio de la membresía de la iglesia. La iglesia que mostraba la meta de 1000 para el 2000 de-muestra la total presencia de la visión y la importancia de expresarla. Además, la visión del pastor se ha compartido con la congregación y adoptada por la gente.

Todos los pastores notoriamente demostraban una carga por los hispanos en sus comunidades y soñaban del día cuando muchos más de ellos se pudieran alcanzar y formar como discípulos con el evangelio en las congregaciones hispanas. Varios de ellos tenían la visión de alcanzar las comunidades enteras (todos los grupos culturales) y hacían provisión para esto al tener servicios tanto en inglés como en español.

Todos los pastores deseaban el crecimiento de sus iglesias pero estaban convencidos que crecerían con la ayuda del Señor. Demostraron un optimismo extremo en cuanto al futuro de las iglesias que están pastoreando. Saben de los desafíos y obstáculo que enfrentan. Sin embargo, estos líderes no gastan tiempo en lamentarse de los obstáculos, sino que se concentran en las oportunidades frente a ellos y sus congregaciones.

Estas convicciones de optimismo y visión fueron claramente enunciadas por los pastores. Uno de los pastores dijo: "Deseamos que nuestra iglesia impacte nuestra ciudad con el evangelio de Jesucristo. Cuando los anglos preguntan lo que se debe hacer para preparar nuestra ciudad para el futuro, deseamos que vean y usen nuestra iglesia como un modelo." Otro pastor añadía: "No deseamos ser importantes sino que procuramos tener una influencia cristiana en nuestra ciudad y en nuestro estado." Además, otro líder exclamó: "Nosotros, quiero decir los miembros y yo mismo, creemos que el Señor continuará bendiciéndonos con crecimiento entre la población hispana de nuestra ciudad." Otro miembro decía de su pastor: "Nuestro pastor siempre está trazando metas. Nunca está satisfecho con lo que se logró en el pasado."

La visión tenida, expresada y compartida era casi universalmente evidenciada por los pastores de estas iglesias que crecen.

Los pastores están dispuestos a ejercer el liderazgo

Los pastores de estas iglesias crecientes comparten una convicción básica, que *es la responsabilidad del pastor proveer un fuerte liderazgo a fin de que la iglesia alcance su completo potencial.* Ven el liderazgo de un siervo agresivo como el método divinamente intentado para guiar las iglesias. Cuando se les concede la elección del tipo de liderazgo que el pastor debe ejercer, todos seleccionaron el que fuera "muy fuerte y directo," sobre el "persuasivo," o el que "simplemente sigue la voluntad de la iglesia."

Es importante notar que estos pastores no se ven a sí mismos como autocráticos o dictatoriales. Por el contrario, se ven como motivadores. Una vez que han recibido la visión, se concentran en comunicársela a su membresía y en desafiar la gente para que sean parte de esta visión. Creen de esta manera que la visión vendrá a ser una realidad en su iglesia.

Aunque manteniendo la necesidad de un fuerte liderazgo pastoral, estos pastores proveen, en una u otra forma, la oportunidad para que los líderes de la iglesia se involucren en el proceso de tomar decisiones. Creen la estrategia del liderazgo compartido para que sea el patrón primario del liderazgo pastoral.

Los pastores se comprometen a permanecer en la iglesia por largo tiempo

Todos los pastores indicaron que habían hecho el compromiso de permanecer con la iglesia por un tiempo extendido. Declararon el compromiso de permanecer en su iglesia de la siguiente manera: "hasta cuando el Señor diga," "esta es la única iglesia de la que planeo ser pastor," "hasta cuando el Señor venga," "no tengo planes en ninguna otra parte." Un pastor declaró su intención de permanecer con su iglesia hasta el año 2000 D.C. Es importante notar que ninguno de los pastores entrevistados vio su presente iglesia como una piedra de salto para pastorear iglesias más grandes. Cada uno sintió que su presente lugar de servicio era el lugar de servicio que el Señor deseaba para él y que estaba emocionado y desafiado por la oportunidad para servir esa congregación en particular. Aunque los pastores son relativamente nuevos en sus presentes pastorados (su promedio de servicio es de ocho años), todos manifestaron el deseo de permanecer en su presente posición por muchos años venideros.

Los pastores han aprendido las técnicas de la administración

Otra cualidad que fue evidente en los pastores de las congregaciones estudiadas fue su habilidad para administrar el trabajo de la iglesia. Aunque algunos han recibido estudios en métodos de liderazgo en conexión con sus estudios teológicos, la mayoría de ellos desarrolló sus habilidades administrativas en conexión con sus trabajos seculares. Algunos tienen extensa experiencia en el servicio militar, otros en los negocios del mundo, y aún otros por medio de estudio individual y experiencia personal. Estas habilidades administrativas son evidentes en la manera en que organizan y administran las actividades de la iglesia. Esto involucra el uso de entrenamiento y materiales que están disponibles por medio de la denominación y la disposición de desarrollar nuevas estructuras creativamente y nuevos métodos para realizar el trabajo de la iglesia. En las entrevistas con estos pastores vino a ser evidente que tenían un entendimiento claro de las metas de la iglesia y también de las habilidades para organizar, entrenar, y dirigir a los miembros a alcanzar estas metas. La importancia de su experiencia en el trabajo diario en el mundo parece haber mejorado estas habilidades de liderazgo y administrativas ahora usadas en el liderazgo de la iglesia.

Los pastores están dispuestos a correr riesgos

En la encuesta de los pastores, la mayoría indicó que estuvieron dispuestos a asumir riesgos moderados o mayores procurando la realización de la obra de la iglesia. En las entrevistas con estos pastores, era evidente que no se arriesgaban sólo por hacerlo. Al contrario, buscaron el liderazgo del Señor, y luego estuvieron dispuestos a aventurarse en fe para hacer lo que sentían que el Señor deseaba que su iglesia lograra. Algunos riesgos se relacionaban con sus propias vidas profesionales tales como renunciar a un trabajo de tiempo medio y dedicarse con todo su tiempo a la obra de la iglesia aún cuando no estaban seguros que se tendrían las finanzas para su salario. Otros riesgos involucraban llevar a sus congregaciones a adoptar lo que parecían planes de alcance inobtenibles y de crecimiento. Aún otros riesgos tenían que ver con el cambio de estructura y programas de la iglesia a fin de ser más efectivos. El riesgo se puede apreciar en la disposición para cambiar el estilo de adoración y en la resolución de unirse con otra iglesia para fortalecer el ministerio de ambas congregaciones. Varios de los pastores implementaban planes de largo alcance para edificios y otro equipo necesario. En la opinión del equipo de la encuesta, esta determinación a aventurarse en fe estimula el crecimiento de estas congregaciones.

Respuesta positiva al cambio

Un segundo factor en el crecimiento de estas diez iglesias, indica que responden positivamente al cambio. En vez de sentirse amenazados por los cambios sociales, económicos y políticos que los rodean o de gastar el tiempo tratando de mantenerse en "las cosas como siempre se han hecho," han encontrado maneras para aceptar el desafío a los cambios y han diseñado métodos para ayudarles a alcanzar y a formar discípulos en nuevas maneras. Los cambios a los cuáles se enfrentan y a los que tienen que responder incluyen lo siguiente:

Cambio: De sobrevivir al éxito

Muchos hispanos han subido del peldaño más bajo de la escalera económica. Algunos han experimentado la gran depresión. Éstas y otras experiencias han hecho que algunos hispanos, especialmente los de edad media, desarrollen una mentalidad de sobrevivencia. Habiendo pagado por sus casas con gran sacrificio, se dedican a mantener las ganancias que han logrado. Algunos llevan esta actitud a la iglesia. Si el edificio de su iglesia está pago o a su alcance, resisten planes para asumir el riesgo de crecer y de ampliarse agrandando su edificio, construyendo otro o cambiándose a otra localidad geográfica.

Lo mismo es verdad de su actitud hacia el presupuesto de los programas de alcance para la iglesia y la adición de otro miembro al personal de la iglesia. Si se está alcanzando el presupuesto y se mantienen fuera de deuda, optan por un juego seguro y no toman riesgos. Esta indisposición para tomar riesgos grandemente inhibe el potencial de crecimiento de sus iglesias. Esto lleva al ministerio de mantenimiento en vez de una estrategia agresiva de alcance.

Los pastores que son capaces de desafiar y guiar a su gente a movilizarse de una mentalidad de sobrevivencia a una de éxito, usualmente experimentan un crecimiento significativo en las congregaciones. Lograr este paradigma de cambio, sin embargo, es un desafío mayor. Un pastor que guió a su congregación a vender su pequeño edificio que ya estaba pagado y a comprar un edificio más grande en una localidad más accesible declaró: "El Señor no piensa de mínimos. Llenar el edificio no es suficiente; se tiene que tener una mentalidad de la gente." Otro pastor dijo: "Trato de convencer a mi gente que podemos ser tan efectivos como la mejor de las iglesias anglo y esto incluye edificios, programas y personal." Una iglesia en la actualidad se cambió y se unió con una congregación anglo, mostrando la disposición tanto del pastor como de la gente de asumir riesgos.

Por lo tanto, las iglesias que crecen son las que tienen una mentalidad (una visión) de lo que el Señor desea que hagan en sus comunidades y están dispuestas a vivir en la dimensión de fe al hacer los compromisos necesarios, sacrificios y cambios para hacer una realidad de la visión.

Cambio: De monocultural a multicultural

Todas las iglesias que se estudiaron saben de los cambios sociológicos que tienen lugar dentro de la comunidad hispana y que están dispuestas a hacer los cambios necesarios para alcanzar tantos de los muchos segmentos de la comunidad como sea posible. Las entrevistas con los pastores y los líderes de la iglesia revelaron que estas iglesias entienden que los hispanos se encuentran ahora en varios estados de asimilación. Algunos de estos hispanos han llegado recientemente y necesitan oír del evangelio y adorar en español. Algunos, sin embargo, han estado aquí hace por lo menos dos generaciones y son bilingües. Aún otros han estado aquí por largo tiempo y difícilmente entienden el español pero son completamete fluentes en inglés. Todas las iglesias estudiadas muestran que saben tanto de esta diversidad cultural como de la disposición de adaptar su metodología para alcanzar estas culturas. Los métodos usados por las iglesias en este estudio varían signficativamente. Todas las iglesias tienen escuelas dominicales bilingües en las cuáles algunas de las clases se enseñan en español, otras en inglés, y aún otras en ambos idiomas. Las diferencias entre estas iglesias fueron más marcadas en sus servicio de adoración en los que las alabanzas, anuncios, testimonios, etc., se hicieron bilingüemente. Cuando llegó al sermón, algunos pastores predicaron en ambos idiomas (interpretándose a sí mismos). Otros pastores predicaron en inglés o en español pero hicieron la provisión para que la gente escuchara la traducción del sermón por medio de audífonos. Esto ahorró el tiempo que de otra manera tomaría el pastor (o alguien más) para interpretar el mensaje desde el púlpito. Otras iglesias son bilingües en el sentido que tienen dos servicios los domingos por la mañana (uno en inglés, el otro en español). Algunas de las iglesias que hacen esto tienen un servicio bilingüe los domingos por la noche para evitar el desarrollo de dos congregaciones diferentes.

Las diferentes etapas de asimilación cultural en la que se encuentra la gente y las capacidades lingüísticas del pastor (y del personal) son factores que tienen que tenerse en cuenta al determinar el método que una iglesia tiene que usar. El factor más importante, sin embargo, es que *el pastor y los miembros de la iglesia estén dedicados al hecho de que el propósito primario de la iglesia es comunicar el evangelio no preservar la cultura.* En la mayoría de los casos la cultura es un instrumento para la comunicación del evangelio, pero las iglesias que rehusen hacer cambios a fin de alcanzar los varios segmentos de la comunidad hispana (especialmente la juventud), terminan siendo iglesias de una generación. En otras palabras, estas iglesias pierden su juventud.

Servicios de adoración dinámicos

Un tercer factor en el crecimiento de estas iglesias se relaciona con los servicios de adoración que involucran toda la membresía. Existe una variedad significativa en el formato de las iglesias estudiadas que crecen. Hubo un común denominador: *Los servicios de adoración involucran toda la personalidad de los miembros.* Esto se ve en el hecho que estos servicios de adoración son culturalmente relevantes y que se inclinan a ser innovativos en vez de ser estrictamente tradicionales.

Servicios de adoración culturalmente relevantes

Un factor que parece ser constante es que estos servicios incluyen toda la personalidad de los adoradores. haya un fuerte elemento cognitivo (enfoque en el contenido) en que el formato es bien planeado, se le da atención a la lectura de la Biblia, y los sermones comunican los conceptos bíblicos claramente. Al mismo tiempo haya profundidad emocional, calidad en su canto, predicación, testimonios, oraciones, y compañerismo. En otras palabras, la gente en estas iglesias cultiva un fuerte sentido de la presencia del Señor en el servicio de adoración y se expresa de una manera que la gente se siente a gusto.

Algunas de las expresiones que se usaron para describir estos servicios fueron: "dinámicos, emocionantes, entusiastas, de gran expectativa, un servicio donde la sanidad tiene lugar, genuina alabanza, mucha oración, la gente siente la presencia de Dios de una manera especial, el genuino compañerismo se experimenta, la gente no tiene prisa de que se concluya el servicio y se va, procuramos satisfacer las necesidades de la gente."

Adoración innovativa

En general, las iglesias hispanas que crecen demostraron una disposición positiva hacia la adoración innovativa. Los elementos tradicionales no fueron totalmente remplazados, sino que los medios innovativos empezaron a predominar. La adoración innovativa ciertamente tenía un lugar central en las iglesias hispanas que crecen. Los patrones de la adoración eran claramente visibles en varias áreas.

La música

Significante variedad en la música se ha usado en las iglesias estudiadas. El formato se extiende desde moderadamente combinada (que usa himnos tanto como alabanzas). Una de las sorpresas que encontró el equipo de la encuesta fue que la música no era necesariamente típica latina (o hispana). Aunque alguna música tenía el sabor latino, pero en todo, la mayoría de los cantos (especialmente los coros) fueron *del tipo de adoración contemporánea*. Esto puede ser indicativo de un grado de asimilación en la cultura anglo o quizá la de mayor disponibilidad de este tipo de música para estas congregaciones.

Instrumentos

En armonía con el uso de la música de adoración, más de la mitad de las iglesias estudiadas usaban guitarras, tambores, organetas y otros instrumentos en adición al piano y órgano. El volumen de la música no era excesivamente alto como en el caso de algunas iglesias carismáticas. El uso de los instrumentos adicionales parece contribuir a la participación de la gente en el servicio de la adoración. En la mayoría de los casos hubo un ambiente gozoso, celebrativo durante el servicio de adoración.

Equipos de adoración

La mayoría de las iglesias estudiadas no tenían coro. En su lugar, tenían un equipo de adoración que ayudaba al director de música a dirigir la música. Estos equipos de adoración usualmente consisten de 4 a 8 personas que se paran con el director de música y cantan las alabanzas congregacionales tanto como la música especial.

Como fue verdad de los instrumentos, el equipo de adoración parecía contribuir a un mayor grado de participación de parte de la congregación. Algunos de los pastores indicaron que, a menudo, es difícil tener un coro en sus iglesias debido a la multiplicación de actividades que tienen. Un equipo de adoración parece darles la opción de tener un grupo que contribuye al servicio de adoración sin involucrar un gran número de personas o de tener que haya alguien casi profesionalmente entrenado como director de música.

Predicación

Una amplia variedad de estilos de predicación se encuentran en las iglesias que se estudiaron. Algunos pastores usaron un método expositivo (versículo tras versículo) para predicar. En la mayoría de los casos, sin embargo, los sermones se enfocaban en las necesidades de la gente. Esto era evidente no sólo en la aplicación del material bíblico sino también en las ilustraciones que se usaron.

Aunque se usaba una amplia variedad de estilos de predicación surgió un factor constante: *los sermones tenían una nota redentora y positiva*. En lugar de concentrarse en lo que la gente se ha equivocado, o en lo malas que son las cosas, estos sermones se enfocaban en las maneras positivas en las cuáles cada persona puede vivir una vida cristiana, alcanzar efectividad en su trabajo, y hacer una contribución en la obra del Señor. En otras palabras, se animó a la gente y se les inspiró a mantenerse creciendo en su fe cristiana. Un miembro explicó, "La Palabra autoritativa de Dios se predica de una manera clara y somos alimentados con la Biblia."

Otro factor que estos sermones tenían en común es que inspiraban emocionalmente. Esto fue especialmente evidente en las ilustraciones que se usaban y en la manera en que se comunicaba el pastor. Muchas de las ilustraciones se tomaron de las vidas diarias de la gente y esto le ayudaba a la gente a identificarse con el mensaje.

Evangelización perenne

Un cuarto factor en las actividades de las iglesias que crecen se relaciona con el sostenido programa de evangelización. Aunque los métodos que se usaron varían extensamente, tienen una cosa en común: *Los miembros son entrenados y usados en un programa consistente de evan-*

---

gelización. En otras palabras, existía un compromiso de participar en la evangelización de parte del *pastor* y de los *miembros*. Estas iglesias han invertido tiempo, personal y dinero en el alcance evangelizador. La evangelización ha tenido una alta prioridad, no se dejaba al acaso, era una *actividad hecha a propósito* por la iglesia. Algunos métodos dan mayor fruto en una comunidad que en otra, y quizá encaja mejor los estilos de las vidas de los miembros. Pero un factor mayor para su éxito era la *contínua participación de los miembros*.

Los siguientes fueron algunos de los métodos de evangelización más usados por las iglesias que fueron estudiadas:

Evangelización personal

Todas las iglesias que participaron en la encuesta tienen un programa sostenido de evangelización personal. Los métodos empleados, sin embargo, variaban significativamente. Tal vez, el factor primario aquí es el concepto que se sostenía permanentemente más que de vez en cuando.

Evangelización de visitación

Algunas pero no todas las iglesias emplean el método de visitación y testimonio de puerta en puerta. Una iglesia, por ejemplo, participa en testificar de puerta en puerta cada sábado en la mañana. Ha usado este método consistentemente por cerca de 20 años. La iglesia experimenta profesiones públicas de fe casi cada domingo. Esta iglesia, a menudo, es la iglesia hispana con más bautismos en el estado. Un grupo de gente se reúne en el edificio de la iglesia cada sábado en la mañana, toma tiempo para orar, y luego sale al vecindario del enfoque para visitar. Los miembros del equipo básicamente golpean en las puertas y hablan con la gente, comparten sus testimonios, leen un tratado breve, invitan a la gente a recibir a Cristo y luego oran por ellos. El equipo visita el mismo vecindario por tres sábados seguidos. Primero, hablan con los que han hecho decisión para Cristo el sábado anterior. Segundo, visitan los que fueron receptivos pero que no hicieron profesión de fe. Finalmente, visitan la gente que no encontraron en las visitas previas. En cada visita se invita a la gente a venir a la iglesia y se hacen esfuerzos para desarrollar amistades con la gente. El pastor le contó al equipo de la encuesta que el mayor porcentaje de las profesiones de fe y bautismos vienen de gente que visitan los sábados.

Evangelización de la amistad (Relacional)

Otra iglesia, por otra parte, hace que sus miembros participen en la evangelización de la amistad (relacional). Los miembros de esta iglesia salen de su comodidad para hacer amigos en el trabajo y en sus comunidades. Esto se hace en base consistente como un estilo de vida. A los miembros se les anima a involucrar a sus amigos en actividades de cultivo tales como picnics, ver eventos deportivos especiales en la televisión, y establecer grupos de apoyo en sus hogares. Este fundamento luego llega al establecimiento de compañerismos bíblicos en los hogares. Mucha de la gente que se alcanza es profesional y trabaja en oficinas. Muy posiblemente este es el grupo más alto socioeconómicamente y responde más favorablemente a la evangelización de la amistad que a la visitación de puerta en puerta. El pastor de una de las iglesias explica: "Nuestra iglesia es conocida como 'la iglesia divertida,' algo así como una iglesia de familia. Tratamos se ser gente divertida fuera del edificio de la iglesia y esto atrae a la gente al evangelio."

Ministerio evangelizador

Fundamentando toda la evangelización de las iglesias que se estudiaron en esta encuesta yace un compromiso de practicar la evangelización de ministerio. Este tipo de evangelización toma muchas formas. Una iglesia, por ejemplo, tenía un grupo de damas para llamarlas a que prepararan comidas para la gente que había perdido a un ser querido. Al oír de la muerte de una persona en su comunidad, las damas inmediatamente se llamaban y decidían quién iba a llevar comida. A menudo, esto ha llevado a las familias de los fallecidos a solicitar que el funeral se conduzca en la iglesia que les ofrece este ministerio. Como resultado de esto, mucha gente se ha convertido al Señor.

Otros ministerios incluyen un banco de comida, un almacen de ropa y referencia a las agencias que ayudan. Una iglesia tiene un programa bien desarrollado de distribución de comida para la gente que vive en el vecindario inmediato del edificio de la iglesia. Algunas iglesias tienen ministerios altamente organizados tales como una academia (escuela elemental hasta secundaria). La cosa significativa de estos ministerios es que no sólo enfocan las necesidades físicas y educativas sino que procuran llevar la gente a Cristo. Muchas profesiones de fe se reportan en estas iglesias anualmente como resultado de estos tipos de ministerios de evangelización.

Evangelización pública
Eventos de cultivo

La mayoría de las iglesias que fueron encuestadas usaban eventos de cultivo como una forma de envangelización pública. Muchas de éstas tienen dramas, presentaciones musicales y reuniones sociales. Estas iglesias también usaban las mayores celebraciones cristianas como eventos de alcance. Las celebraciones relacionadas con la navidad, la resurrección y la acción de gracias son ocasiones en que invitaban a muchos de sus amigos y vecinos. Otras iglesias también usaban algunos eventos culturales como medios de alcance. Las celebraciones especiales tales como las quinceañeras de las jovencitas son oportunidades en que la familia y los amigos son invitados. Una iglesia hace un banquete para todos los hispanos que se gradúan en su ciudad. Éstas se consideran como excelentes ocasiones para alcanzar a la gente.

Algunas iglesias usaban eventos recreacionales tales como el beísbol, fútbol, y voleibol para conocer personas nuevas. El pastor de una de las iglesias dice: "Teníamos hombres que de verdad se interesaban y se disponían a servir de entrenadores. Gastaban tiempo con sus muchachos y jóvenes y compartían el evangelio con ellos."

Reuniones de avivamiento

La mayoría de las iglesias que se estudiaron usan reuniones de avivamiento más como una ocasión de cosecha que como tiempo de sembrar la semilla. En otras palabras, estas iglesias usaban sus eventos de cultivo para establecer amistades y sembrar la semilla del evangelio. Para el tiempo en que se invitaban los amigos y vecinos a la reunión de avivamiento ellos ya habían tenido la oportunidad de escuchar un testimonio cristiano y tal vez la presentación del evangelio.

Las personas evangelizadas

Un factor importante en los esfuerzos evangelizadores de estas iglesias se relaciona con las personas evangelizadas. El equipo de la encuesta encontró que cerca del 30% (29.85%) de los miembros de sus iglesias al presente experimentaban la única experiencia con los evangélicos, el 27.16% venía de otras iglesias bautistas y el 42.98% se habían convertido en otra denominación. De los miembros convertidos el 58.87% previamente eran católicos.

Provisión para grupos pequeños

Un quinto factor en el crecimiento de estas iglesias era la tendencia a proveer un grupo pequeño de ministerios. Un número significativo de las iglesias en esta encuesta han hecho provisión de una manera u otra para grupos pequeños. Éstos son grupos que se reúnen no sólo los domingos durante la escuela dominical o entrenamiento de la iglesia sino durante la semana en las comunidades donde viven los miembros.

Evangelización de grupos pequeños

La evangelización se hace en grupos pequeños. Algunos de estos grupos son compañerismos bíblicos de casa que las iglesias usan para el alcance evangelizador. Los pastores y miembros de estas iglesias dicen que a menudo la gente de trasfondo católicorromano rehusan asistir a una "iglesia protestante," pero están dispuestos a ir a un estudio bíblico de vecindario. A menudo la experiencia en este grupo pequeño viene a ser el puente para relacionar a la gente con las iglesias evangélicas.

Formación de discípulos en grupos pequeños

La mayoría de las iglesias estudiadas también usa grupos pequeños para la formación de discípulos. Algunas iglesias usan grupos pequeños para que los nuevos convertidos se preparen para el bautismo. El pastor de una de las iglesias encuestadas declaró que su iglesia alcanza tanta gente nueva que tiene que suplantar su formación de discípulos del miércoles por la noche con células de formación de discípulos en las casas bajo la dirección de los diáconos a quienes ha entrenado con ese propósito. Sea en la iglesia, en los hogares, o en el trabajo, las iglesias estudiadas en esta encuesta dedican tiempo, recursos financieros, y personal para entrenar a nuevos convertidos y llevar a los miembros de la iglesia a una más profunda forma de discipulado.

Asimilación de los nuevos miembros

El sexto factor en el crecimiento de estas diez iglesias incluye los planes de dar la bienvenida a los visitantes y a asimilar a los nuevos miembros. Se presta mucha atención a los visitantes de entre los inconversos a estas congregaciones. En adición a tener un lugar especial para los visitantes en el estacionamiento y saludarlos en los servicios, los miembros hacen un esfuerzo especial para visitar a los que vienen por primera vez y los animan a que regresen. En una iglesia, el pastor y los miembros trataron de hacer contacto un día con cada uno de los visitantes en la primera semana después de la visita a la iglesia. En otra iglesia el pastor no los llama "visitantes" al servicio de adoración sino "invitados." Él anima a los miembros de la iglesia a que los conozcan antes del servicio y que se sienten con ellos y los presenten como "invitados" durante el servicio. A menudo en el seguimiento, los miembros visitan los hogares de los "invitados" y les llevan galletas como una expresión de su gratitud por asistir al servicio de adoración. *Una publicación reciente indica que las iglesias tradicionales declinarán a menos que le den la bienvenida a los extraños.*[383]

En adición a dar la bienvenida a los invitados, estas iglesias hacen un esfuerzo para incorporar a los que recién asisten en la vida de la iglesia. Algunos lo hacen por medio de la clase para los nuevos convertidos, otros por medio de la formación de discípulos uno a uno, aún otros por medio de grupos celulares en los hogares. La cosa importante es que se interesan en asegurarse que los que son invitados lleguen a ser parte de por lo menos uno de los grupos de compañerismo de la iglesia. Esto incluye no sólo recibirlos al compañerismo de la iglesia sino de encontrar un lugar de ministerio para ellos tan pronto sea posible.

Un pastor declaró: "nuestros grupos de compañerismo nos han ayudado a cerrar la puerta de atrás de nuestra iglesia. Conseguimos muchas personas que visitaron nuestra iglesia, hicieron profesión de fe, y luego se fueron después de un breve período de tiempo. No habían llegado a ser parte de nuestro compañerismo de la iglesia aunque eran parte de la membresía." Uno de los miembros explicó: "el amor y el calor del compañerismo de nuestra iglesia es muy real y la gente que visita desea llegar a ser parte de este ambiente."

Esto es sustentado por un estudio hecho por Patrick Chaffered que indica que las iglesias que crecen invitan a extraños, hacen que éstos se sientan bienvenidos, y encuentren maneras para incluirlos en las actividades de la iglesia. Explica que las iglesias no pueden incluir a los extraños a menos que reconozcan que la iglesia no es una propiedad privada de la familia "sino la casa de Dios, donde Dios es el hospedador y nosotros somos todos extraños juntos."[384] Esta puede ser la clave del por qué algunas iglesias hispanas pequeñas parecen estar constituidas por una sola familia o un grupo pequeño de familias por largos períodos de tiempo. El sentimiento que la iglesia es la "propiedad privada de una familia" hace que muchos no asistan ni se hagan miembros de esa iglesia. Las iglesias hispanas que crecen, por lo tanto, constantemente trabajan en la tarea de invitar a la gente, ayudándole a sentirse bienvenida, y hacen todo esfuerzo para incorporarla en la vida de la iglesia.

Un plan claro en la formación de discípulos

Estas iglesias que crecen demuestran un fuerte énfasis en la formación de discípulos. Una de las iglesias usa la escuela dominical y la capacitación para formar discípulos. Suplementan la escuela dominical existente y las revistas trimestrales de preparación con materiales especiales como "Mi Experiencia con Dios," "Pacto Matrimonial," "La Mente de Cristo," etc. Este decidido compromiso con la formación de discípulos se realiza de varias maneras: (1) formar discípulos de uno a uno, (2) formar discípulos en los grupos celulares en el hogar, y (3) formar discípulos por medio de los estudios bíblicos de mitad de semana.

Un pastor declaró que la necesidad de formar discípulos de los nuevos convertidos era tan grande que estaba usando tres métodos simultáneamente. No obstante, otro método usado para formar discípulos, es el de poner a los nuevos miembros a trabajar inmediatamente bajo la dirección de un creyente maduro. Un láico comentó: "Sorprende lo rápido que la gente aprende cuando tienen la oportunidad de participar en el ministerio de la iglesia." Nos presentaron una pareja que previamente había sido muy activa en la iglesia católicorromana. Después de su conversión, se les pidió ayudar en el ministerio de la iglesia de audio cassetes. Esta pareja ha crecido espiritualmente y ha encontrado mucha satisfacción en su participación en un ministerio tan importante. Una cosa evidente en estas iglesias era que: *no simplemente dependían de una fuente exterior para que supliera los materiales de la formación de discípulos. Determinaron lo que eran las necesidades y se propusieron conseguir el entrenamiento y los materiales para comenzar un programa de formación de discípulos efectivo.*

La encuesta de los miembros de las iglesias reveló un muy alto nivel de satisfacción evidenciado en la conexión con los programas de estudio bíblico. Los miembros indicaban que estaban muy satisfechos con el estudio bíblico al grado de 56.53% y satisfechos al grado de 42.25%. Estos datos indican un alto nivel de satisfacción pero el porcentaje es más bajo que los de los servicios de adoración, la predica-ción y la música. ¿Indican estos datos una posible área de mejora en los ministerios de estas iglesias que crecen rápidamente?

Un método que trabaja para el gobierno de la iglesia

Las iglesias que crecen demuestran un método que trabaja para el planeamiento, organización y gobierno de la iglesia. El estudio reveló alguna variación en la manera en que estas iglesias se gobiernan. Esto era evidente en los estilos de liderazgo, organización y la frecuencia de las reu-niones de negocios.

Estilo de liderazgo

En la encuesta tanto como en las entrevistas vino a ser muy evidente que los miembros de estas iglesias que crecen estuvieron bien convencidos que *el pastor tiene que prove-er un fuerte liderazgo si la iglesia va a crecer*. A primera vista puede parecer como si significara que estos pastores usaban un estilo de liderazgo autocrático, pero este no era necesariamente el caso. Todos los pastores involucraban un grupo de líderes de la iglesia (diáconos, concilio de la iglesia, etc.) para desarrollar la visión para el crecimiento y la implementación de los varios ministerios de la iglesia.

Esta clase de liderazgo era evidente en las entrevistas de los líderes de la iglesia que tenían *un alto grado de con-fianza en las habilidades de liderazgo del pastor*. Esta con-fianza es el resultado de la manera en la cual los pastores se relacionan con la gente y en la manera en lo que la han dirigido. Los diáconos de una iglesia nos dijeron: "No haya nada que no hagamos por nuestro pastor. Él nos ha de-mostrado que está verdaderamente comprometido con el Señor, está dispuesto a sacrificarse y se ha dedicado a nuestro desarrollo espiritual." Otra manera de decir esto es que *los pastores de estas iglesias han sido capaces de comunicar su visión de crecimiento y han hecho participar al liderazgo en el desarrollo de un sentido de pertenencia de esta visión y una dedicación a la implementación de ésta en sus comunidades, para la gloria de Dios.*

Reuniones de negocios

Varias cosas se evidenciaron como resultado de este estudio. *Estas iglesias han hallado la manera de evitar la demasiada atención para mantener los detalles del gobierno de la iglesia y se han enfocado en las actividades que les ayudarán a crecer.* Patrick Chaffered anota de las iglesias que no crecen que 35-40% de las veces se ocupan del gobierno y estructuras mediadoras, mientras que las que crecen se ocupan sólo del 10 to 20% de sus programas a las "estructuras mediadoras" esto es, a comités y reuniones de negocios.[385] Esto se ve de varias maneras.

La mayoría de estas iglesias tienen reuniones de negocios trimestrales no mensuales. Aunque mantiene a sus miembros informados todo el tiempo, los pastores de estas iglesias creen que es demasiado el tiempo que se consume y que distrae de dedicar todo un servicio de mitad de semana cada mes para la reunión de negocios asistida por una pequeña minoría de los miembros de la congregación. Un pastor comentaba, "Tenemos mucho que hacer en términos de disciplina para nuestra gente que no deseamos gastar una cantidad excesiva de tiempo dando atención a minuciosos detalles y a reportes de corto término."

Muchos de estos pastores se reúnen y planean con el concilio de la iglesia mensualmente. El concilio de la iglesia, a su vez, reporta a la iglesia en las reuniones de negocios trimestrales. Pocas de estas iglesias sólo tienen una reunión anual de negocios en la cual dan reportes detallados a la iglesia y buscan el voto de confianza de la iglesia para el año siguiente. *Parece que estas iglesias no se enfocan en cómo todas las organizaciones individuales funcionan en base mensual. En cambio, su enfoque es en sus metas generales y en cómo las organizaciones contribuyen al logro de estas metas.*

En lo que tiene que ver con la descripción de la organización de estas iglesias, se puede decir que se centran en el *ministerio* más que en la *administración*. Los diáconos y los miembros del concilio de la iglesia se consideran ministros-los no como administradores.

Otra cosa que es aparente en estas iglesias es que, aunque son significativamente leales a su denominación, no confinan sus actividades a las que sostienen las organizaciones oficiales (p.ej., Lifeway).
En otras palabras, estas iglesias están dispuestas a usar todo lo que les sea útil de esas organizaciones pero están dispuestas a encontrar (o desarrollar) métodos adicionales y materiales que les ayuden a lograr sus metas evangelizadoras, formación de discípulos y misioneras.

Ministerio vibrante de oración

La mayoría de las iglesias que crecen tienen un ministerio de oración vibrante. Tienen reuniones de oración en hogares durante la semana en adición a las reuniones regulares de oración en la iglesia los miércoles. Muchas iglesias usan los socios de oración. "La gente ora cada día." Una de las iglesias que experimenta el mayor crecimiento abre sus puertas a la oración cada mañana. Muchos de los miembros llegan para orar en camino a su trabajo. El pastor dice que la oración es la mayor clave de éxito en alcanzar a la gente con el evangelio de Jesucristo.

A fin de mejorar su ministerio de oración y formación de discípulos, varias iglesias en la encuesta usan estudios tales como *"Mi Experiencia con Dios,"* *"El Plan Maestro"* y otros materiales que les ayudan a sus miembros a tener una vida más cerca con el Señor.

Edificios adecuados

Estas iglesias que crecen se han aventurado en fe y han obtenido, y miran adelante, a las facilidades que les harán posible seguir creciendo. Algunos han heredado edificios de otras iglesias, comprado edificios, construido los propios, o en un caso, se unieron con una iglesia anglo, pero de alguna manera han encontrado la forma de conseguir facilidades adecuadas.

La disposición de una congregación para vender sus edificios previos que estaban casi pagados y lanzarse por la fe a comprar un edificio grande y atractivo representó un claro paso de fe. Esta fe ha sido demostrada en muchas otras maneras y ha contribuido al crecimiento de esta entusiasta y prometedora congregación.

Varias de las iglesias tienen planes definitivos para mejorar sus facilidades. Los planes son a largo plazo y muestran la mirada al futuro de estas congregaciones y sus líderes.

Un factor relacionado es que los edificios de las iglesias son fácilmente accesibles para la mayoría de los miembros. El estudio del tiempo de viaje a la iglesia muestra que muchos de los edificios de estas iglesias están en localidad de fácil acceso.

A pocos miembros les toma tanto como 30 minutos para llegar a la facilidad de la iglesia (3.88%). Más del 9% (9.55%) a 20 minutos de la facilidad. Esto indica el hecho que los que viven de 20 a 30 minutos creen que es digno el esfuerzo y el gasto para venir a la iglesia. Casi la mitad, (49.85%) vive de 5 a 15 minutos del edificio de la iglesia. Sin embargo, la estadística un poco reveladora es que sólo el 16.12% vive a menos e cinco minutos del edificio de la iglesia. ¿Indica este hecho que las iglesias puedan no estar alcanzando sus vecindarios inmediatos? Aunque el 86.57% de los miembros viven de 15 a 20 minutos de la facilidad de la iglesia, sólo el 16.12% se encuentran a cinco minutos del edificio. Estas indicaciones pueden llamar la atención de las iglesias a los medios de alcanzar las áreas inmediatas a los edificios de la iglesia.

Comprometidos con la mayordomía

Las iglesias estudiadas en esta encuesta han mostrado un alto grado del compromiso de sus miembros en el área de dar. Algunos usan los programas denominacionales otros no. El factor principal es que los miembros han desarrollado un profundo sentido de responsabilidad en esta área. Dar de parte de los miembros parece estar directamente ligada a tres cosas: (1) Su entendimiento de los principios bíblicos de la mayordomía; (2) Un entendimiento y compromiso con las metas que la iglesia trata de alcanzar; y (3) Un profundo sentido de confianza en el ministerio y liderazgo del pastor. Varios pastores describen ocasiones en que grandes sumas de dinero se necesitaban para hacer el pago inicial en una propiedad o edificio o para pagar la hipoteca de un edificio existente. Estos pastores básicamente pidieron a sus congregaciones que oraran y buscaran el liderazgo del Señor para dar. Para asombro viable de los pastores, la gente dio mucho más de lo que parecía ser un imposible. Esto hizo viable que la congregación se movilizara para atender las necesidades de los edificios y la expansión de sus ministerios de alcance.

En adición a los principios encontrados en la encuesta que acabamos de discutir, ayuda a enfocar la atención en la estructura organizacional de la nueva congregación a fin de mejorar su continuo crecimiento. Cuando la iglesia es pequeña tiene una simple estructura. En la medida en que la iglesia crece, a media, y a grande, tiene que adaptar su estructura para facilitar su crecimiento.

Conclusión

El crecimiento explosivo de la población hispana (25.7 millones en las últimas 3 décadas) y las proyecciones sobresalientes tocante al futuro crecimiento (triple en las siguientes cuatro y media décadas) presentan un enorme desafío.

El hecho de que la generación inmigrante sea ahora el segmento mayor de la población hispana (40%) y que la vasta mayoría de ellos (72%) sean primordialmente hispanohablante nos fuerza a reconsiderar la percepción que la mayoría de los hispanos se han asimilado y que los programas especializados ya no se necesitan. Juntos enfrentamos el doble desafío de tratar con la *inmigración* y la *asimilación* simultáneamente.

Al ver la enorme tarea de alcanzar los números sin precedente de hispanos para Cristo, tenemos que desafiar y animarnos los unos a los otros para trabajar juntos más cercanamente, tratar nuevos métodos, hacer los cambios estructurales necesarios, pedir que las agencias misioneras nos asistan y hacer lo que sea necesario en la realización de este trabajo. A la luz de la explosión de la población hispana estrategias incrementales no serán suficientes. Lo que se necesitan son estrategias que faciliten el crecimiento exponencial en la evangelización y en la siembra de iglesias.

En agosto del 2002 la Fox News Agency dió el siguiente reporte: "Kmart Corp, que se está reconstruyendo de la protección de la bancarrota, dijo el miércoles que publicará su circular semanal en español por primera vez, en un in-tento de alcanzar el creciente mercado hispano. Este ven-dedor de descuento dijo que la circular de anuncios será traducida al español empezando el 29 de agosto. La circular estará disponible en 160 almacenes localizados en los grandes centros de población hispana y aparecerá en 10 periódicos de habla hispana en todos los Estados Unidos. K-Mart expande su esfuerzo para alcanzar este grupo influyente. Más del 55 porciento de todos los hispanos que viven en los Estados Unidos está a quince minutos de uno de sus almacenes."[386]

Valiosas lecciones se pueden aprender de los negocios del mundo. Es lamentable que un negocio que tenía el 55 porciento de la población hispana a 15 minutos de uno de sus almacenes tuviera que experimentar la bancarrota antes de reconocer la necesidad de la estrategia de la contextualización de su mercado. Nuestra esperanza es que esto no le suceda a las agencias misioneras denominacionales. Ya que los hispanos son ahora el grupo minoritario más grande en los Estado Unidos hoy y se proyecta que será un cuarto de la población dentro de las siguiente cuatro y media décadas, todos nosotros que estamos interesados en llevar los hispanos a una experiencia de salvación en Cristo tenemos que orar con devoción que el Señor pueda guiarnos a desarrollar las estrategias necesarias para reunir las gavillas que están blancas para la siega.

Al final del previo siglo, miles de latinoamericanos huyeron dc las revoluciones y las persecuciones en sus tierras y se vinieron a los Estados Unidos. A su llegada, eran como ovejas sin pastor. Los sacerdotes de habla hispana y los ministros se contaban en números deficientes, aunque los recién llegados eran receptivos al mensaje del evangelio. A pesar de medidas heróicas tomadas por un limitado número de misioneros bautistas, metodistas y presbiterianos, permanece el hecho de que muchos campos no fueron segados porque los obreros eran pocos, la visión era limitada, y los recursos eran pobres. ¡Qué diferencia hubiera hecho si los evangélicos hubieran tenido la visión, los recursos y el personal para responder a este desafío!

Hoy, al comienzo del siglo veintiuno encontramos un desafío similar. La población hispana ha explotado, su receptividad al evangelio no tiene precedente, y ahora se encuentran en cada región del país. ¿Qué dirán las generaciones futuras de nosotros? "¡Si sólo hubieran tenido...!" o "¡Gracias a Dios que tuvieron la visión, la pasión, y la disposición para hacer los cambios que les fueron necesarios para llevar números indecibles de hispanos a la fe personal en Cristo para la gloria de Dios!"

Notas

[382] El Scarborough Institute of Church Growth bajo la dirección de los doctores Daniel Sánchez y Ebbie Smith emprendieron el estudio de diez iglesias hispanas bautistas de Texas que mostraron las senales de crecimiento saludable durante los cinco anos anteriores.

[383] Patrick Chaffered, Church Innovations Institute, St. Paul Minn., cited by Andy Lang in UCC ONE NEWS, Nov. 6, 1995.

[384] Ibid.

[385] Patrick Chaffered, Church Innovations Institute, St. Paul Minn., cited by Andy Lang in UCC ONE NEWS, Nov. 6, 1995.

[386] Fox News, "Kmart Reaches Out to Hispanic Customers, August 28, 2002.

CAPÍTULO 20
Participación hispana en misiones

Diana Barrera

"Es el tiempo para nosotros como hispanos, de empezar a movilizarnos y dejar de ser un campo misionero para ser una fuerza misionera." Los líderes hispanos claves en todos los Estados Unidos expresan este sentimiento.[387]

Por muchos años los hispanos han sido el objeto de los esfuerzos misioneros de parte de numerosas organizaciones religiosas. A muchos de los misioneros enviados por estas agencias se les debe comendar por su espíritu sacrificial al trabajar para llevar a los hispanos a una experiencia de salvación en Jesucristo, a sembrar iglesias y a establecer instituciones (p.ej., hospitales, escuelas, seminarios teológicos) que han contribuido con su entrenamiento y desarrollo en Latinoamérica, tanto en el mundo como en los Estados Unidos. Debido al crecimiento explosivo de la población hispana en los Estados Unidos, los esfuerzos evangelizadores y de siembra de iglesias de parte de todos los evangélicos son desesperadamente necesarios.

Esto, sin embargo, tiene que ir unido con una nueva visión de parte de los evangélicos hispanos de alcanzar a los latinos para Cristo en este país, para que respondan positivamente al llamamiento a ser misioneros en lugares altamente estratégicos del mundo.

Por más de cinco décadas hispanos dedicados han respondido al llamamiento misionero y han servido en numerosos países en todo el mundo. En años recientes, algunos de los líderes han captado la visión de desafiar a los hispanos a que disciernan el propósito de Dios en su peregrinaje y a que trabajen cooperativamente y lleguen a estar mucho más activamente involucrados en llevar el evangelio hasta los confines de la tierra.

Una nueva visión

Un video titulado, "*Somos Su Pueblo*," vívidamente describe los sentimientos de líderes evangélicos claves que han captado la visión y tienen pasión para participar activamente en la implementación de la gran comisión de nuestro Señor Jesucristo.[388] A fin de comunicar la visión y la pasión encerrada en "*Somos Su Pueblo*," citaré porciones de la transcripción y comentaré de su significado.[389] El narrador de video describe la dolorosa situación en que se encontraba Israel:

> Egipto, 1446 años antes de Cristo; el pueblo de Israel sufría bajo faraón. La esclavitud y la opresión los asfixiaba. ¿Pero qué fue lo que los llevó a Egipto? Fue el hambre, los desastres naturales, el deseo de progreso o la política de faraón? Sabemos que detrás de las circunstancias Dios formaba un pueblo para bendecir a las naciones.

El pueblo de Dios alcanza un grado de madurez cuando es capaz de ver Su mano en los eventos que han impactado su vida. José provee una dramática analogía bíblica de esta verdad. Fue tirado en un pozo, vendido como esclavo, falsamente acusado de inmoralidad, puesto en la prisión, olvidado por los que ayudó, y finalmente llevado al palacio y exaltado como segundo en comando en la tierra de Egipto. A pesar de todo esto, cuando José vio a sus hermanos nuevamente, dijo: "Es verdad que ustedes pensaron hacerme mal, pero Dios transformó, ese mal en bien para lograr lo que hoy estamos viendo: salvar la vida de mucha gente" (Génesis 50:20).

En "*Somos Su Pueblo*," los autores describen los eventos que llevaron a Jacob y a su clan a Egipto. Estaban convencidos que más allá del hambre, los desastres naturales, la presión, y la política del faraón, Dios "formaba un pueblo para bendecir a las naciones." Explican:

> Los grupos de nuestra gente hispana también han vivido estas realidades. La lucha política, la corrupción, desastres naturales y hambre que los han abrumado y han ocasionado la migración de muchos. Y ahora nos preguntamos ¿por qué estamos aquí? ¿Por qué hemos abandonado nuestro país, nuestra gente y nuestras costumbres? ¿Fue sólo para mejorar nuestra situación económica, para escapar la violencia? Esta metas son dignas. Pero las metas de Dios son más grandes. Como lo hizo con Israel en Egipto, Dios aquí forma un pueblo para bendecir las naciones.

Estos líderes hispanos tienen que ser comendados por buscar discernir la mano de Dios en su peregrinaje. Roger E. Hedlund también ve una clara y profunda conexión entre la elección y el servicio. Afirma:

> La elección de Abraham (e implícitamente de Israel) coincide con la promesa o prospecto de ser una

bendición a las naciones.[390] "¡por medio de ti serán bendecidas todas las familias de la tierra!" (Génesis12:3). Esto significa que la elección tiene una dimensión misionera. ¿Por qué eligió Dios a Abraham? La elección de Dios a Abraham fue un acto de pura gracia. Nada había en Abraham que mereciera el favor de Dios. Habían otros, por ejemplo, Melquisedec y Job, que conocían al Dios vivo y verdadero en ese día. Con todo Dios escogió a Abraham, "un arameo errante" (Deuteronomio 26:5) de una familia idólatra (Josué. 24:2), un verdadero representante de la raza humana, para ser el receptor de su revelación... La elección de Dios de Abraham fue para hacer un vehículo para su trabajo único (Gé-nesis 12:2)... "Era su propósito revelarse y su voluntad por medio de su pueblo... Israel debía ser el representante del Señor entre las naciones..."[391] Su elección separó a Israel de las naciones para que pudiera servir a Dios de una manera particular y revelara su gloria y señorío sobre la tierra.[392]

Aunque reconocemos que en la historia de la salvación, Israel fue elegido de una manera única, haya también el sentido en el cual los seguidores de Cristo Jesús son llamados a ser misioneros (Mateo 28:19, 20). A la luz de esto, los hispanos cristianos hoy son llamados a ver más allá de las luchas políticas, la corrupción, los desastres naturales y la escasez que les haya hecho dejar el terruño nativo para verse como un pueblo al que Dios forma para bendición de las naciones. Este tipo de percepción capacita a los hispanos a encontrar un nuevo significado y propósito en la vida como personas en misión para compartir el mensaje de la salvación en las naciones del mundo. En vez de considerarse como víctimas de las circunstancias sociales, económicas y políticas que han impactado sus vidas, buscan discernir el propósito y diseño de Dios para sus vidas. ¿Por qué es que los hispanoamericanos viven en una nación que tiene tantos recursos (financieros, educativos, religiosos, media, diplomacia, etc.) que facilitan el cumplimiento de la tarea misionera? ¿Es esto sólo un accidente de la historia, o está la mano de Dios detrás de todos los eventos y circunstancias que han hecho a los hispanos parte de esta nación?

"*Somos Su Pueblo*," continúa mostrando que existen campos misioneros en lugares altamente estratégicos del mundo para el cual los hispanos están particularmente condicionados como una fuerza misionera:

> Hoy, Dios prepara un pueblo misionero para levantar y ayudar en la tarea misionera. Dios nos ha diseñado perfectamente para esta misión. Nuestros hijos son biculturales; saben cómo vivir en medio de la diversidad cultural. Nuestra apariencia física nos abre puertas alrededor del mundo, en India, Norte de África, y Asia oriental. Adicionalmente para la familia, amistad y hospitalidad nuestras idiosincrasias nos distinguen. Nuestras idiosincrasias nos dicen que "haya más tiempo que vida." Pero estas misma idiosincrasias han construido un puente para los no alcansados. Cada día en los lugares más remotos, millones ven las telenovelas argentinas, mexicanas, colombianas y venezolanas. La música latina se oye en todo le mundo. Nuestros jugadores de fútbol son bien conocidos en todo el mundo. ¿Se da cuenta que Dios nos ha preparado para este tiempo en la historia de las naciones?

Es importante que los cristianos evangélicos hispanos sepan del hecho que haya partes del mundo en las cuáles por la sabiduría divina están específicamente diseñados para hacer un impacto con el evangelio de Jesucristo. Los autores de la presentación del video indican cuatro factores, que hacen posible que los hispanos sean misioneros en partes del mundo política y religiosamente sensitivas .

El primer factor que es ventajoso para los hispanos misioneros es su experiencia bilingüe y bicultural. "Nuestros hijos son biculturales; saben cómo vivir en medio de la diversidad cultural." Muchos hispanoamericanos han tenido la experiencia de relacionarse con dos culturas durante toda su vida. Muchos saben lo que es hablar español en casa a fin de comunicarse con sus padres y abuelos. También han enfrentado el reto de aprender inglés a fin de educarse y comunicarse tanto en la escuela como en el mercado. El desafío, por lo tanto, de ir a otra parte del mundo, aprender otro idioma y funcionar en otra cultura no es nuevo para ellos. Ya tienen las habilidades para adaptarse y conducirse. Además, basados en su propio peregrinaje, muchos misioneros hispanos tienen el instinto de la empatía con los grupos minoritarios en diferentes partes del mundo. Esta empatía a menudo conduce al tipo de comunicación de corazón a corazón que facilita la comunicación del mensaje del evangelio de cruce cultural.

El segundo factor es la apariencia física. Aunque es verdad que existe variedad significativa en la apariencia física entre los hispanoamericanos, se reconoce que muchos pueden fácilmente mezclarse en regiones tales como la India, el Norte de África, Asia Oriental y el Medio Oriente, para nombrar unos pocos. Después de servir en un país árabe por dos años, a un misionero hispano le preguntó una persona de la localidad, "¿Quiere decirme que usted no es árabe?" Luego añadió: "Usted se parece tanto a nosotros, que asumí que usted era árabe." Durante ese tiempo el misionero hispano y su esposa cultivaron muchas amistades, llevaron a personas árabes a una fe personal en Cristo, y pudieron sembrar una congregación en su comunidad. En un sentido, algunas de las barreras culturales y políticas se superaron simplemente porque el misionero hispano lucía como la gente árabe las cuáles trataba de alcanzar con el evangelio.

El tercer factor que puede ser ventajoso para los misioneros hispanos son sus características culturales. Muchos hispanos tienen una cosmovisión que coloca gran énfasis en la familia, amistades y hospitalidad. El hecho de que hayan numerosas culturas en el mundo que tienen cosmovisiones similares hace posible que los misioneros hispanos se adapten rápidamente a la cultura y establezcan relaciones significativas en esos lugares. Aunque hayan algunas diferencias culturales y lingüísticas significativas, los valores que los hispanos exhiben en común con muchos grupos de gente sirven como puente lo cual mejora la comunicación. El concepto del tiempo ("haya más tiempo que vida") que muchos hispanos tienen, también resuena con muchos grupos de gente en dos terceras partes del mundo donde se encuentran la mayoría de los que no se han alcanzado. Esta táctica centrada en la gente a la cual muchos hispanos son capaces de adaptarse fácilmente, a las culturas que no se preocupan tanto por el tiempo.

El cuarto factor mencionado en *"Somos Su Pueblo"* es el aprecio que mucha gente en el mundo tiene por las formas de arte (p.ej., la novelas y la música), que se producen en Latinoamérica. Adicionalmente a esto está la admiración que muchas culturas tienen por los héroes de los deportes latinoamericanos (especialmente por las estrellas del fútbol). Como es verdad de los valores culturales ya mencionados, que tienen en común los misioneros hispanos con otros grupos de gente tocante a las formas de arte y personalidades del deporte, provee puentes valiosos para el establecimiento de amistades significativas y en la comunicación del evangelio.

"Somos Su Pueblo" termina con una apasionada súplica misionera:

No haya razón para que nos sintamos disminuidos por nuestra apariencia o nuestra cultura hispana. Son estas características las que nos habilitan para que cumplamos el propósito de Dios. Dios usó el pueblo de Israel de una manera poderosa. Hoy, Él desea usarnos a nosotros. El nos llama a que nos levantemos y bendigamos las naciones. El futuro de millones depende de nosotros. Ahora es el tiempo y somos Su pueblo. No haya tiempo que perder.

Este es un momento precioso cuando la gente de cualquier cultura empieza a verse a la luz del propósito y diseño de Dios. En el capítulo 14 de este libro, el doctor Miranda llamó a los "samaritanos modernos" a terminar de verse como otros los ven y a verse por medio de los ojos de nues-tro Maestro, Jesucristo.

Jesús habló a la mujer en privado a pesar de las fuertes barreras culturales contra cualquier intercambio social de un santo hombre judío y una samaritana sexualmente promíscua. Los asuntos subrayados y las barreras fueron de naturaleza social, política y religiosa. Jesús no deseaba simplemente cruzar las barreras raciales entre los judíos y los samaritanos sino más allá de eso, que sus discípulos y samaritanos superaran las barreras históricas y espirituales que prevalecían en su rivalidad. Más importante, como el doctor Isaac Canales dice, "el encuentro divino en Samaria en el pozo se marcó la altura y el comienzo de la evangelización y de las misiones mundiales."[393]

En el capítulo 15 de esta libro, el doctor Sánchez describe a los "helénicos modernos" entre los hispanos que han aprendido a vivir y a funcionar efectivamente en dos culturas. Ellos, como el apóstol Pablo, puenden ser valiosos instrumentos en las manos de Dios para la comunicación del evangelio entre el pueblo de muchas culturas diferentes. Teniendo la mentalidad de ser "todo para todos" (1 Corintios 9:19-22), pueden ser los que abran el camino en algunas diversas poblaciones del mundo de las más sensibles política y culturalmente.

Como resultado de su propio preregrinaje muy naturalmente han aprendido a ser puentes biculturales. Aprender otro idioma y relacionarse con otra cultura les viene naturalmente porque eso es lo que han hecho toda su vida. Los hispanos biblingües, hablan el segundo y tercer idioma de los diez más hablados en el mundo. El primer lugar, 885 millones de personas hablan mandarín; en segundo lugar, 322 millones hablan inglés; y en tercer lugar, 266 millones hablan español.[394] Combinados, 588 millones de personas hablan inglés o español. Ser bilingüe y bicultural, por lo tanto, puede ser una estupenda ventaja en el trabajo del reino de Dios así como lo fue para el apóstol Pablo quien era el producto de dos culturas y era fluente en griego y arameo.

Es obvio que los doctores Miranda y Sánchez concuerdan de corazón con los autores de *"Somos Su Pueblo"* en su declaración:

> No tenemos razón para sentirnos en desventaja a causa de nuestra apariencia o nuestra cultura hispana. Estas son las características que nos capacitan para cumplir el propósito de Dios. Dios usó al pueblo de Israel de una manera poderosa."

La verdad del asunto es que como hispanos debemos sentirnos privilegiados de que Dios en su sabiduría divina nos ha formado para un tiempo como este (Esther 4:14). Aunque por una parte deseamos evitar el pecado de la *idolatría cultural*, colocando nuestra cultura sobre todas las demás, o *aislamiento cultural*, enfocando sólo nuestra gente, podemos tener un sentido saludable de *identidad cultural* discerniendo la mano de Dios en nuestro peregrinaje y respondiendo a su llamamiento a ser la *"gente puente,"* hacia los grupos de gente no alcanzados del mundo.

Nuevas iniciativas

Verdaderamente inspirador es ver que muchos hispanos no sólo hablan de captar una nueva visión; sino que responden al llamamiento misionero. La Junta de Misiones Inter-nacionales de la Convención Bautista del Sur reporta que más de 150 hispanos sirven como misioneros en nume-rotos países alrededor del mundo.

Otro ejemplo de esta red de movilización misionera llamada "COMHINA" que significa *"Cooperación Misionera de los Hispanos de Norte América."* COMHINA se inició en 1991 con el propósito de animar a los hispanoamericanos a participar en el anuncio del evangelio entre los pueblos no alcanzados en el mundo. COMHINA es un red de iglesias de todas la denominaciones que incluyen las Asam-bleas de Dios, los Bautistas Americanos, los Bautistas del Sur, la Iglesias de Dios, los Menonitas y otros grupos deno-minacionales.

Durante los trece años pasados bajo el liderazgo de su directora ejecutiva, Diana Barrera, esta organización misionera se ha enfocado en despertar los corazones de miles de hispanos que han estado intercediendo, dando, yendo y enviando misioneros a grupos de gente no alcanzados. De acuerdo con los principios de la red COMHINA en todas las Américas, aunque apoya el esfuerzo de los misioneros hispanos en el mundo de habla hispana, el enfoque de COMHINA se encuentra en los grupos de gente no alcanzados en el mundo.

En los últimos 3 años equipos voluntarios animados por COMHINA han participado en proyectos misioneros en China, India, Band Aceh, y otros. El tema para el presente esfuerzo es *"Ahora es el Tiempo"*, popularizado por el ahora famoso video musical y CD que presentan todos los grandes de la música hispana y música latina cristiana. Con sus oficinas en Orlando, Los Ángeles, y Nueva York, esta organización ha madurado a ser un gran instrumento para despertar a los hispanos a que interpreten su peregrinaje desde la perspectiva de Dios y que respondan al desafío de ser una fuerza misionera en el mundo de hoy. En las palabras del doctor Paul McGaughan, presidente de EFMA por años, "COMHINA es la única de las organizaciones nacionales que desafían las iglesias hispanas a que cumplan la gran comisión."

Los resultados del trabajo incansable de COMHINA se pueden ver en iglesias, denominaciones y alianzas estratégicas. "El Calvario," iglesia de las Asambleas de Dios en Orlando ha tomado una firme y consistente posición en la evangelización del mundo. Sus pastores han servido como líderes claves a través de los años. Bajo su presente pastor, Saturnino González, la iglesia ha adoptado muchos misioneros latinoamericanos, ha hospedado innumerables eventos de movilización, y ha enviado docenas de voluntarios a Camerún, China, India y a Indonesia después del tsunami.

Inspira notar que en los últimos tres años la división suroeste de la Iglesia de Dios Pentecostal de Movimiento Internacional bajo el liderazgo de su superintendente, Edgar Nazorio, ha iniciado la movilización audaz de todas las iglesias miembros en oración, dar e ir. Su disposición para ir más allá de su "zona confortable" aumentando sus paradigmas tradicionales a favor de los no alcanzados también anima.

En la costa occidental también observamos otra iglesia hispana que envía una pareja de misioneros a Camerun, África para trabajar en sembrar iglesias entre los pigmeos Baka. José y Liliana Castillo los envió la Iglesia Esmirna AG, de Los Ángeles para trabajar entre este grupo no alcanzado en 1996. En el 2004 cuando salieron de Camerun se había establecido una iglesia entre los pigmeos Baka.

Interesante es que Dios también ha usado a angloamericanos sensibles y a organizaciones "tradicionalmente occidentales" para alimentar el movimiento. Una organización es Conexión 1040 que apareció en el 2004. Esta organización fue iniciada por un misionero que había servido en Kolkata por que reconoció las ventajas de misioneros brasileños, argentinos y mexicanos para alcanzar la ciudad. La tarea de la Conexión 1040 es acelerar el envío de misioneros latinoamericanos e hispanos y ayudarlos a ser tan eficaces como sea posible al entrenarlos en los principios y coordinación estratégica y en el movimiento de sembrar iglesias.

Entre tanto, la humedad desplegada por los misioneros accidentales en Indonesia hace algunos años sentó las bases para la alianza estratégica reciente. En el 2004 en las oficinas del Wycliffe en Orlando, Dios forjó una alianza para ayudar a alcanzar la gente de Indonesia. COMHINA reunió los representantes de Pioneers y IMB para establecer un acuerdo para el campo misionero de la Iglesia Cristiana para establecer un contexto receptor para los misioneros hispanos. Entrenados por Pioneers se trabajó con el amplio apoyo de la alianza misionera en Indonesia. Humildemente estos grupos hace años sintieron que Dios les decía que los latinoamericanos tenían que tomar parte en alcanzar a Indonesia si se iba a completar la tarea.

Uno de los ejemplos más dramáticos de la respuesta de los hispanos al llamamiento misionero es una pareja en sus cincuenta años que estuvo dispuesta a renunciar la posición de su ministerio, vender sus posiciones (incluyendo sus casas), e ir a un país del norte de África para servir como misioneros. Debido a la naturaleza sensible del contexto en el cual sirven no es sabio publicar sus nombres ni la localidad de su trabajo. Los primeros reportes indican que esta pareja de misioneros, después de un tiempo de ajuste en el campo misionero, encuentran oportunidades extraordinarias para compartir el evangelio de Jesucristo en un área que ha sido tradicionalmente muy resistente a la obra misionera.

Otro ejemplo de la nueva visión que algunos hispanos captan es la de un grupo voluntario de la Iglesia Bautista Horeb en Houston, Texas que fue a un país en el norte de África para "conocer la gente y hacer amigos, y compartir la historia de Cristo con los que estuvieran dispuestos a escucharlos."[395] En el mundo después de 9/11 este esfuerzo requirió algo de valentía. Pero este grupo de voluntarios era único. Además de tener el apoyo de la oración de su iglesia, fami-lia y amigos, tenían la ventaja de ser hispanos.

Campo Elías Londono, el líder del grupo dijo: "Algunos pen-saban que yo era árabe. Me compré un sombrero y cuando me veían y me oían hablar pensaban que era uno de ellos."[396] Londono explica que su grupo fue capaz de usar el puente cultural que había existido por siglos: "Desde an-tes del avance del islamismo, España y el norte de África han tenido vínculos culturales, económicos y religiosos. El idioma ibérico y la cultura están establecidos en muchos hogares del norte de África y esto ha sido la gran ventaja para nuestros voluntarios."[397] En adición a las similitudes en el aspecto físico, las similitudes culturales facilitaron el cultivo de amistades que de otra manera hubieran tomado años para establecerse o hubieran sido casi imposible de lograr.

Londono y su grupo estudiosamente obtuvieron información sobre las características políticas, culturales y religiosas de su grupo del enfoque de su ministerio. Explica:

> Compartir el evangelio en el norte de África tiene que hacerse con cuidado y discreción. Abundan la sospecha y el temor. La hostilidad hacia el occidente y a la fe cristiana es evidente. En muchos lugares es totalmete ilegal tratar de convertir a un musulmán. Pero las palabras de Cristo tienen voz de mando; un mandato que supera las leyes de las

naciones y de los hombres. Por esa razón, este equipo inspirado por el amor de Cristo y en obediencia a su mandato, ha encontrado la manera de hacerlo.[398]

María Velásquez, miembro del equipo da valiosas ideas en la manera en que ella, como hispana, fue capaz de construir puentes de comunicación con las musulmanas: "Las mujeres que estuvieron dispuestas a hablar con nosotras fueron bien amigables y abiertas. Hablaron de las restricciones que tienen las mujeres musulmanas."[399] Este tipo de conversación profundamente personal, no hubiera tenido lugar si las musulmanas no hubiesen sentido un vínculo con las mujeres hispanas del equipo. El hecho que este nivel de comunicación se logró en dos semanas del proyecto misionero es indicativo de la familiaridad cultural que existe entre estos dos grupos.

Londono describe los desafíos que su equipo enfrentó entre algunos de los grupos más resistentes. A pesar del hecho que había similitudes físicas y culturales, algunos grupos no fueron tan receptivos a los esfuerzos evangelizadores del equipo. Con todo, el método usado por este grupo fue su perseverancia para plantar la semilla del evangelio en muchos lugares. Londono explica:

> La gentil y paciente manera de nuestro equipo edifica puentes de confianza y amistad con muchos en el norte de África. Habiendo establecido amistades, algunos de los miembros de nuestro equipo encontraron oportunidades para compartir su fe. Otras amistades se cultivarán por los misioneros y voluntarios con la esperanza que esto conducirá a oportunidades para compartir el evangelio. En una cultura restringida por el temor y la sospecha, aún los

contactos respetuosos sin confrontación de parte de los voluntarios no siempre fue recibido con sonrisas y amistad. En algunos casos nuestro equipo enfrentó hostilidad abierta. Pero estas circunstancias no desanimaron al equipo. En vez fortaleció su decisión y profundizó su fe.[400]

Gloria Londono, miembro del equipo, dijo: "Sentí la presencia de Dios. En los momentos cuando sentíamos temor, pudimos tener la seguridad que todo iba a salir bien."[401] Como todos los demás misioneros de cruce cultural, Gloria tuvo momentos de ansiedad. Fue durante estos momentos que ella fue capaz de sentir la presencia de Dios de manera intangible. Esto apunta vivamente al hecho que la tarea misionera va más allá del establecimiento de puentes culturales. Aunque los misioneros tienen que hacer todo lo que puedan para crear puentes culturales, deben confiar en el Señor continuamente para hacer Su trabajo en el cora-zón de los recipientes.

Otro miembro del equipo, Lolly Orquera, compartió ideas en lo que es participar en esta aventura misionera: "Descubrí que aún con todos los temores Dios me usa. Con todos mis defectos y virtudes Dios me permitió tener esta experiencia para que viera el amor que Él tiene por toda la gente del mundo."[402] Su experiencia indudablemente le enseñó que el Señor puede usar a los hispanos en los esfuerzos misioneros en países altamente estratégicos. Existe evidencia que esta experiencia también le ha ayudado a Lolly a ampliar sus horizontes al sentir el amor de Dios fluyendo a través de ella hacia la gente de otra cultura en otra parte del mundo.

Por esta experiencia Campo Elías Londono vino a un más claro entendimiento del compromiso radical que

algunos musulmanes tienen con su fe. Aunque no aproba sus acciones, Londono ve un paralelo entre ellos y el compromiso de su equipo con Cristo.
Añade:

> En un mundo donde el odio y la violencia son el fruto de una fe radical, estos voluntarios has escogido diferente camino. Su fe radical, su obediencia, los ha traído aquí no como terroristas o soldados, sino como embajadores en el nombre de Jesucristo, el príncipe de paz. Por esta razón, su mundo, y el de los que alcanzarán a tocar jamás será lo mismo.

Es verdaderamente instructivo e inspirador recibir reportes tan positivos de los miembros ordinarios de la iglesia que se arriesgaron a ir al norte de África para compartir las buenas nuevas de la salvación en Jesucristo. Por su experiencia concluyeron que ser hispano era un cualidad ventajosa para ellos. El hecho que "lucieran como árabes" Y que tuvieran una sensibilidad cultural innata les abrió oportunidades y edificó puentes de amistad que de otra manera no hubieran tenido.

Dar sacrificialmente

Como más y más iglesias hispanas declaran una pasión por las misiones internacionales, algunas congregaciones separan dinero para realizar su pasión.[403] Casa de Vida para las Naciones[404], una congregación bautista hispana en Greenacres, Florida, ofrendó diez veces más en la ofrenda de navidad Lottie Moon (la ofrenda anual para sostener los misioneros foráneos). Con cerca de 90 miembros, esta iglesia dio más de $18,000 para esta ofrenda en el 2004. En el año previo el total ofrendado fue de $1,200. El pastor, Mauricio Alvarez, dijo:

> Un miembro de la iglesia ganó su ofrenda Lottie
> Moon manejando un vehículo de helados. Habla-
> mos de alguien que trabaja con centavos y veinticin-
> co centavos. [Esta iglesia] tiene un corazón para
> Dios y un corazón para las misiones.

Los miembros de la congregación aumentaron su meta
después que el pastor Alvarez los desafío a examinar sus
gastos. Los urgió a orar sobre qué tanto deseaba Dios que
dieran para esta ofrenda. El pastor explicó:

> Si dieron cuenta lo que daban para regalos de navi-
> dad, y decidieron que tenían que cambiar sus priori-
> dades. [La congregación] se dio cuenta de la impor-
> tancia de dar sacrificialmente. Sentimos que podemos
> cambiar las vidas de la gente al dar el corazón.

La iglesia recientemente asistió a la iniciativa anual 21
Missions Conference, una fuerza mayor en formar la nueva
audacia de la misión hispana para aprender más sobre
misiones y cómo se puede impactar el mundo para Cristo.
Su meta es dar $30,000 para las misiones este año. "Este
tipo de compromiso requiere pasión y liderazgo," dijo Jason
Carlesle, director de estrategias para las iglesias hispanas
de la Junta de Misiones Internacionales. Él explica:

> Primero, la gente tiene que tener la compasión por
> los perdidos y nadie va a dar su comodidad y el pas-
> tor [en la Iglesia Bautista Central] ha dado una vi-
> sión constante de la responsabilidad global. Pienso
> que haya un sentimiento de que es el tiempo para
> que los hispanos tomen en serio su papel en el

mundo de las misiones.[405]

"Aún una iglesia pequeña que recoge centavos y veinticinco centavos puede contribuir significativamente a las misiones," dijo el pastor Alvarez. "Tenemos que creer que Dios proveerá abundantemente."

Otro ejemplo inspirador en dar sacrificialmente por los hispanos es el de la Iglesia Bautista Glenview en Ponce, Puerto Rico. Bajo el liderazgo de su pastor René Pereira, esta congregación dio cerca de $100,000 a causas misioneras el año pasado. Por su compromiso a las misiones, decidieron seguir reuniéndose en el depósito remodelado en vez de cortar su ofrenda misionera. En los últimos seis años esta iglesia ha comprado parcelas de tierra en la China, India, y Bangladesh y las ha donado para el establecimiento de institutos para entrenar líderes cristianos. Esta iglesia también ha donado fondos para el establecimiento de iglesias en Ucrania y Rusia. Una iglesia que empezó con poca gente en la sala en una casa en Ponce, Puerto Rico, la Iglesia Bautista Glenview ahora tiene más de 2,500 miembros, ha empezado nueve iglesias en su bella isla y está orando que el Señor haga posible ser instrumentos para alcanzar un millón de personas para Cristo en la ventana 10/40 en los siguientes diez años.

Conclusión

En su libro, *Evangelism in the Early Church,*[406] Michael Green indica que la convergencia de factores (o senderos) contribuyeron a la rápida expansión del evangelio en el primer siglo. Afirma que la Pax Romana hizo posible que los cristianos (p.ej., Pablo) se movilizaran a salvo y rápidamente (por medio del sistema de caminos del imperio) a fin de comunicar el evangelio. La cultura griega con el amplio uso de su idioma, los altamente respetados patrones de pensamiento, y aún la contribución de los filósofos griegos cooperaron hacia una preparación evangélica sobre la que los cristianos pudieron edificar a fin de evangelizar la gente. En adición a esto, estaba la religión judía con su énfasis monoteísta, valores éticos, adoración en la sinagoga, lectura de la Escritura, y el celo para ganar adherentes. Todos estos factores pavimentaron el camino para rápida y extendida expansión del evangelio en Jerusalén, Judea, Samaria y hasta los confines de la tierra.

Al analizar con oración nuestro peregrinaje hispano, también vemos la convergencia de los factores providencialmente ordenados que tienen el potencial de crear una poderosa fuerza misionera en nuestro día para la salvación de números indecibles de personas para la gloria de Dios. De nuevo preguntamos, ¿el biculturalismo, la apariencia física, las características culturales y el aprecio por las formas de arte hispano por el mundo, son simplemente accidentes de la historia o son senderos ordenados por Dios que pueden contribuir a hacer de los hispanos una pode-rosa y eficaz fuerza misionera en nuestro día?

La súplica apasionada de los autores de
"*Somos Su Pueblo*" es también la nuestra:
Él nos llama hoy para levantarnos
y bendecir las naciones.
El futuro de millones depende de nosotros.
Ahora es el tiempo.
Nosotros somos Su pueblo.
No haya tiempo que perder.

Notas

[387] Uno de los ejemplos de esto se encuentra en la declaración de misión articulado por Diana Barrera, Directora COMIHNA - Cooperación Misionera de Hispanos de Norte América (Missionary Cooperation of Hispanics in North America.

[388] Jason Carlisle, *Somos Su Pueblo*, International Mission Board, 2004.

[389] El transcrito originalmente fue producido en español por Daniel R. Sánchez.

[390] Roger E. Hedlund, The *Mission of The Church in The World, Grand Rapids: Baker Book House, 1985, 37. Citing J. Blauw, Missionary Nature of Church, New York: McGraw-Hill, 1962, 22.*

[391] Roger E. Hedlund, *The Mission of The Church in The World*, , 37, citing R.R. De Ridder, Discipling The Nations, Grand Rapids: Baker Book House, 1975, 32.

[392] Roger E. Hedlund, *the Mission of the Church in the World*, , 37

[393] An Análisis of the Discourse in John 4: Unpublished exegetical paper-2003)

[394] Barbara F. Grimes, Ethnologue Languages of the World, ed., Summer Institute of Linguistics,

[395] Jason Carlisle, Video: *Hispanics*, International Mission Board, 2004.

[396] Campo Elías Londoño, in Video: Hispanics, International Mission Board, 2004.

[397] Ibid,

[398] Ibid.

[399] Ibid.

[400] Ibid.

[401] Ibid.

[402] Ibid.

[403] Esta es una adaptación de un artículo titulado "Hispanic church demonstrates sacrificial giving to Lottie Moon Christmas Offering," written by Shawn Hendricks, RICHMOND, VA (Baptist Press)

[404] La iglesia cambió sus nombre de Iglesia Bautista Central in 2005.

[405] Para más información sobre las oportunidades misioneras para los hispanos, contacte a Jason Carlisle en (866)407 9597 o Jcarisle@imb.org.

[406] Michael Green, *Evangelism in the Early Church* (Grand Rapids: William Eerdmans, 1970), pp. 13-28.

CONCLUSIÓN

En este libro hemos discutido diez impresionantes realidades hispanas que impactan la vida social, económica y religiosa de los Estados Unidos. El crecimiento de la población hispana sobrepasa las predicciones más atrevidas de los expertos demográficos. **El crecimiento explosivo de la población hispana (25.7 millones en las tres últimas décadas y las sorprendentes proyecciones tocante al crecimiento futuro (triple en las siguientes cuatro y media décadas) nos presenta a todos con un desafío asombroso.**

Los hispanos se han extendido en todo el país más rápidamente que cualquier grupo inmigrante previo. La primera generación (los inmigrantes) ahora constituyen el mayor segmento de la población hispana. El uso del idioma español en los Estados Unidos ha aumentado dramáticamente en las dos décadas pasadas. Las segunda y tercera generaciones de hispanos a hecho avances significativos en los logros educativos, pero la primera generación se ha quedado atrás.

Los hispanos muestran más receptividad al mensaje evangélico que antes en la historia de este país. Son típicamente muy conservadores en lo tocante a los valores sociales. Las segunda y tercera generaciones de hispanos han hecho significativos avances financieros con todo típicamente los recién llegados tienen las mayores dificultades financieras. **El hecho de que la generación inmigrante sea ahora el más grande segmento de la población hispana (40%) y que la vasta mayoría de ellos (72%) sean primariamente hispanohablante, hace que revisemos la percepción de que la mayoría de los hispanos se han asimilado y que los pro-**

CONCLUSIÓN

gramas especializados ya no son necesarios. Juntos enfrentamos el doble desafío de tratar con la *inmigración* y la *asimilación* simultáneamente.

Los hispanoamericanos son el grupo con el mayor número de niños y de juventud. Los hispanos tienen mucho en común uno con otro, pero existe una diversidad significativa entre ellos. Pocas oportunidades evangelizadoras sobrepasan la de la población de los hispanos en los Estados Unidos.

Entender estas realidades es crucial para individuos, iglesias, organizaciones misioneras e instituciones educativas que desean ser más eficaces en convencer a los hispanos a una relación personal de salvación en Jesucristo, animar el establecimiento de congregaciones, capacitar a estas congregaciones a crecer, y a desafiar a los hispanos a ver su peregrinaje a la luz del propósito de Dios y a responder a Su llamamiento y tomar el mensaje del evangelio hasta los confines de la tierra.

Aunque originalmente dirigida al gobierno y a los legisladores de la educación, las observaciones hechas por los investigadores del Brookings Institution's Center on Urban and Metropolitan Policy, el Pew Centro Hiapano, y la Kaiser Family Foundation tiene aplicación significativa para los estrategas de la misión que deseen responder al desafío presentado por el sorprendente crecimiento, dispersión, y diversificación de la población hispana en este país.

La parte uno expresa algunas de estas realidades de las poblaciones hispanas hoy y sugiere cómo estas realidades se relacionan con los esfuerzos evangelizadores cristianos y de desarrollo de la iglesia. Entre estos hallazgos se encuentran:

- *Sobre todos los hallazgos sugeridos está la necesidad de nuevas maneras de pensar de la población hispana en este país;*[407]

- *Los inmigrantes recién llegados traen nueva energía al idioma español y a las actitudes formadas en Latinoamérica;*[408]

- *Dos procesos, asimilación e inmigración, tienen lugar lado a lado en las comunidades hispanas, a menudo en una sola familia;*[409]

- *El vasto y extendido crecimiento de la población hispana en los Estados Unidos también señala nuevas áreas de crecimiento y nuevas áreas de residencia en todo el panorama metropolitano de la nación;*[410]

- *Estas tendencias de la población hispana parecen seguir un sendero discernible que probablemente nos llevará al futuro;* [411]

- *La necesidad de los que formulan las normas (y los estrategas de la misión) se adapten rápidamente a los vastos cambios presentes especialmente en las áreas metropolitanas, las cuáles empezaron con poblaciones hispanas minúsculas y que han experimentado crecimiento repentino y sustancial:*[412]

- Los *oficiales públicos (y estrategas de misión) responsables del planeamiento y localización de servicios y recursos tienen que ajustar las decisiones que hacen a la variación del crecimiento particular*

319

en su área de servicio;[413]

- *Debido al crecimiento explosivo de la población hispana, esfuerzos sin precedente de cooperación se hacen necesarios entre las agencias de misiones internacionales y las organizaciones de misiones a nivel nacional, estatal, local, y las iglesias hispanas existentes.*[414]

Después de discutir las realidades hispanas, en la parte uno, enfocamos la atención, en la parte dos, en los factores que contribuyen a un entendimiento del peregrinaje hispanoamericano. Una revisión de la historia de los hispanos revela que aunque algunos son descendientes de los colonizadores españoles, otros han llegado a este país en años recientes o aún meses. La diversidad entre los hispanos se debe a la amplia variedad de países de origen tanto como a los varios estados de asimilación en el cual se encuentran.

El doctor Jesse Miranda explica que el peregrinaje de algunos hispanos se compara al de los samaritanos del primer siglo. El doctor Daniel Sánchez, indica que los hispanos más asimilados se comparan con los helénicos del primer siglo que sirvieron como *"gente puente"* entre las varias culturas. Un entendimiento del peregrinaje de ambos tipos de grupos es vital para el ministerio entre los hispanos de nuestro día. El capítulo sobre "Reconciliación entre los grupos culturales," busca ayudar a todos los grupos culturales en los Estados Unidos para entender la naturaleza y los efectos del prejuicio y para establecer nuevos puentes de amor, respeto, amistad y cooperación para ser dignos seguidores de Cristo que derribó las paredes que nos separaban.

CONCLUSIÓN

En la parte tres se buscó proveer información e ideas para el ministerio efectivo entre los hispanos. Alcanzar a los hispanos para Cristo tiene que ser hecho en el espíritu de Cristo. La manera en la cual Jesús se relacionó con la samaritana y pacientemente la guió a recibirlo como su Mesías es instructivo tanto como inspirador para nosotros en este día.

Ánimo para sembrar iglesias culturalmente relevantes entre los hispanos es absolutamente esencial. Aunque se presentaron numerosos modelos para sembrar iglesias, tiene que tenerse en cuenta el crecimiento explosivo y la rápida expansión de los hispanos en este país que hace necesario que se empleen métodos exponenciales de sembrar iglesias. Iglesias celulares e iglesias en casas tienen el mayor potencial para alcanzar el mayor número posible de hispanos.

En la discusión de crecimiento de la iglesia entre los hispanos bosquejamos principios que contribuyen más significativamente al crecimiento saludable de las congregaciones hispanas. Una discusión sobre la evangelización, siembra de iglesias, y crecimiento de la iglesia no sería completa sin el enfoque en la maravillosa nueva visión que los hispanos están captando para pasar de ser un campo misionero, a ser una fuerza misionera. Aunque el dedicado compromiso de los cristianos evangélicos de todos los grupos culturales en los Estados Unidos es necesario para responder al crecimiento sin precedente y a la expansión de la población hispana, es en verdad vital que los hispanos respondan al llamamiento de Dios no sólo para alcanzar a los hispanos de este país, sino para estar dispuestos a ir hasta los confines de la tierra con el mensaje de salvación.

CONCLUSIÓN

Al fin del siglo pasado, miles de latinoamericanos huyeron de revoluciones y persecuciones en sus tierras para venir a los Estados Unidos. A su llegada, eran como ovejas sin pastor. Sacerdotes y ministros de habla hispana eran muy pocos, y los recién llegados eran receptivos al mensaje evangélico. Aunque con medidas heróicas tomadas por un limitado número de misioneros bautistas, metodistas y presbiterianos, el hecho es que muchos campos no fueron segados porque eran pocos los trabajadores, la visión estaba limitada, y los recursos escaceaban. ¡Qué gran diferencia hubiera sido si los evangélicos hubieran tenido la visión, los recursos y el personal para responder a este desafío!

Hoy, en la alborada del siglo veintiuno enfrentamos un desafío similar. la población hispana ha explotado. Su receptividad al evangelio es sin precedentes. Ahora se encuentran en todas las regiones del país. ¿Qué dirán de nosotros las futuras generaciones? "Si tan sólo…" o "Gracias a Dios que tuvieron la visión, la pasión y la disposición para hacer los cambios que eran necesarios para llevar al número in-decible de hispanos a la fe personal en Jesucristo para la gloria de Dios."

Al contemplar la extraordinaria tarea de alcanzar el número sin precedente de hispanos para Cristo, tenemos que desafiarnos los unos a los otros para animarnos a trabajar juntos, para tratar nuevas tácticas, para hacer los cambios estructurales necesarios, para llamar a las agencias misioneras a que asistan y hagan lo que sea indispensable para la realización del trabajo. Y estrictamente tenemos que hacer todo esto en el poder de Dios y para su gloria.

Notas

[407] Pew Centro Hispano/Kaiser Family Foundation, 2002 National Survey of Latinos, 6.

[408] Pew Centro Hispano/Kaiser Family Foundation, 2002 National Survey of Latinos, 6.

[409] Pew Centro Hiapano/Kaiser Family Foundation, 2002 National Survey of Latinos, 7.

[410] *"Latino Growth in Metropolitan America," Brookings Institution Center on Urban & Metropolitan Policy and Pew Centro Hispano, 10.*

[411] *"Latino Growth in Metropolitan America," Brookings Instiution Center on Urban & Metropolitan Policy and Pew Centro Hispano, 11.*

[412] *"Latino Growth in Metropolitan America," Brookings Institution Center on Urban & Metropolitan Policy and the Pew Centro Hispano, 10.*

[413] *"Latino Growth in Metropolitan America," Brookings Institution Center on Urban & Metropolitan Policy and the Pew Centro Hispano, 11.*

[414] Esta observación fue hecha por los miembrosdel Comite Hispano

Made in the USA
Middletown, DE
14 October 2020